Andrew Wommack

Die Vollmacht des Gläubigen

Die Vollmacht des Gläubigen

Was du in der Kirche nicht gelernt hast

Andrew Wommack

Grace today Verlag

Originally published in the USA by

Die Deutsche Nationalbibliothek verzeichnet diese Publikation in der Deutschen Nationalbibliografie; detaillierte bibliografische Daten sind im Internet über https://dnb.de abrufbar.

Umschlaggestaltung: Harrison House Publishers
Corporate Design: spoon design, Olaf Johannson
Übersetzung: Katja Penth
Lektorat und Korrektorat: Gabriele Kohlmann, Thilo Niepel
Satz: Grace today Verlag
Druck: CPI Clausen & Bosse GmbH, Birkstr. 10, 25917 Leck
Printed in Germany

4. Gesamtauflage 2025

Paperback: ISBN 978-3-95933-236-1, Bestellnummer 372236
E-Book: ISBN 978-3-95933-237-8, Bestellnummer 372237

www.gracetoday.de

INHALT

EINLEITUNG

Die meisten Menschen haben eine humanistische Sichtweise in Bezug auf das Leben und darauf, wie es funktioniert. Auch wenn Christen sich hiervon abgrenzen, leben dennoch viele von ihnen Tag für Tag nach genau dieser Gesinnung. Indem sie die Dinge nur oberflächlich betrachten, erkennen sie hinter alledem nicht die geistliche Realität.

Humanisten erkennen Gott nicht an. In der Regel sind sie entweder Agnostiker oder Atheisten und glauben, dass alles im Leben eine natürliche und wissenschaftlich erklärbare Ursache habe. Es ist traurig, aber viele Christen legen genau diese Grundhaltung an den Tag. Sie erkennen einfach nicht die geistliche Dynamik, die sich hinter der »sichtbaren« Welt verbirgt.

Wir befinden uns in einem geistlichen Kampf! Tag für Tag tobt in der geistlichen Welt ein Kampf sowohl um das Herz jeder einzelnen Person als auch um die Gesellschaft und um die Welt als Ganzes. Gott versucht, uns zu ihm hin und zur Gerechtigkeit zu ziehen. Er versucht, uns so zu beeinflussen, dass wir im Einklang mit ihm leben, damit sein Segen in unserem Leben freigesetzt werden kann. Gleichzeitig bemüht sich Satan, unsere Herzen von Gott wegzustehlen. In einem erbitterten Kampf gegen den Herrn und sein Reich überschüttet der Feind unser Leben mit so viel Müll und Perversion, wie er nur kann.

Obwohl wir Christen sind, erkennen die meisten von uns den heftigen Kampf nicht, der jeden Tag um uns herum ausgefochten wird. Wir sind uns der geistlichen Bedeutung unserer Entscheidungen, Worte und Handlungen nicht bewusst. Wir sind praktisch unwissend darüber, wie sehr diese Dinge ausschlaggebend dafür sind, ob wir uns Gott hingeben und somit seine Kraft und Segnungen in unserem Leben freisetzen oder ob wir uns an Satan ausliefern und somit Sünde und Tod in unserem Leben freisetzen (Röm 6,16).

Der Teufel kann nicht gegen deinen Willen Macht über dich ausüben. Dennoch ist es zu seinem Vorteil, wenn dir dieser Kampf weder bewusst noch verständlich ist. Wenn du dich entscheidest, Gottes Wort zu glauben, und du allmählich erkennst, was in der geistlichen Welt geschieht, dann kannst du geeignete Maßnahmen ergreifen, um deine Situation zu verbessern. Du kannst mit Gott im Einklang leben, um seine Kraft und seinen Segen freizusetzen.

> *Unterwerft euch nun Gott! Widersteht aber dem Teufel! Und er wird von euch fliehen. — Jakobus 4,7* ELB

Du *kannst* dem Teufel widerstehen und er *wird* von dir fliehen. Deine Passivität und dein Mangel an Widerstand bedeuten nicht, dass kein Kampf tobt. Es bedeutet lediglich, dass du den Sieg nicht ergreifst. Satan schlägt dich auf diesem Gebiet.

Die in diesem Buch enthaltenen Wahrheiten aus dem Wort Gottes haben das Potenzial, dein Leben zu verändern. Wenn du anfängst, als Gläubiger deine Vollmacht im Herrn Jesus Christus zu verstehen und auszuüben, wird Satan fliehen und Gottes Kraft und Segnungen werden sich in deinem Leben stärker denn je bemerkbar machen.

KAPITEL 1

Wir befinden uns in einem geistlichen Kampf

Im Übrigen, meine Brüder, seid stark in dem Herrn und in der Macht seiner Stärke. Zieht die ganze Waffenrüstung Gottes an, damit ihr standhalten könnt gegenüber den listigen Kunstgriffen des Teufels; denn unser Kampf richtet sich nicht gegen Fleisch und Blut, sondern gegen die Herrschaften, gegen die Gewalten, gegen die Weltbeherrscher der Finsternis dieser Weltzeit, gegen die geistlichen [Mächte] der Bosheit in den himmlischen [Regionen]. — Epheser 6,1–12

Gottes Wort offenbart uns, dass unser Kampf nicht gegen Fleisch und Blut geht, sondern gegen dämonische Mächte. Wir kämpfen nicht gegen Menschen, sondern gegen die geistlichen Kräfte, die in ihnen wirken. Die meisten von uns erkennen jedoch nicht, welche Rolle die geistliche Welt in unserem täglichen Leben spielt. Wir denken, das sei alles nur menschlich bzw. natürlich, aber der Teufel ist rund um die Uhr damit beschäftigt, Menschen zu beeinflussen.

Es ist sinnlos, darüber zu diskutieren, ob eine Person besessen, unterdrückt oder nur bedrückt ist. Wenn das Neue Testament sagt, dass jemand *von einem Dämon besessen* ist, so ist im Griechischen die wörtliche Bedeutung von »besessen« *dämonisiert.* Diese Person steht unter dem Einfluss und somit der Herrschaft des Teufels. Die Diskussion, die darüber entstanden ist, ob jemand besessen, unterdrückt oder nur bedrückt ist, lässt sich in der Bibel nicht finden. Die Wahrheit ist, dass heutzutage Menschen auf der ganzen Welt vom Teufel beeinflusst, beherrscht und benutzt werden – in welchem Ausmaß auch immer.

Die richtige Perspektive

Viele Menschen der westlichen Welt glauben, dass sich alle Dämonen irgendwo in den Ländern der Dritten Welt aufhalten. Doch jeder, der geistlich wahrnehmungsfähig ist, weiß, dass es überall auf der Welt, auch im Westen, starke dämonische Aktivitäten gibt. Wir tendieren nur dazu, vieles als völlig normal und natürlich für unsere heutige Zeit anzusehen. Wir lassen die Tatsache außer Acht, dass viele der Dinge, die heute passieren – Dinge, die uns das Leben schwermachen –, einen geistlichen Ursprung haben. Wir sind uns einfach nicht der geistlichen Realität bewusst, die sich dahinter verbirgt.

Würdest du die Dinge jedoch aus einer biblischen Perspektive betrachten, könntest du vollkommen anders reagieren. Du würdest erkennen, dass es weder die Person ist, die bei der Arbeit neben dir sitzt, noch dein Nachbar, noch dein Ehepartner oder deine Umstände, die gegen dich sind. Sie können von Satan beeinflusst, inspiriert und benutzt werden, aber sie selbst sind nicht wirklich der Ursprung deiner Probleme. Wenn du tatsächlich verstehst, dass dies kein Kampf in der »sichtbaren« Welt ist, dann wird sich deine Art zu reagieren verändern.

Ich erhalte viele Hassmails und werde oft wegen der Dinge kritisiert, die ich sage. Es gab eine Zeit, da nahm ich all diese Dinge noch persönlich und dachte: *Warum ist diese Person so gegen mich aufgebracht?* Ich sah nur die Vorwürfe dieser Leute und versuchte ständig, mich auf der menschlichen Ebene mit ihnen auseinanderzusetzen. Mittlerweile habe ich verstanden, dass es Satan ist, der versucht, mich von dem abzulenken, was Gott mir aufgetragen hat. Ich erkenne, dass der Feind manche Menschen dazu benutzt, sich gegen mich zu stellen. Er versucht, einen Zugang in mein Leben zu bekommen, damit er mir Gottes Wort stehlen kann (Mk 4,16–17). Weil ich aber hinter den Menschen blicke und dessen Bemerkungen nicht persönlich nehme, bin ich in der Lage, Dinge in die richtige Perspektive zu setzen und anders damit umzugehen.

Es gab sogar einige gute Freunde, die sich gegen mich gestellt haben. Obwohl sie ein paar ziemlich gemeine Dinge getan haben, war ich fähig, darüber hinwegzusehen und ihnen zu vergeben. Mir wurde bewusst, dass Satan einen sensiblen Bereich in ihrem Leben ausnutzte, um sie gegen mich aufzubringen. Daher war ich ihnen gegenüber weder wütend noch verbittert, denn ich verstand, dass der Teufel dahintersteckte. Inzwischen haben sie ihre Haltung geändert und erkannt, was geschehen ist. Unsere Freundschaft konnte vollkommen wiederhergestellt werden, weil ich erkannte, dass es letztendlich nicht diese Leute waren, sondern Satan, der versuchte, mich zu verletzen.

Satan benutzt Menschen

Jesus gab uns hierzu ein gutes Beispiel. Er erkannte es, als der Teufel versuchte, ihn durch einen Menschen anzugreifen.

Nachdem Petrus – von Gott inspiriert – Jesus als »den Christus, den Sohn des lebendigen Gottes« bekannte (Mt 16,16), begann der Herr mit seinen Jüngern über seine nahende Kreuzigung, seinen Tod und seine Auferstehung zu sprechen. Genau in diesem Augenblick fing Petrus an, ihn zurechtzuweisen:

Herr, schone dich selbst! Das widerfahre dir nur nicht!
— Matthäus 16,22

Wie es scheint, hatte Petrus nicht aufgepasst, als Jesus ankündigte, dass er am dritten Tag wieder auferstehen werde. Petrus wollte den Gedanken, dass sein geliebter Herr gefangen genommen und getötet werden könnte, nicht einmal erwägen. Und dies war derselbe Mann, der nur wenige Augenblicke zuvor vom Heiligen Geist inspiriert und gebraucht wurde. Was reagierte Jesus darauf?

Er aber wandte sich um und sprach zu Petrus: Weiche von mir, Satan! Du bist mir ein Ärgernis; denn du denkst nicht göttlich, sondern menschlich! — Matthäus 16,23

Der Herr erkannte, dass es Satan war, der soeben durch Petrus gesprochen hatte. Dies kam nicht von Gott. Jesus wusste, dass es nicht mit dem übereinstimmte, was der Vater ihm klar aus seinem Willen geoffenbart hatte. Obwohl Petrus kurz zuvor eine herrliche Offenbarung durch den Heiligen Geist ausgesprochen hatte, wusste Christus, dass die Inspiration zu diesem Vorwurf direkt aus der Hölle kam.

Es gibt Zeiten, da spricht der Teufel zu dir durch Menschen. Er benutzt Menschen, um an dich heranzukommen. Natürlich wird ihnen diese Tatsache nicht bewusst sein. Petrus war vermutlich schockiert, verletzt und beleidigt, als Jesus sich umdrehte und sagte: »Weiche von mir, Satan!« Aber es gibt Momente, in denen du den Teufel auf diese Weise zurückweisen musst.

Wessen Stimme ist das?

Versteh mich jetzt bitte nicht falsch. Es geht nicht darum, dass du herumläufst und Leute »niedermachst«. Ich sage nicht, dass du jeden zurückweisen sollst, der mit dir nicht einer Meinung ist, indem du ausrufst: »Du bist vom Teufel. Satan benutzt dich in meinem Leben.« Darum geht es nicht. Du sollst nur erkennen, dass Satan – genauso wie Gott – durch Leute sprechen und sie in deinem Leben benutzen kann. Genau wie Jesus musst du unterscheiden lernen, wessen Stimme es ist.

Vor über 30 Jahren wollte uns meine Mutter auf eine Reise in die Berge mitnehmen; meine Frau, unseren damals einjährigen Sohn und mich. Dies geschah zu einer Zeit, als wir sehr wenig Geld hatten. Jamie und ich hatten zu kämpfen und konnten uns natürlich eine solche Reise nicht leisten. Als meine Mutter uns anbot, alles zu bezahlen, nahmen wir ihre Einladung gerne an.

Zu jener Zeit hatte meine Mutter gerade begonnen, hinsichtlich ihrer Heilung auf Gott zu vertrauen. Sie fühlte sich jedoch richtig niedergeschlagen, weil sie noch keine sichtbaren Ergebnisse an sich feststellen konnte.

Aus diesem Grund zweifelte meine Mutter daran, ob diese ganze Sache mit der Heilung wirklich funktionierte. Inzwischen hat sie ihre Meinung darüber grundlegend geändert und schon erstaunliche Heilungen empfangen. Aber dies geschah damals, in den Anfangsjahren unseres Dienstes, als meine Mutter noch dachte, ich stünde irgendwo am Rande des Wahnsinns.

Als wir uns dann auf die Reise machten, hatte meine Mutter eine leichte Erkältung. Sie begann, negative Dinge über meinem Sohn auszusprechen wie: »Halt ihn von mir fern, sonst wird er sich anstecken.«

Ich antwortete: »Nein, Mutter. Er wird sich nicht an dieser Erkältung anstecken.«

Dann beschwerte sie sich wegen des Geldes: »Eigentlich sollte ich so eine Reise gar nicht machen. Ich habe gar nicht das Geld dafür.«

Also antworte ich ihr: »Schau, Mutter, wir haben rein gar nichts. Wenn du das Geld für diese Reise nicht hast, dann sollten wir gleich nach Hause umkehren, denn ich kann dir nicht helfen.«

Sie antwortete: »Oh nein! Ich habe eine Menge Geld.« Meine Mutter war einfach in einer negativen Stimmung, was aus dem allen eine unangenehme Situation machte.

Weil es ein heißer Sommertag war, saß mein Sohn direkt vor der Klimaanlage. Da ich das Prinzip verstanden hatte, dass wir haben können, was wir aussprechen (Mk 11,23), störte es mich gewaltig, wenn sie Dinge sagte wie: »Setz ihn von dort weg. Er wird sich erkälten!«

Ich musste dem mit einem »Nein, er wird sich nicht erkälten« entgegentreten.

»Schweig!«

Dieses ganze Erkältungsgerede und das ständige Jammern – das war eigentlich nicht wirklich meine Mutter. Es entsprach gar nicht ihrem Charakter. Sie ist eine tolle Frau und normalerweise sehr positiv, doch an jenem Tag steckte sie irgendwie in ihrer negativen Stimmung fest. Sie sprach den ganzen Tag über Zweifel und Unglauben aus. Es war ein fortwährender Kampf, dem, was sie sagte, entgegenzutreten. Da sie aber meine Mutter ist, versuchte ich, so höflich und freundlich wie möglich zu sein.

Gleich in der ersten Nacht dieser Reise waren wir alle zusammen in einem Hotelzimmer untergebracht. Unser Sohn schlief in einem Kinderbettchen. Gegen 23 Uhr wachte er auf und hustete so laut, dass man ihn bis ins nächste Zimmer hören konnte. Er war sehr laut und konnte kaum atmen. So stand ich auf, betete in Sprachen, gebot diesem Husten zu weichen und setzte meinen Glauben frei. Unser Sohn schlief wieder ein und alles war gut.

Dreißig Minuten später wiederholte sich das Ganze. Ich stand auf, betete für ihn und er schlief wieder ein. Wie ein Stehaufmännchen war ich alle halbe Stunde erneut auf den Beinen und betete für unseren Sohn, um ihn wieder zum Einschlafen zu bringen. Schließlich, um drei Uhr morgens, als ich mich gerade wieder hinlegen wollte, sagte meine Mutter: »Gib es zu, Andy! Er ist krank!«

Ich beugte mich über sie, zeigte mit meinem Finger mitten in ihr Gesicht und sagte: »Satan, in Jesu Namen befehle ich dir: Schweig! Ich werde keines deiner negativen Worte annehmen. Mein Sohn ist gesegnet und nicht verflucht!« Dann fing ich an, das Wort Gottes auszusprechen. Meine Mutter sagte kein Wort mehr und unser Sohn wachte in dieser Nacht nicht wieder auf. Es ging ihm gut, aber meine Mutter schwieg beharrlich die nächsten beiden Tage – und das, obwohl wir die ganze Zeit über alle zusammen im Auto auf dem Weg in den Urlaub saßen.

Als sie dann endlich wieder anfing zu sprechen, rief sie: »Nun, es tut mir leid, dass du denkst, ich sei der Teufel« und fing dann an, sich selbst zu bemitleiden.

Ich sagte: »Mutter, du weißt genug, um es besser zu wissen. Ich habe dir das Wort Gottes erklärt. Du weißt, dass dein Gerede dem Wort Gottes genau entgegengesetzt war. Du hast dich einfach Satan überlassen. Ich bin nicht böse auf dich. Ich habe nur dem Teufel widerstanden. Er versuchte, meinen Glauben an Heilung zu stehlen.«

Seitdem habe ich ein sehr gutes Verhältnis zu meiner Mutter. Sie ist über 95 Jahre alt und erfreut sich bester Gesundheit. Meine Vorgehensweise in jener Nacht war ziemlich hart, aber ich wusste, dass Satan hinter diesem Angriff stand, mit der Absicht, mir meinen Glauben zu stehlen.

Du kannst dem, was die Leute sagen, sicherlich mit mehr Taktgefühl entgegentreten, als ich es damals getan habe. Ich war ein junger Christ und habe dementsprechend reagiert, aber unabhängig davon, wie du es machst, das Prinzip bleibt dasselbe.

Herausgefordert bis zum Äußersten

Wir befinden uns in einem geistlichen Kampf! In den meisten Fällen sind sich die Leute dessen leider nicht bewusst. Sie betrachten die Dinge nur aus einer rein natürlichen und menschlichen Perspektive. Sie klammern Gott, den Teufel und den ganzen übernatürlichen Bereich einfach aus. Der Durchschnittsmensch erkennt die Existenz dieser geistlichen Dynamik nicht. Gott schickt uns keine bösen Dinge. Es geschieht weder aus Zufall noch ist es Schicksal. Da ist ein realer Feind am Werk und wir müssen lernen, wie wir ihn bekämpfen können.

Vor ungefähr 20 Jahren versuchte ich, mein erstes Buch herauszubringen. Es war eine Studienbibel mit Kommentaren *(Life for Today – Gospels Edition)* und umfasste beinahe 600 Seiten. Zu jener Zeit waren die Einnahmen meines Dienstes so gering, dass es mich die Erträge von zwei oder drei Monaten gekostet hätte, die 50.000 US-Dollar für den Druck zusammenzubringen. So forderte dieses Projekt meinen Glauben bis zum Äußersten heraus.

Verschiedene Verleger kamen und boten uns bei diesem Projekt ihre Hilfe an. Ein Verlag zeigte sich sogar bereit, uns bis auf

27.000 US-Dollar entgegenzukommen, wenn wir vorab bezahlen würden. Der zuständige Mitarbeiter sagte: »Wir befinden uns in einer Notlage und brauchen das Geld. Wenn Sie gleich bezahlen, werden wir es zu diesem Preis drucken.« So rief ich meine Partner zur Spende auf, brachte das Geld zusammen – für uns zu jener Zeit mehr als die Einnahmen eines Monats – und gab es dem Mann. Dies war für uns damals eine Riesensumme!

Innerhalb eines Monats erfuhr ich, dass sich dieser Verlagsmitarbeiter mit unserem ganzen Geld aus dem Staub gemacht hatte. Zur gleichen Zeit hatte er noch andere namhafte Prediger um ihr Geld betrogen!

Ich erinnere mich noch, als ich diese Nachricht erfuhr. Mein Mitarbeiter sagte: »Dieser Verkäufer ist mit unseren 27.000 US-Dollar durchgebrannt. Wir müssen jetzt noch weitere 45.000 US-Dollar innerhalb der nächsten Woche zusammenbringen, um dieses Projekt zu realisieren.« Insgesamt brauchten wir nun 70.000 US-Dollar.

Siebenfach

Im ersten Moment war ich schockiert. *Ist das wirklich wahr?* Dann fühlte ich das fleischliche Verlangen, diesem Halsabschneider eine Tracht Prügel zu verabreichen. Doch schließlich erkannte ich, wer der eigentliche Schuldige war. Satan hatte mich angegriffen und versuchte, mich zu bestehlen.

Sofort kam mir Sprüche 6,31 in den Sinn:

> *Wird er [der Dieb] ertappt, so muss er siebenfach bezahlen und alles hergeben, was er im Haus hat.*

Mir wurde bewusst, dass hier nicht einfach nur ein Mensch war, der mich bestahl. Offensichtlich verbargen sich dahinter dämonische Mächte. Sekunden später war mir klar: *Es ist niemand anderes als der Teufel, der mich bestehlen will, und jetzt habe ich ihn erwischt. Gemäß dem Wort Gottes verlange ich deshalb alles siebenfach zurück!* Daraufhin nahm ich ein Stück Papier und multiplizierte 70.000 US-Dollar mit sieben. Anstatt verärgert, deprimiert oder verletzt zu sein, fing ich an zu tanzen und pries Gott: »Halleluja, das ist ja großartig. Ich werde dieses Jahr 490.000 US-Dollar zurückbekommen!« Da ich nicht aufhörte, Gott dafür zu preisen, war ich keine Minute niedergeschlagen oder entmutigt wegen dieser Situation.

Am Ende des Jahres hatten wir fast 490.000 US-Dollar zusätzliche Einnahmen – exakt der siebenfache Betrag dessen, was uns gestohlen worden war. Dies war zu einer Zeit, als unsere Jahreseinnahmen nur etwa 500.000 US-Dollar betrugen. Wir verdoppelten in diesem Jahr quasi unseren Ertrag!

Was in einer Tragödie hätte enden können, schlug in eine positive Situation um, weil ich erkannte, dass ich nicht gegen Fleisch und Blut kämpfe. Ich führe einen geistlichen Kampf – mit geistlichen Waffen – gegen geistliche Feinde. Mir wurde bewusst, dass Satan versuchte, mich anzugreifen, und so handelte ich gemäß dem Wort.

Wer beeinflusst wen?

Ich habe schon mehreren Leuten Geld geliehen, die es mir niemals zurückgezahlt haben. Sie sagten, sie würden es tun, aber aus welchen Gründen auch immer haben sie es nicht getan. Anstatt es ihnen zu verübeln und mich über sie zu ärgern, weiß ich inzwischen, dass sich Satan dahinter verbirgt. Diese Menschen haben natürlich auch ihren Teil dazu beigetragen und dem Satan die Möglichkeit zu seinen Machenschaften gegeben. Ich erkenne jedoch, dass der Teufel versucht, mich durch Unversöhnlichkeit in die Falle zu locken. So vergebe ich diesen Leuten einfach. Meine Haltung ist diese: *Was soll's, nehmt es einfach als Geschenk! Ich werde ganz sicher nicht hier herumsitzen und verbitterte Gedanken wegen dieser Sache hegen. Das ist es nicht wert.*

Du magst denken: *So etwas würde ich nie tun!* Aber ich sehe ganz klar, dass da ein geistlicher Kampf wütet – und niemand wird in meinen Gedanken Raum einnehmen! Niemand wird mein Herz besitzen – außer Gott! Ich weigere mich, Unversöhnlichkeit gegen wen auch immer zu hegen. Ich werde Bitterkeit nicht den kleinsten Raum in meinem Leben geben. Ich bin mir bewusst, dass Satan solche Dinge als Einfallstor gegen mich benutzt.

Ob es dir gefällt oder nicht, gerade jetzt findet ein geistlicher Kampf um dein Herz und deine Gedanken statt. Denn wie du in deinem Herzen bzw. deiner Seele denkst, so wirst du sein (Spr 23,7 KJV). Was du sagst und tust, entspringt deinen Gedanken, wobei deine Handlungen den höchsten Ausdruck deiner Vollmacht darstellen. Deshalb wirst du von demjenigen beeinflusst und beherrscht, dem du dich hingibst – Gott oder Satan.

KAPITEL 2

Wen er verschlingen kann

Wenn du dich der Sünde hingibst, dienst du Satan, denn er ist der Urheber dieser Sünde. Aber wenn du dich dem Gehorsam hingibst, dienst du Gott, denn er ist der Urheber dieser Gerechtigkeit.

> *Wisst ihr nicht: Wem ihr euch als Sklaven hingebt, um ihm zu gehorchen, dessen Sklaven seid ihr und müsst ihm gehorchen, es sei der Sünde zum Tode, oder dem Gehorsam zur Gerechtigkeit? — Römer 6,16*

In diesem geistlichen Kampf ist das, was du tust, von enormer Bedeutung.

Die meisten Menschen erkennen, dass Handlungen in der »sichtbaren« Welt wichtig sind. Du weißt sehr wohl, dass alles, was du tust, Konsequenzen hat. Wenn du zu schnell fährst, könntest du einen Strafzettel bekommen oder einen Unfall verursachen. Der Strafzettel würde dich Geld und Punkte im Fahreignungsregister kosten. Der Unfall könnte Schäden an anderen Autos verursachen oder sogar jemandem das Leben kosten. Wenn wir über Menschen schlecht reden, können wir ihre Gefühle verletzen oder sogar dämonische Mächte gegen sie entfesseln.

Das Leben besteht aus viel mehr als nur dieser physischen, natürlichen und sichtbaren Ebene. Alles hat geistliche Auswirkungen. Wenn du über jemanden schlecht redest, dann spielt es letztendlich keine Rolle, ob derjenige es merkt – es wird dir selbst schaden! Wenn du deinem Ärger oder Groll, deiner Frustration oder Verbitterung Luft machst, wirkt sich das auf dich selbst aus, ganz gleich, ob es auch noch jemanden anderen trifft oder nicht. Ich bin schon zu Leuten ins Auto gestiegen, die beim Fahren laut schimpften, wenn sie jemand schnitt. Sie sagten zu mir: »Der andere weiß ja nicht, was ich gesagt habe. Er hat es ja nicht gehört.« Es spielt keine Rolle, ob die anderen dich jemals hören oder nicht. In dem Moment, in dem du verärgert und bitter reagierst, stehst du im Begriff, dich Satan hinzugeben. Ob es dir bewusst ist oder nicht, der Teufel ist derjenige, der uns beeinflusst, in der falschen Weise zu reagieren (Röm 6,16).

Der Zorn des Menschen

In Jakobus 1,20 (NLB) steht:

> *Denn menschlicher Zorn kann niemals etwas hervorbringen, das in Gottes Augen gerecht ist.*

Mit anderen Worten: Wenn wir Ärger und Bitterkeit zulassen, dient das nicht Gottes Gerechtigkeit. Du wirst die Ziele Gottes nicht erreichen, wenn du im Fleisch handelst, dich dem Zorn hingibst und deine Fassung verlierst. Gottes Reich funktioniert nicht auf diese Weise. Deshalb spielt es keine Rolle, ob dich jemand hört. Was du sagst, hat Auswirkungen auf dich selbst.

Ein Mann, den ich vor einiger Zeit zum Herrn geführt hatte, war auf einem guten Weg, Gott nachzufolgen. Sein Hobby war es, Autos mit neuen Sitzpolstern auszustatten, und so versuchte er sich gerade an einem besonderen alten Modell, als ich ihn eines Tages besuchte. Ich klopfte an die Tür, aber niemand antwortete.

Da ich wusste, dass er zu Hause war, ging ich in den Hinterhof. Als ich um die Ecke seines Hauses bog, hörte ich ihn lauthals schimpfen und die schlimmsten Ausdrücke gebrauchen. Dieser Bruder hatte einen Stock in der Hand und schlug in seinem Zorn wie ein Verrückter auf das Auto ein!

Er beschimpfte dieses Auto von allen Seiten, bis ich, sein Pastor, um die Ecke bog. Als er mich sah, hielt er einen Moment inne (vermutlich fühlte er sich ertappt) und sagte: »Das ist bloß ein Auto. Ist doch egal, was ich zu der Kiste sage. Ich habe damit niemanden verletzt.« Ich musste ihm erklären, dass es keine Rolle spielt, wen oder was wir anschreien. Wenn wir uns dem Zorn hingeben und uns so gehen lassen, wird Satan diese Gelegenheit sofort ergreifen. Der Feind wird solch eine offene Tür nutzen, um zu stehlen, zu töten und zu verderben (Joh 10,10).

Wo nämlich Eifersucht und Streit herrschen, da gibt es Unordnung und böse Taten jeder Art. — Jakobus 3,16 EÜ

Beachte, dass hier nicht steht: »manche« böse Taten. Es wird auch nicht gesagt, dass Neid und Streitsucht dem Teufel erlauben könnten, »nur bestimmte Menschen« anzugreifen. Nein, wenn du dich dem Neid und der Streitsucht hingibst, stößt du damit die Tür weit auf und sagst: »Komm nur, Satan, und richte in meinem Leben das Schlimmste an!« Es ist, als maltest du eine große Zielscheibe auf deinen Rücken und fordertest ihn auf, seinen besten Schuss abzugeben. Wenn du dich Neid und Streitsucht hingibst, dann machst du dich selbst zur Zielscheibe für den Teufel.

Stinkst du geistlich?

Denn wir sind für Gott ein Wohlgeruch des Christus unter denen, die gerettet werden, und unter denen, die verloren gehen. — 2. Korinther 2,15

Wie ist dein geistlicher Duft? Verbreitest du den Wohlgeruch Christi oder stinkst du geistlich? Genau wie Fliegen und Ratten werden Dämonen von offenen Wunden und Müll in deinem Leben angezogen. Dein »mistiges« Benehmen – beim Autofahren wütend werden, wegen allem Möglichen verbittert reagieren und alles und jeden kritisieren – verbreitet ein »Aroma«, das jeden Dämon in Riechweite zu deinem Haus lockt. Und du wunderst dich noch: *Warum habe ich nur diese Probleme? Warum klappt bei mir nichts?* Das sind die Früchte deiner Unwissenheit. Du musst erkennen, dass wir in einem geistlichen Kampf stehen. Deine Gedanken, Einstellungen, Worte und Handlungen setzen in deinem Leben entweder Gottes Kraft oder die des Teufels frei.

Du denkst vielleicht: *Das Schicksal ist gegen mich. Ich habe immer Pech.* Vielleicht gehst du sogar so weit, dem Herrn die Schuld dafür zu geben: »Gott, warum hast du zugelassen, dass mir all diese Dinge passieren?« Doch so ist es ganz und gar nicht. Gott ist gut und er tut alles, was er kann, um dich zu retten, zu segnen, zu heilen und es dir auch materiell gut gehen zu lassen. Doch Tatsache ist, wir haben einen Feind, der umhergeht und nach Opfern Ausschau hält, die er zerstören kann.

Seid nüchtern und wacht! Denn euer Widersacher, der Teufel, geht umher wie ein brüllender Löwe und sucht, wen er verschlingen kann. — 1. Petrus 5,8

Beachte, dass es heißt: »wen er verschlingen *kann*«. Satan kann dich ohne dein Mitwirken nicht verschlingen (oder zerstören). Eine Möglichkeit, wie er dich dazu bringt, mit ihm zu kooperieren, ist deine Unwissenheit. Du magst denken, es spiele keine Rolle, ob du über das Auto schimpfst, das du gerade reparierst, oder über den Autofahrer, der dich soeben im Verkehr geschnitten hat. Du magst denken, dass ja niemand zu Schaden komme, wenn du über jemanden tratschst, der nicht anwesend ist. »Die Person hört das ja nicht.« Doch die Wahrheit ist, wenn du anfängst, diesen Dingen freien Lauf zu lassen, wird Satan das sofort ausnutzen.

Aus dem einen oder anderen Grund haben wir das Gefühl, Politiker seien Freiwild. Wir meinen, alles Beliebige über sie sagen zu können. Die Redefreiheit in unserem Land ermutigt uns ja regelrecht dazu, unseren Unmut kundzutun. Es gibt allerdings eine richtige und eine falsche Art, dies zu tun. Ich habe schon Christen über die Regierung oder über Menschen in politischer Verantwortung schimpfen hören – in einer Art und Weise, die alles andere als gesund ist. Du kannst eine abweichende Meinung äußern, ohne eine Person mit deinen Worten gleich zu beschämen. Und dabei spielt es keine Rolle, ob man dich jemals hört oder nicht. Du könntest durch deine Worte dem Teufel eine Tür öffnen (Röm 6,16).

Geistliche Auswirkungen

Es ist wichtig, dass du eine Wache vor deinen Mund stellst (Ps 141,3) und jeden Gedanken gefangen nimmst und ihn dem Gehorsam Christi unterstellst (2Kor 10,5). Du solltest aufpassen, was du tust (Gal 5,22–24), und dir bewusst machen, dass die Dämonen jeden Tag aufs Neue versuchen werden, dich abzuschießen. Wenn du ihnen eine Tür öffnest, werden sie hereinkommen – mit dem alleinigen Ziel, zu stehlen, zu töten und zu verderben (Joh 10,10). Vergiss nicht: Satan sucht, wen er verschlingen kann.

Du musst lernen, das geistliche Kräftespiel in deinem Leben zu erkennen. Gott möchte, dass du dich ihm hingibst, damit seine Macht und seine Segnungen in dir freigesetzt werden können. Satan will, dass du dich ihm hingibst, damit Zerstörung und Tod über dich kommen. Um an dich heranzukommen, versucht der Feind unablässig, dich durch Bitterkeit, Unversöhnlichkeit und Gottlosigkeit aller Art zu Fall zu bringen. Ganz gleich, was du also tust, du gehorchst damit entweder Gott oder Satan. Entweder gibst du dich Gott und seinem Einfluss hin oder Satan und dessen Einfluss. Bei jeder einzelnen deiner Handlungen setzt du geistliche Kraft in deinem Leben frei – entweder Gottes Kraft oder die des Teufels. Da die meisten Menschen von dieser Wahrheit nichts wissen, lassen sie alles Mögliche in ihrem Leben zu. Würden sie jedoch erkennen, welche Konsequenzen sie daraus zu erwarten haben, würden sie diese Dinge niemals zulassen.

Die Frau eines unserer Bibelschüler litt an schweren Depressionen. Als ich ihr zu erklären begann, wie sie davon frei werden könne, erfuhr ich von ihr, dass sie schon seit ihrer Kindheit mit Depressionen kämpfte. Jedes Jahr hatte sie eine Phase von ein bis zwei Monaten, während der sie ernsthaft depressiv war und mit Medikamenten behandelt werden musste.

Als ich ihr sagte: »Du willst doch so nicht weiterleben. Du musst es überwinden!«, antwortete sie mir: »Das ist bei mir so. Es richtet keinen Schaden an. Ich halte es aus. In ein bis zwei Monaten ist es vorbei.« Sie hatte diese Depression vollkommen akzeptiert und dachte, es sei lediglich etwas Vorübergehendes ohne nachhaltige Wirkung. Doch jedes Mal, wenn wir uns den Spielregeln Satans unterwerfen, gehen wir eine geistliche Verbindung mit ihm ein, und das bringt Böses hervor. Das ist alles andere als harmlos!

Sündenempfängnis

Jeder einzelne wird versucht, wenn er von seiner eigenen Begierde gereizt und gelockt wird. Danach, wenn die Begierde empfangen hat, gebiert sie die Sünde; die Sünde aber, wenn sie vollendet ist, gebiert den Tod. — Jakobus 1,14–15

Sünde wird in deinen Emotionen empfangen. Jedes Mal, wenn du negative Gefühle hast – sei es Traurigkeit, Wut, Angst, Unfrieden oder was auch immer –, empfängst du etwas. Viele Menschen empfangen Dinge, die sie nicht zur Geburt bringen wollen. Sie wollen weder Depressionen noch Streit, noch Selbstmord, noch eine zerrüttete Ehe. Dennoch erlauben sie diesen negativen Emotionen, durch sie hindurchzufließen, ohne zu erkennen, dass sie sich in einem geistlichen Kampf befinden. Wenn du deinem Fleisch nachgibst und anfängst, gewisse Dinge zu sagen und zu tun, setzt du geistliche Kräfte frei. Der Kampf tobt und der Feind sucht nach einer Möglichkeit, dich anzugreifen.

Der Wille des Teufels ist es, jeden zu verschlingen, den er in seine Krallen bekommt (1Petr 5,8). Er möchte überall jeden bestehlen, töten und verderben (Joh 10,10). Würde Satan bekommen, was er wollte, wäre die ganze Erde zerstört, und es gäbe nichts Gutes mehr.

Doch auch Gott hat einen Willen. Jesus sagte:

Ich bin gekommen, damit sie das Leben haben und es im Überfluss haben. — Johannes 10,10

Jesus versucht, Leben in dir freizusetzen. Satan versucht, das Gute in deinem Leben zu stehlen, zu töten und zu zerstören. Beide sind bereit und fähig zu handeln und diese Dinge in deinem Leben zu bewirken, aber der entscheidende Faktor bist du. Du musst erkennen, dass dieser erbitterte Kampf stattfindet und dass alles, was du sagst und tust, entweder Gott oder Satan in deinem Leben ermächtigt. Der Herr möchte sein Leben in dir freisetzen. Satan will dieses Leben von dir stehlen und dich töten und zerstören. Das hat weder mit Schicksal noch mit Glück zu tun. Deine Gedanken, Entscheidungen und Handlungen sind der entscheidende Faktor in deinem Leben.

»Verschwinde aus meinem Leben!«

Einmal besuchte ich eine Gemeinde, in der man zwar an Heilung glaubte, aber nicht daran, dass es Gottes Wille sei, ausnahmslos immer zu heilen. Allerdings wusste ich nicht, dass sechs Monate vor meinem Besuch die Leute dort ihre Ansicht zu diesem Thema geändert hatten. Nun glaubten sie gemäß dem Wort Gottes, das besagt: »Es ist Gottes Wille, dass es allen Menschen gut geht. Er heilt immer.« Dies war ein vollkommen neuer Glaubensschritt für sie. Die Gemeinde fing nun an, Gottes Wort zu hören, und erwartete im Glauben ganz konkret das Sichtbarwerden von Heilungen.

Zwei Tage vor meiner Ankunft hatte diese Gemeinde einen 17-jährigen Jungen beerdigt. Er starb, nachdem er sechs Wochen lang im Koma gelegen hatte. Die gesamte Gemeinde hatte gefastet und gebetet und versucht, die Wahrheiten aus Gottes Wort, die sie gelehrt wurden, umzusetzen. Obwohl diese Menschen wussten, dass es Gottes Wille war, den Jungen zu heilen, starb er trotzdem. Das Ganze hinterließ in der Gemeinde eine Menge Konflikte, Aufruhr und offene Fragen.

Nach den Morgenveranstaltungen ging ich drei Tage lang mit den Eltern des Jungen zum Mittagessen, um herauszufinden, was genau geschehen war. Da jeder sein Bestes gegeben hatte und alles getan hatte, was ihm möglich war, fingen nun viele Leute in der Gemeinde an, Gottes Wort zu hinterfragen: »Vielleicht ist es doch nicht Gottes Wille, jedes Mal zu heilen?« Als ich dem widersprach und sagte, dass Gott Heilung schon längst zur Verfügung gestellt habe und es sein Wille sei, jedes einzelne Mal zu heilen, fragten sie: »Was ist dann das Problem?«

Als ich während dieser drei Tage mit den Eltern des Jungen sprach, fand ich heraus, dass sie als Ehepaar so zerstritten waren, dass sie kurz vor der Scheidung standen. Sie hatten diese schon geplant und mit den Kindern darüber gesprochen. In diesem Haus gab es also viel Streit, Verletzungen und negative Emotionen.

Am Morgen der Tragödie hatte die Mutter einen Streit mit dem Jungen gehabt und ihm gesagt: »Ich hasse dich. Verschwinde aus meinem Haus und komm nie wieder zurück!« Vermutlich hat sie es nicht so gemeint. Sie sagte es nur im Eifer des Gefechts. Ich weiß sehr wohl, dass Kinder einem manchmal den letzten Nerv rauben können. Kinder zu erziehen ist schwieriger als Tote aufzuwecken – ich habe beides getan und weiß, wovon ich rede! Ich möchte diese Frau nicht verurteilen, aber im Grunde sagte sie dem Jungen, bevor er das Haus verließ: »Verschwinde aus meinem Leben und komm nie wieder zurück!«

Jede böse Tat

Weil der Junge von seiner Mutter verletzt worden war, schwänzte er an jenem Tag die Schule und aß bei einem Freund zu Mittag. Während er sich dort aufhielt, holten sich die Jungen eine Pistole aus dem Waffenschrank der Eltern, um damit zu spielen.

Der Junge schoss sich versehentlich in den Kopf und dies war der Grund, warum er sechs Wochen im Koma lag.

Die Eltern verstanden einfach nicht, wie das passieren konnte. Gottes Wort offenbart: »Wo nämlich Eifersucht und Streit herrschen, da gibt es Unordnung und böse Taten *jeder* Art.« (Jak 3,16 EÜ).

Viele sagen: »Ich stimme zu, dass Streit nicht die beste Sache ist. Keiner streitet gerne, aber es ist halt ein natürlicher Teil unseres Lebens. Familien streiten sich und dann vertragen sie sich wieder.« Ohne zu begreifen, dass wir uns in einem geistlichen Kampf befinden, lassen sie in ihrem Leben allen möglichen Zank und Streit zu. Das Wort sagt, dass Neid und Streitsucht zu Verwirrung bzw. Unordnung führen.

Gott ist nicht ein Gott der Unordnung, sondern des Friedens.
— 1. Korinther 14,33

Wenn Gott nicht der Urheber von Unordnung ist, wer dann? Richtig – Satan! Der Teufel ist derjenige, der – wo immer Neid und Streitsucht herrschen – Verwirrung, Unordnung und jede böse Tat hervorbringt.

Wenn du dem Teufel auf diese Weise die Tür aufreißt, dann wundere dich nicht, wenn du es mit verschiedenen Arten von Krankheit, Tragödien, Armut und Tod zu tun hast. Satan wartet doch nur auf solche Gelegenheiten und benutzt sie als Einfallstore in dein Leben. Als ein brüllender Löwe sucht er ständig, wen er verschlingen kann.

KAPITEL 3

Satans Einfallstore

Da wir uns in einem geistlichen Kampf befinden, können wir uns den »Luxus« nicht leisten, im Streit zu leben. Wenn du denkst, ein gewisses Maß an Streit sei ganz normal und gehöre zum Leben dazu, dann irrst du dich. Gott ist ein Gott des Friedens (Röm 15,33; 16,20) und wir sind nach seinem Bild erschaffen worden (1Mo 1,27). Die Frucht seines Geistes in uns ist Frieden (Gal 5,22). Deshalb sollte unser Leben voll von Frieden sein und nicht voller Streit. Ich sage nicht, dass wir jemals ganz ohne Streit leben werden, aber du solltest ihn weder akzeptieren noch dich ihm hingeben oder ihn gar provozieren. Du solltest ihn aktiv und entschieden bekämpfen. Mach dir bewusst, dass mit jedem Mal, wenn du dich streitest, dem Feind eine Tür geöffnet wird, in deinem Leben nach Belieben zu agieren. Satan hat Zugang zu dir, wenn du dich im Streit befindest.

Ich erinnere mich, wie es war, als ich zum Wehrdienst eingezogen wurde. Während der Grundausbildung gab es viele Situationen, in denen es ständig Explosionen um mich herum gab. Wir mussten ins Manöver ziehen, durch Schützengräben robben (mit Maschinengewehrfeuer über unseren Köpfen), lernen, wie man Granaten benutzt, Zielübungen mit unseren Waffen machen und vieles mehr. Über einen Zeitraum von sechs Monaten Training gewöhnte ich mich an all diesen Lärm. Es störte mich nicht, denn ich wusste, dass wir ja immer noch im eigenen Land waren, dass es sich um eine Ausbildung handelte und dass niemand versuchte, mich zu töten. Ich »verhärtete« mich also gegen diesen Lärm und kam an einen Punkt, an dem mir die Explosionen einfach nichts mehr ausmachten.

Dann kam ich nach Long Bien in Vietnam. Wir verließen unser Flugzeug um zwei Uhr morgens inmitten eines Mörserangriffs. Wir mussten buchstäblich vom Flugzeug zum Bunker robben und dort in Deckung bleiben, bis der Angriff vorüber war. Nachdem wir einige Stunden später unseren Einheiten zugeteilt waren, erinnere ich mich, wie ich in einer der provisorischen Unterkünfte lag und mein Feldbett aufgrund der Explosionen auf und ab hüpfte. Obwohl ich in der Grundausbildung viele ähnliche Geräusche gehört hatte, dämmerte mir plötzlich, dass dies keine Militärübung mehr war. Irgendwer da draußen feuerte Raketen auf uns ab und ich war nah genug dran, um die Explosionen zu hören. Als ich auf diesem hüpfenden Feldbett lag, realisierte ich: *Ich bin im Krieg! Dort draußen ist ein Feind, der mich zu töten versucht.* Das hat mich wirklich wachgerüttelt!

Verschwunden war mein halbherziges Zuhören, wenn es um Anweisungen ging. Meine Ausbilder mussten gar nichts tun, um meine volle Aufmerksamkeit zu bekommen. Als unmittelbar nach unserer Ankunft die erste Trainingswoche begann und man uns erklärte, wie wir uns in diesem neuen Land zu verhalten hätten, was auf uns zukommen werde und anderes mehr, war ich ganz Ohr. Der Unterschied zu vorher war, dass ich erkannte, dass es hier um Leben und Tod ging. Mir wurde klar, dass ich mich nun in einem Kampf befand.

Samen werden gepflanzt

Ob du dir dessen bewusst bist oder nicht, du befindest dich gerade jetzt in einem Kampf. Erinnere dich, Satan geht umher wie ein brüllender Löwe und »sucht, wen er verschlingen kann«. Der Teufel versucht heute, dein Leben zu zerstören. Das könnte dir Angst einjagen, aber bedenke, auch Gott geht umher und sucht, wer ihm antworten wird. Er versucht, seine Salbung, Kraft und Segnungen in dein Leben hineinzubringen. Es gibt also gar keinen Grund, in Panik auszubrechen und vor Schreck zu erstarren, denn der Herr ist unendlich größer als der Teufel. Dennoch solltest du nüchtern bleiben und dir bewusst machen, dass du dich in einem Kampf befindest. Du kannst dir nicht mehr den Luxus leisten, dich deinen negativen Gefühlen hinzugeben und fleischlich zu reagieren.

Ich diene ständig Leuten, die sich die Ergebnisse wünschen, die sie in meinem Leben sehen, aber sie sind nicht bereit, das zu tun, was ich tue. Sie wollen möglichst keine Folge ihrer Lieblingsserie verpassen und schauen sich Filme an, die nicht jugendfrei sind. Dabei überschütten sie sich selbst mit negativen Emotionen, die ich niemals zulassen würde. Ich erkenne, dass dort draußen ein geistlicher Kampf stattfindet. Sobald ich mich öffne und diesen Dingen erlaube, in mein Herz und meine Gedanken einzudringen, wird Satan seinen Vorteil daraus ziehen. So lebe ich ein sehr eingeschränktes Leben und halte mich von vielen Dingen fern, die andere Leute tun (Ps 101,3).

Obwohl viele Menschen sehen möchten, wie blinde Augen und taube Ohren geöffnet, unheilbare Krankheiten geheilt, Tote auferweckt, und finanzielle Segnungen freigesetzt werden, so wie es bei mir geschieht (durch die Gnade Gottes), so sind sie doch nicht bereit, die nötige Zeit mit dem Herrn zu verbringen. Sie wollen sich ihm weder hingeben noch durch sein Wort, durch Gebet oder Gehorsam Gemeinschaft mit ihm haben. Sie sind lieber in der Welt, geben ihrem Fleisch nach und denken: *Es hat überhaupt keinen Einfluss auf mich, wenn ich diese Dinge tue. Es schadet mir nicht.* Es schadet ihnen vielleicht nicht augenblicklich, aber Samen werden gesät.

Du kannst nicht durch etwas versucht werden, an das du gar nicht denkst (Hebr 11,15). Wenn du aufhören würdest, dich für Neid, Streit, Meinungsverschiedenheiten und sonstige negative Dinge zu öffnen, die unsere Gesellschaft zur »Unterhaltung« anbietet, dann hätte Satan nicht diese Einfallstore in deinem Leben.

Unfriede als Normalzustand

Einmal führte ich einen Mann zum Herrn, der aus schwierigen Verhältnissen kam. Nachdem er wiedergeboren war, schloss er sich unserer Gemeinde an und begann, alles und jeden zu kritisieren. Er kritisierte Leute, weil sie Seife benutzten, denn das sei nicht natürlich. (Hätte *er* mal Seife benutzt – das wäre bitter nötig gewesen!) Er kritisierte Leute dafür, dass sie Kartoffeln schälten, da doch die meisten Nährstoffe in der Schale steckten. Er hatte einfach an allem etwas auszusetzen!

Ich fand es erst später heraus, aber dieser Bursche hatte es in Kalifornien bisher als Einziger geschafft, schon vor seinem dreizehnten Lebensjahr dreimal vor dem Jugendrichter zu stehen. Seit seinem fünften Lebensjahr lebte er in Heimen für Schwererziehbare. Weil er in einem Umfeld aufwuchs, in dem Streit an der Tagesordnung war, hatte sich in ihm eine ganze Menge Wut und Bitterkeit angestaut.

Nach einigen Monaten kam er zu mir und sagte: »Ich werde die Gemeinde verlassen. Ich gehe wieder zurück in die Wüste, weil hier einfach zu viel Streit herrscht.«

Ich sagte ihm frei heraus: »Ja, in der Gemeinde herrscht Streit, aber der ganze Streit geht von dir aus. Es gab unter den Gemeindegliedern keinen Streit, bevor du kamst und anfingst, jeden zu kritisieren. Du bist die Quelle dieses Unfriedens!«

»Wirklich? Das ist mir gar nicht aufgefallen.«

»Nicht aufgefallen? Ist es denn so schwer zu begreifen, dass die Leute es nicht mögen, wenn man ständig etwas an ihnen auszusetzen hat?«

Dann setzte sich dieser Bruder hin und fing an, mir seine Vorgeschichte zu schildern. Er sagte: »Ich denke, ich habe das einfach nicht als Streit angesehen. Ich dachte, es sei normal.« Dann fügte er hinzu: »Wenn du mir sagst, ich solle so handeln, als sei ich geheilt, auch wenn ich mich krank fühle, dann kann ich das tun, denn ich weiß, wie es sich anfühlt, körperlich gesund zu sein. Aber wenn du mir sagst, ich solle jemanden lieben, dann weiß ich nicht, wie das geht. Denn ich habe niemals zuvor Liebe gespürt.« Also fing ich an, ihm anhand des Lebens Jesu zu erklären, wie man Menschen lieben kann.

Manche Menschen kommen aus Verhältnissen, in denen Herumschreien, gegenseitiges Anbrüllen und mit Gegenständen bewerfen völlig normal ist. Es gibt viele solcher Familien, aber Gott möchte nicht, dass wir so sind (Jak 3,16).

Eine Giftschlange in deinem Haus?

Behandelst du Fremde besser als deine eigene Familie? Viele Menschen würden es nicht wagen, mich so zu behandeln, wie sie es mit ihren eigenen Kindern tun. Und dann wundern sie sich: *Warum habe ich nur diese Probleme mit meinen Kindern?* Schrei mich doch mal an: »Geh und mach dein Bett, du Faulpelz!« oder: »Jetzt tu endlich, was ich dir gesagt habe!«, und dann beobachte, wie sich unsere Beziehung entwickelt! Wenn du so deine Familie behandelst, dann misst du mit zweierlei Maß.

Wenn du deine Familienmitglieder derart anbrüllst – die Menschen, die du eigentlich am meisten lieben solltest –, dann ist es nicht verwunderlich, dass du dich mit Rebellion, Streit und Meinungsverschiedenheiten herumschlagen musst. Wenn du gottgemäße Beziehungen haben willst, dann must du damit anfangen, deine Zunge im Zaum zu halten. Dir muss bewusst werden, dass du solchen Unfrieden nicht tolerieren darfst. Satan verschafft sich Zugang durch Neid und Streitsucht und richtet jedes böse Werk in deinem Leben an.

Würdest du eine Giftschlange in deinem Haus frei herumkriechen lassen? Wenn sie im Lüftungsschacht wäre, sähest du sie vielleicht ein oder zwei Wochen lang nicht. Aber wenn du wüsstest, dass sie sich noch irgendwo in deinem Haus befindet, dann würdest du vermutlich sagen: »Es ist mir egal, wie lange es dauert, bis sie hervorkommt, aber ich werde nicht in einem Haus leben, in dem eine giftige Schlange ihr Unwesen treibt!« Es mag keine unmittelbare Bedrohung sein, aber wenn du nie genau weißt, wo sie gerade herumschlängelt … auf der Suche nach Beute …

Streit ist weitaus tödlicher als eine giftige Schlange! In Kombination mit Neid öffnet Streit einen Zugang zu jedem bösen Werk in deinem Leben. Es wird Zeit, dass du aus deiner Selbstzufriedenheit erwachst und erkennst, dass du dich in einem geistlichen Kampf befindest. Du darfst Neid, Streitsucht, Unversöhnlichkeit und all die anderen negativen Gefühle einfach nicht mehr zulassen.

Manche Leute schauen sich Pornohefte an und denken: *Ich tue es ja gar nicht, ich schaue es mir nur an.* Jedes Mal, wenn du dich genüsslich deinem Fleisch hingibst, setzt du geistliche Kräfte in deinem Leben frei. Und ich garantiere dir, je mehr Raum du dem Teufel gibst, desto sicherer wird es dich etwas kosten! Sünde wird dich weiter tragen, als du gehen willst; sie wird dich mehr kosten, als du bezahlen willst; und sie wird dich länger festhalten, als du bleiben willst.

Jeder von uns ist täglich den Kräften des Reiches der Finsternis ausgesetzt. Wir befinden uns weder auf Erholungsurlaub noch in einem gesicherten Bereich, wo unsere Handlungen nicht wirklich zählen. Wir befinden uns vielmehr in einem geistlichen Kampf mit einem echten Feind, der uns auf jede erdenkliche Weise schaden will.

Von den Toten auferstanden

Gottes Wort sagt: »Gebt auch nicht Raum dem Teufel!« (Eph 4,27). Du bist derjenige, der dem Teufel Einfallstore in dein Leben verschafft. Er nimmt sich jeden »Raum«, den du ihm durch deine Gedanken, Worte, Gefühle und Handlungen gibst.

Deine Gefühle können Satan einen Raum (eine Gelegenheit) verschaffen. Vielleicht hast du hin und wieder das Gefühl, du solltest einfach nachgeben und dich gehen lassen. Es würde sich einfach gut anfühlen, in Selbstmitleid zu zerfließen.

Ich kenne dieses Gefühl. Eines Nachts rief mich mein älterer Sohn an und teilte mir mit, dass mein jüngerer Sohn gestorben sei. Sofort stimmten meine Frau und ich im Gebet überein, sprachen unseren Glauben aus und befahlen ihm, ins Leben zurückzukehren. Als wir uns anzogen und die Stunde bis Colorado Springs fuhren, hatte ich einige negative Gefühle. Es fühlte sich ungefähr so an: *Wie lange kannst du noch im Glauben stehen? Wie lange kannst du noch stark bleiben? Manchmal muss man die weiße Flagge hissen und aufgeben. Warum also nicht einfach jammern und klagen?* Ich wusste jedoch, dass es meinen Glauben zunichtegemacht hätte, wenn ich meine Ängste und Zweifel ausgesprochen hätte. Obwohl ich am liebsten gesagt hätte: »Wir haben diesmal verloren. Wir sind geschlagen. Lass uns aufgeben und das Ganze abbrechen«, fing ich an, mich selbst im Glauben aufzubauen, indem ich positive Worte sprach wie: »Er wird nicht sterben, sondern leben und die Werke des Herrn verkünden« und »Du bist ein guter Gott. Ich liebe dich!«

Jesus gebührt alle Ehre. Wir erreichten das Krankenhaus von Colorado Springs und fanden heraus, dass Gott ihn von den Toten auferweckt hatte. Er war fast fünf Stunden tot gewesen, aber fünf Minuten nachdem wir von meinem älteren Sohn diesen Anruf erhielten, richtete sich mein jüngerer Sohn auf und fing an zu sprechen – direkt dort auf der Bahre in der Leichenhalle des Krankenhauses. Gelobt sei Jesus!

Ich glaube ganz fest, dass wir den Sieg nicht erlebt hätten, wenn ich meinen negativen Gefühlen Raum gegeben hätte. Wenn ich meine Frustration ausgesprochen und geklagt hätte: »Warum gerade mein Sohn?«, dann wäre er nicht von den Toten auferstanden. Satan nutzt jede Gelegenheit, die wir ihm geben. Und oft wird uns unsere eigene Zunge zum Fallstrick.

KAPITEL 4

Kein böses Werk

Es gibt Zeiten in unserem Leben, in denen wir unsere negativen Gedanken und Gefühle am liebsten aussprechen würden. Da wir uns aber in einem geistlichen Kampf befinden, sollten wir gerade in diesen Zeiten Glauben und Selbstkontrolle ausüben.

In Matthäus 6,31 offenbart uns der Herr, an welchem Punkt wir uns einen Gedanken aneignen:

So seid nun nicht besorgt, indem ihr sagt …

Ein Gedanke wird zu deinem eigenen Gedanken, wenn du anfängst, ihn laut auszusprechen.

Du kannst nicht verhindern, dass dir alle möglichen Gedanken durch den Kopf gehen. Als ich beispielsweise die Nachricht vom Tod meines Sohnes erhielt, stiegen Gedanken des Schmerzes, der Angst und Panik in mir auf, denn ich bin ein Mensch wie jeder andere auch. Dennoch kannst du es vermeiden, dir diese Gedanken anzueignen.

Martin Luther sagte einmal: »Du kannst nicht verhindern, dass ein Vogelschwarm über deinen Kopf hinwegfliegt. Aber du kannst verhindern, dass er in deinen Haaren nistet.« Negative Gedanken werden manchmal kommen, aber du brauchst sie nicht anzunehmen. Sie müssen nicht zu einem Teil von dir werden. Wenn du sie nicht aussprichst, dann eignest du sie dir nicht an.

Opfer der eigenen Zunge

Satan lässt Gedanken und Gefühle an unseren Herzen und unserem Verstand vorüberziehen. Wie können wir nun verhindern, dass diese Samen keimen, Wurzeln schlagen und die von ihm gewünschte negative Frucht hervorbringen? Ganz einfach so, wie eben beschrieben: »So seid nun nicht besorgt, indem ihr sagt …«

Wenn du es nicht sagst bzw. aussprichst, dann eignest du es dir nicht an. Aber wenn du anfängst, diese negativen Dinge in den Mund zu nehmen, dann werden sie zu deinen eigenen Gedanken und fangen an, ihre negative Kraft in deinem Leben freizusetzen. Du solltest diese Haltung annehmen: *Ich weigere mich, irgendetwas auszusprechen, was meinem Glauben entgegengesetzt ist.*

Manche Leute glauben an Heilung. Sie haben Gott gebeten, sie zu heilen, und sie bekennen: »Ich glaube, dass ich geheilt bin«, obwohl sie die Heilung an ihrem Körper noch nicht wahrnehmen können. Wenn dann aber jemand anruft und sie fragt: »Wie geht es dir?«, erzählen sie sofort, wie schlecht es ihnen geht. Ohne es zu merken, haben sie gerade eine negative geistliche Kraft freigesetzt.

Tod ***und*** *Leben stehen in der Zunge Gewalt.*
— Sprüche 18,21 LUT

Du kannst mit deiner Zunge nicht nur Leben aussprechen, sondern auch Tod. Es ist traurig, aber die meisten von uns setzen viel öfter Tod statt Leben frei. Wir schaden uns mit unseren eigenen Worten. Wir sind Opfer unserer eigenen Zunge!

Worte sind wichtig

Vielleicht betest du für eine Sache, redest dann aber dagegen. Du betest vielleicht für die Wiederherstellung deiner Ehe, doch wenn du dann über dein Eheleben sprichst, sind deine Worte ständig negativ, zerstörerisch und voller Kritik. Dadurch setzt du eine negative geistliche Kraft (Tod) frei, die deinem Gebet entgegenwirken wird. Obwohl Gott dir helfen und Wiederherstellung bringen möchte, setzt du durch diese negativen Worte eine gegensätzliche geistliche Kraft frei.

Du solltest vorsichtig sein, wie du über deine Kinder sprichst. Es ist nicht falsch, eine Tatsache festzustellen. Wenn dich jemand fragt, dann sag nicht: »Alles läuft prima«, wenn es nicht so ist. Du kannst sagen: »Es gibt Probleme, *aber* …«, und dann stellst du das gegenüber, worauf du im Glauben vertraust. Es ist in Ordnung zu sagen: »Dies ist das Problem, *aber* alles wird gut werden.« Wenn du aber umgekehrt sagst: »Ich glaube Gott und vertraue auf ein Wunder, *aber* …« und dich dann mit den negativen Gegebenheiten auseinandersetzt, zerstörst du nur das, was du im Glauben zu erreichen versuchst. Es ist wirklich von Bedeutung, wohin du dein »aber« setzt.

Manchmal musst du dich einfach nur den Tatsachen stellen: »Ja, ich habe ein Problem. Ich bekämpfe diese Krankheit …« Aber dann trittst du ihr mit der Wahrheit von Gottes Wort entgegen: »Aber ich glaube, dass ich in Jesu Namen geheilt bin.«

Du solltest dir ständig der Wahrheit bewusst sein, dass deine Worte entweder Leben oder Tod freisetzen. Lass nicht zu, dass unkontrollierte Worte aus deinem Mund herauskommen. Stell eine Wache vor deinen Mund und sprich Leben aus (Ps 141,3), denn du wirst die Frucht deines Mundes essen.

An der Frucht seines Mundes sättigt sich der Mensch, am Ertrag seiner Lippen isst er sich satt. — Sprüche 18,20

Jedes Wort, das aus deinem Munde kommt, ist ein Same, der nach seiner Art Früchte trägt. Wenn du meckerst, dich beklagst und nur Negatives aussprichst, dann wird das die Art von Frucht sein, die du essen wirst – als Ergebnis deiner Worte. Wenn du in deinem Herzen verbittert bist, liegt das daran, dass du angefangen hast, bestimmte Dinge zu sagen, die du nicht hättest aussprechen sollen. Du kannst nicht verhindern, dass Probleme auftauchen, aber du kannst verhindern, dass sie dich beherrschen. Du musst nur das Richtige und das Positive aussprechen, nämlich das, was dem Wort Gottes entspricht. Deine Worte sind wichtig!

Blind für die Wahrheit

In diesem geistlichen Kampf verwendet Satan die Worte, die wir sprechen, gegen uns.

Denn nach deinen Worten wirst du gerechtfertigt, und nach deinen Worten wirst du verurteilt werden! — Matthäus 12,37

Wenn uns die Bedeutung unserer Worte nicht bewusst ist, dann sprechen wir leichtfertig Dummheiten, Zweifel, Unglauben und andere Dinge aus. Dadurch versetzen wir Satan in die Lage, uns zu verschlingen, weil wir keine Wache vor unseren Mund gestellt haben. Gott hat Paulus beauftragt, so wie auch uns, den Menschen die Augen zu öffnen:

... damit sie sich bekehren ... von der ***Herrschaft*** *des Satans zu Gott. — Apostelgeschichte 26,18*

Viele Menschen sind sich der Dominanz – der Machtausübung – Satans in ihrem Leben nicht bewusst. Sie machen das Schicksal oder die Umstände für ihre Probleme verantwortlich oder denken, dass es einfach nur Unglück sei. Diese Bibelstelle zeigt eindeutig auf, dass sie unter dem Einfluss Satans stehen:

Auch euch, die ihr tot wart durch Übertretungen und Sünden, in denen ihr einst gelebt habt nach dem Lauf dieser Welt, gemäß dem Fürsten, der in der Luft herrscht, dem Geist, der jetzt in den Söhnen des Ungehorsams wirkt; unter ihnen führten auch wir alle einst unser Leben in den Begierden unseres Fleisches, indem wir den Willen des Fleisches und der Gedanken taten; und wir waren von Natur Kinder des Zorns, wie auch die anderen. — Epheser 2,1–3

Bevor wir uns zu Christus bekehrt haben, waren wir von Natur aus Kinder Satans. Wir lebten unser Leben unter seinem Einfluss und seiner Herrschaft, blind für die Wahrheit.

... bei den Ungläubigen, denen der Gott dieser Weltzeit die Sinne verblendet hat, sodass ihnen das helle Licht des Evangeliums von der Herrlichkeit des Christus nicht aufleuchtet, welcher Gottes Ebenbild ist. — 2. Korinther 4,4

Der Teufel ist auch heute noch aktiv damit beschäftigt, Menschenherzen zu verhärten und für die Wahrheit des Evangeliums blind zu machen. Dies ist kein passiver Kampf. Er verfolgt die Menschen auf aggressive Weise und versucht, sie zu zerstören. Einer der Gründe, warum der Feind so viele Menschen fest im Griff haben kann, ist die Tatsache, dass der Leib Christi den geistlichen Kampf, in dem wir uns befinden, nicht wirklich erkannt hat.

Gute Sitten verderben

Als Diener des Evangeliums nutze ich tägliche Fernseh- und Radiosendungen, um die Wahrheit von Gottes Wort in der ganzen Welt zu verbreiten. Doch es gibt auch andere Fernseh- und Radioprogramme und viele davon werden vom Teufel dazu benutzt, seinen Einfluss und seine Kontrolle zu verstärken. Ungläubige ebenso wie Christen schalten diese Programme ein und werden auf die eine oder andere Art kontinuierlich mit einer gottlosen Kost gefüttert – sexuelle Freizügigkeit, Gewalt, Streit, Hass, Hohn und Spott. Wir lassen es zu, dass dieses »Schmutzwasser« ungehindert in unsere Häuser fließt und Satan es in unserem Leben benutzen kann. Es ist nicht so, dass Fernsehen und Radio an sich schlecht wären! Gott benutzt beides in machtvoller Weise, um sein Reich zu bauen. Das Problem ist nur, dass auch Satan diese Medien benutzt und einen Großteil der Programmgestaltung beherrscht – aber nicht um aufzubauen, sondern um das Leben der Menschen zu zerstören.

Manche Leute denken: *Ich kann mir diese Dinge anschauen, ohne dass es mich negativ beeinflusst.* Gottes Wort sagt jedoch, dass sie getäuscht werden.

> *Lasst euch nicht irreführen: Schlechter Umgang verdirbt gute Sitten! — 1. Korinther 15,33*

Du magst dir selbst einreden, dass es dir nicht schadet, aber das Wort offenbart etwas anderes. Du kannst dein geistliches

Gleichgewicht einfach nicht aufrechterhalten, während sich deine Augen an der Gottlosigkeit weiden.

David, ein Mann nach Gottes Herzen, verstand dies. Er sagte:

Ich will nichts Schändliches vor meine Augen stellen.
— Psalm 101,3

Als Nachfolger Christi musst du den gleichen Entschluss fassen und sagen: »Ich will mir nichts Schädliches ansehen. Ich weigere mich, in meinem Innern ein Bild von Lust, Wut, Unmoral, Hass, Streit oder Mord entstehen zu lassen. Ich erkenne, dass jedes Mal, wenn ich mich diesen Dingen öffne, eine negative geistliche Macht nur darauf wartet, Zugang zu meinem Leben zu bekommen. Durch Gottes Gnade werde ich dem Teufel diesen Zugang aber nicht geben!«

Bilder im Herzen

Einer der Gründe, warum es so viel Gewalt und Unmoral in unserer Gesellschaft gibt, hat damit zu tun, dass so viel Gewalt und Unmoral im Fernsehen und in den Kinos gezeigt wird. Diese Eindrücke werden zu Bildern in den Herzen und Köpfen der Menschen verarbeitet, die dann entsprechend handeln. Wir können nicht durch Dinge versucht werden, über die wir nicht nachdenken (Hebr 11,15). Wenn wir aber über etwas ständig nachdenken, dann werden wir auch darüber sprechen und danach handeln.

Alles, was du sagst oder tust, setzt entweder Gottes oder Satans Kraft in deinem Leben frei. Dein Feind ist ein aktiver Gegner in dieser Welt und sucht, wen er verschlingen kann (1Petr 5,8). Er verblendet die Sinne der Ungläubigen, damit er sie bestehlen, töten und zerstören kann (2Kor 4,4; Joh 10,10). Wenn du deinen Kopf in den Sand steckst und sagst: »Ich glaube nicht, dass wir uns in einem Kampf befinden. Ich werde weiterhin so leben, wie ich es bisher getan habe«, dann änderst du nichts an der Situation. Es führt nur dazu, dass du zu den Opfern des Kampfes gehören wirst. Deshalb ist es zu deinem Vorteil, wenn du die Realität des Kampfes anerkennst und deine Gedanken und deinen Lebensstil entsprechend darauf einstellst.

Es liegt in unserer Verantwortung, uns Gott unterzuordnen und dem Teufel zu widerstehen (Jak 4,7). Unsere Gedanken, Gefühle, Worte und Handlungen geben entweder Gott oder dem Teufel Raum (Eph 4,27); deshalb müssen wir uns des geistlichen Kräftespiels bewusst sein, das um uns herum stattfindet.

Ich bin verwundert, wie viele Menschen die Resultate, die sie erhalten, nicht mit ihren Handlungen in Verbindung bringen. Dieser Zusammenhang entgeht ihnen völlig und sie haben nicht die leiseste Ahnung, wie Satan sie zerstört. Obwohl sie ihr Leben in Widerspruch zu Gott führen, kommen sie zu mir und sagen: »Ich verstehe einfach nicht, warum Satan hinter mir her ist.«

»Bist du verheiratet?«

Eines Tages kam ein Mann aus unserer Gemeinde zu mir nach Hause, um mein Pferd zu beschlagen. Während er arbeitete, unterhielten wir uns und er sprach ständig über seine »Freundin«. Ich hatte ihn mit dieser Frau in der Kirche gesehen und gedacht, es handele sich um seine Ehefrau. Aber die Art und Weise, wie er über seine Freundin sprach, ließ mich annehmen, dass sie nicht verheiratet waren. So fragte ich ihn schließlich: »Bist du verheiratet?«

Er antwortete: »Oh nein. Wir leben nur zusammen. Wir haben so viele Freunde gehabt, die verheiratet waren und nun geschieden sind, dass wir dachten, es sei weise, erst einmal eine Weile zusammenzuleben und dann zu sehen, ob wir heiraten sollten oder nicht. Das ist nun sechs Monate her.«

Ich fragte ihn sogleich: »Sagtest du nicht, du seist Christ?«

»Ja, das bin ich. Seit vier Monaten bin ich wiedergeboren.«

»Ist dir denn nicht bewusst, dass dieses Zusammenleben dem Wort Gottes widerspricht?«

Dieser Mann war im Glauben noch ganz jung und vollkommen unwissend in Bezug auf die Bibel. »Du meinst, Gott sagt etwas über das Zusammenleben mit einer Person, bevor man verheiratet ist?«

So fing ich an, ihn aus der Bibel zu lehren. Nach einer Weile meinte er: »Nun, wir lieben einander und wir werden eines Tages heiraten. Das müsste dann okay sein.«

Ich musste ihm erklären: »Es spielt keine Rolle, was in der Zukunft geschehen wird. Gerade jetzt lebst du in einer Art und Weise, die dich der Kraft Gottes beraubt. Du hast dich Satan ausgeliefert und Gottes Wort missachtet. Indem du das getan hast, hast du dämonische Kräfte in deinem Leben freigesetzt. Der Teufel erlebt gerade eine Glanzzeit bei dir!«

Gottes Anweisungen folgen

Als wir uns weiter unterhielten, öffnete er mir sein Herz. Normalerweise dauert es 30 Minuten, ein Pferd zu beschlagen, aber bei diesem dauerte es drei Stunden. Er sog alles, was ich ihm sagte, regelrecht auf. Dieser Bruder veränderte sein Denken, zog bei seiner Freundin aus und gemeinsam brachten sie die Angelegenheit in Ordnung.

Wenn du Gott gegenüber ungehorsam bist, öffnest du dem Teufel eine Tür. Entgegen dem, was Religion lehrt, wird Gott dich dennoch weiterhin lieben. Er ist nicht böse auf dich, aber er wünscht sich etwas Besseres für dich. Indem du Gottes Anweisungen in seinem Wort missachtest und der Lust deines Fleisches gehorchst, hast du dem Teufel eine Tür aufgerissen. Und eines ist sicher: Hast du Satan erst einmal den kleinen Finger gereicht, nimmt er sich deine ganze Hand!

Wenn du das nicht möchtest, dann solltest du umdenken und dein Handeln entsprechend anpassen. Wir befinden uns in einem geistlichen Kampf und du kannst dir einfach nicht den Luxus leisten, die Anweisungen Gottes zu missachten.

KAPITEL 5

Bedingungslose Vollmacht

In den vorherigen Kapiteln habe ich ausführlich dargelegt, dass wir uns in einem Kampf befinden. Dies ist keineswegs etwas, das nur einige wenige erleben oder das erst in der Zukunft auf uns zukommt. Wir stehen genau jetzt in einem geistlichen Kampf, und das jeden Tag. Deshalb müssen wir klar definieren, wer unser Feind ist, und aufzeigen, welche Kräfte er hat.

In den fast 40 Jahren meines Christseins, in denen ich mich sehr intensiv mit Gottes Wort befasst habe, sind mir verschiedene Theorien über Satans Herkunft und der Quelle seiner Macht begegnet. Zu diesem Thema habe ich alle möglichen Meinungen gehört und mich auch selbst mit verschiedenen Kommentaren, Studienbibeln und Büchern beschäftigt. Unter all den verschiedenen Auslegungen hat sich eine Lehre durchgesetzt, die sich unter den Christen großer Beliebtheit erfreut, nämlich dass Gott einen mächtigen, schönen und göttlichen Engel namens »Luzifer« geschaffen hat (Jes 14,12). Dieser Luzifer war »der gesalbte, schützende Cherub« auf Gottes heiligem Berg (Hes 28,14). Viele Leute glauben, dass er Musikinstrumente – Flöten und Tamburine – in seinem Körper hatte (Hes 28,13). Luzifer war vollkommen in allen seinen Wegen (Hes 28,15). Dennoch wurde er stolz, verwandelte sich in Satan und rebellierte gegen Gott.

An dieser Stelle sagt diese weitverbreitete Lehre auch, dass Satan ein Drittel aller Engel dazu brachte, sich seiner Rebellion anzuschließen. Gemeinsam versuchten sie, Gott vom Thron zu stürzen, wurden geschlagen und dann auf die Erde geworfen. Die Verfechter dieser Theorie stützen sich auf Offenbarung 12,4, welche die einzige Stelle in der ganzen Bibel ist, die sich darauf bezieht. Es zeugt nicht gerade von einer guten Bibelauslegung, eine wichtige Glaubenslehre an einer einzigen Aussage der Bibel festzumachen, insbesondere dann nicht, wenn diese eine Schriftstelle so voller Symbolik steckt.

Kindesmisshandlung?

Manche Leute gehen sogar weiter und behaupten, Satan habe über eine vorgeschichtliche Zivilisation geherrscht (vor Adam und Eva), als er vom Himmel auf die Erde geworfen wurde. Sie argumentieren, dass Gott ein verheerendes Gericht über Satan und sein Reich brachte und dass die Erde zwischen 1. Mose 1,1 (»Am Anfang schuf Gott die Himmel und die Erde«) und 1. Mose 1,2 (»Die Erde aber war wüst und leer«) vollkommen zerstört wurde. Sie behaupten, 1. Mose 1,2 beschreibe in Wirklichkeit eine Wiederherstellung der Erde. Finis Dake machte diese Theorie in Amerika durch die umfangreichen Anmerkungen in seiner Studienbibel und durch seine Bibelkommentare sehr populär. Viele der Leute, die diese Sichtweise lehren, haben ihre Informationen direkt oder indirekt aus dieser Quelle.

Sie sagen auch, Satan und seine Dämonen entstammten dieser vorgeschichtlichen Zivilisation. Als Adam und Eva erschaffen worden seien, habe Gott Satan – mit all seiner Bosheit und Verderbtheit – erlaubt, den Garten Eden zu betreten. So habe er dem Menschen die Möglichkeit gegeben, zwischen Gut und Böse zu wählen. Das ist gerade so, als würde man behaupten, Gott habe seine Menschen genommen und sie zusammen mit dieser wilden, bösen Bestie in den Garten gebracht, nur um sie zu versuchen und mal zu sehen, wie sie reagieren.

Die meisten Menschen denken nicht wirklich ernsthaft darüber nach, warum die Dinge so sind wie sie sind. Wie bei so vielem im Leben gehen sie auch mit der Bibel oberflächlich um. Hast du dir jemals die Frage gestellt: »Wenn Gott ein guter und liebender Gott ist, warum hat er dann Satan erlaubt, ins Paradies zu kommen, um Adam und Eva zu versuchen?« Im Vergleich ist das so, als würdest du dein zweijähriges Kind zum Spielen in den Garten hinauslassen, obwohl du genau weißt, dass dort ein hungriger Löwe oder Bär oder irgendein anderes gefährliches Tier in den Büschen lauert. Wir würden ein derartiges Verhalten als unverantwortlich einstufen und solchen Eltern das Kind wegnehmen lassen. Einen Elternteil, der seine Kinder wissentlich und willentlich einem so gefährlichen Raubtier aussetzte, würde man – falls er gefasst würde – anklagen und wegen Kindesmisshandlung ins Gefängnis werfen. Doch viele Christen, die dieser Lehre glauben, unterstellen unserem himmlischen Vater, dass er Satan in den Garten Eden gelassen habe, um Adam und Eva in Versuchung zu führen.

Ich glaube nicht, dass es sich so abgespielt hat. Auch wenn die Bibel nicht vollständig erklärt, warum Gott die Dinge mit den Menschen und mit Satan so gehandhabt hat, sehe ich dennoch gewisse Anhaltspunkte, die auf den wahren Sachverhalt hinweisen, und die haben mich zu einem ganz anderen Schluss geführt als das, was allgemein geglaubt wird.

Dienstbare Geister

Gott sandte Luzifer – seine Nummer eins unter den Engeln – auf die Erde, um Adam und Eva zu dienen. Luzifer hatte zu dem

Zeitpunkt noch nicht gegen Gott gesündigt und war noch nicht zu Satan geworden. Er war ein göttlicher Engel im Garten Eden mit einem Spezialauftrag vom Herrn persönlich.

Sind sie [die Engel] nicht alle dienstbare Geister, ausgesandt zum Dienst um derer willen, welche das Heil erben sollen? — Hebräer 1,14

Die Engel sind uns Menschen zum Dienst gesandt worden. Gott hatte Luzifer nicht auf die Erde geschickt, um Adam und Eva in Versuchung zu führen, sondern um ihnen zu dienen und behilflich zu sein. Er kam mit einer göttlichen Mission ins Paradies. Als er dann aber dort war, übertrat er Gottes Anweisungen.

In Jesaja 14 und Hesekiel 28 finden wir die meisten Hinweise im Alten Testament auf diesen Engel namens Luzifer, der zu Satan wurde. In beiden Bibelstellen beginnt der Prophet damit, sich an einen Menschen aus Fleisch und Blut zu wenden (den König von Babylon – Jes 14,4; und den König von Tyrus – Hes 28,12). Dennoch wird durch die Worte des Propheten deutlich (Jes 14,12; Hes 28,13), dass er die dämonische Kraft hinter diesem Menschen meint.

Adressatenwechsel

Im Neuen Testament tat Jesus das Gleiche, als er sich zu Petrus umwandte und sagte:

Weiche von mir, Satan! Du bist mir ein Ärgernis; denn du denkst nicht göttlich, sondern menschlich! — Matthäus 16,23

Obwohl er mit Petrus sprach, wandte er sich an die dämonische Kraft, die hinter Petrus wirkte.

Behalte das im Sinn und achte in der nachfolgenden Bibelstelle auf den plötzlichen Adressatenwechsel:

Weiter erging das Wort des Herrn an mich folgendermaßen: Menschensohn, stimme ein Klagelied an über den König von Tyrus [einen Menschen] und sprich zu ihm. — Hesekiel 28,11–12

Luzifers Übertretung

Der nächste Textabschnitt ist ganz klar an die dämonische Person gerichtet – also Satan selbst –, die hinter diesem Menschen wirkte. Durch die nächsten Verse wird dies offensichtlich:

In Eden, im Garten Gottes warst du; mit allerlei Edelsteinen warst du bedeckt: mit Sardis, Topas, Diamant, Chrysolith, Onyx, Jaspis, Saphir, Karfunkel, Smaragd, und mit Gold. Deine kunstvoll hergestellten Tamburine und Flöten waren bei dir; am Tag deiner Erschaffung wurden sie bereitet. Du warst ein gesalbter, schützender Cherub, ja, ich hatte dich dazu eingesetzt; du warst auf dem heiligen Berg Gottes, und du wandeltest mitten unter den feurigen Steinen. Du warst vollkommen in deinen Wegen vom Tag deiner Erschaffung an, bis Sünde in dir gefunden wurde. — Hesekiel 28,13–15

Dies beschreibt Luzifer, und zwar im Garten Eden. Beachte, wie er hier noch in seinem sündlosen Zustand beschrieben wird. Gott sandte Luzifer – den Engel, der am meisten geehrt und respektiert wurde – hinab in den Garten Eden, um den Menschen zu Diensten zu sein.

Luzifers Rebellion gegen Gott begann im Garten Eden. In 1. Mose 3 wird beschrieben, wie er sich der Schlange bemächtigte und ihre Gestalt benutzte, um Eva anzusprechen und sie in Versuchung zu führen. Danach verführte er beide, Eva und Adam, die verbotene Frucht zu essen. Dort geschah es, dass Luzifer sich gegen Gott auflehnte.

Offenbarung 12,3–4 beschreibt, wie der Drache ein Drittel aller Sterne nahm und sie auf die Erde schleuderte. Dies ist eine wackelige Basis, um begründen zu wollen, dass Satan ein Drittel aller Engel nahm und gegen Gott rebellierte. Der Teufel hätte auch nicht gesiegt, wenn er hundert Prozent aller Engel gehabt hätte, erst recht nicht mit nur einem Drittel. Satan hatte nicht die geringste Chance, eine direkte Konfrontation mit Gott zu gewinnen.

Keinerlei Einschränkungen

Luzifer kam als ein gesalbter Engel mit dem göttlichen Auftrag auf die Erde, Adam und Eva zu dienen. Jedoch muss er in ihnen etwas gesehen haben, was er nicht hatte. Seine Kraft und seine Vollmacht als Engel waren, wie ich vermute, an Bedingungen geknüpft. Aber Adam und Eva waren bedingungslose Kraft und Vollmacht über die Erde gegeben worden. Wir können das im Schöpfungsbericht von 1. Mose 1 sehen, als Gott Adam und Eva erschaffen hat.

> *Und Gott sprach: Lasst uns Menschen machen nach unserem Bild, uns ähnlich; die sollen herrschen [Kraft und Vollmacht haben] über die Fische im Meer und über die Vögel des Himmels und über das Vieh und über die ganze Erde, auch über alles Gewürm, das auf der Erde kriecht! Und Gott schuf den Menschen in seinem Bild, im Bild Gottes schuf er ihn;*

als Mann und Frau schuf er sie. Und Gott segnete sie; und Gott sprach zu ihnen: Seid fruchtbar und mehrt euch und füllt die Erde und macht sie euch untertan; und herrscht über die Fische im Meer und über die Vögel des Himmels und über alles Lebendige, das sich regt auf der Erde! — 1. Mose 1,26–28

Als Gott die Menschen schuf, sprach er und gab ihnen Herrschaft – Kraft und Vollmacht – über die Erde. Beachte, dass keinerlei Einschränkungen damit verbunden waren. Gott sagte nicht zu ihnen: »Solange ihr meinen Anordnungen folgt und das tut, was ich euch sage, lasse ich euch über die Erde herrschen.« Nein, Gott legte keinerlei Bedingungen fest, als er dem Menschen diese Herrschaft übergab.

Gottes Integrität

Was Gott ausspricht, das geschieht. Er nimmt seine Worte niemals zurück.

Meinen Bund will ich nicht ungültig machen und nicht ändern, was über meine Lippen gekommen ist. — Psalm 89,35

Gemäß Hebräer 6,18 ist es *für Gott unmöglich, zu lügen*, denn:

Gott ist nicht ein Mensch, dass er lüge, noch ein Menschenkind, dass ihn etwas gereuen würde. Was er gesagt hat, sollte er es nicht tun? Was er geredet hat, sollte er es nicht ausführen? — 4. Mose 23,19

Es ist die Integrität von Gottes Wort, die das Universum existieren lässt und es zusammenhält. Gott trägt »alle Dinge durch das Wort seiner Kraft« (Hebr 1,3).

Gott wird sein Wort nicht brechen. Als er Adam und Eva sagte: »Ihr sollt herrschen; ihr sollt Kraft und Vollmacht über diese Erde haben; ihr regiert sie und macht sie euch untertan; sie ist unter eurer Herrschaft«, meinte er es auch so. Gott gab ihnen die Herrschaft über die Erde.

Durch sein Wort gebunden

Natürlich war es vom Herrn nie beabsichtigt, dass wir diese Kraft und Vollmacht so gebrauchen würden, wie wir es getan haben. Es wollte nicht, dass wir sie einfach dem Satan überlassen. Jedoch konnte Gott, nachdem wir die Herrschaft Satan übergeben hatten, aufgrund seiner eigenen Integrität nicht einfach sagen: »Halt! Alles zurück! So war das nicht gedacht. Wir werden noch mal von vorn beginnen. Ich nehme diese Vollmacht zurück. Ihr könnt nicht mehr über die Erde herrschen.« Uns sähe es ähnlich, so zu handeln, wenn jemand die Privilegien missbraucht, die wir ihm gegeben haben. Aber Gott ist nicht so. Gott war durch sein eigenes Wort gebunden.

Bedenke mal Folgendes: Gott hat sein Wort über seinen Namen erhoben.

> *Denn du hast dein Wort groß gemacht über all deinen Namen hinaus. — Psalm 138,2 KJV*

Im Namen Jesu – dem Namen, der über allen Namen ist – wird sich jedes Knie beugen und jede Zunge bekennen, dass er der

Herr ist (Phil 2,9–11). »Der Name des Herrn ist ein starker Turm« (Spr 18,10), dennoch wird das Wort Gottes sogar über den Namen Jesu erhoben.

Weil Luzifer Gott kannte, spitzte er die Ohren, als er hörte, wie Gott zu Adam und Eva sagte: »Ihr herrscht!« Und das ohne Einschränkungen und ohne es an irgendwelche Bedingungen zu knüpfen! Das weckte die Aufmerksamkeit dieses Engelsfürsten, denn er wusste, dass seine von Gott gegebene Vollmacht an Bedingungen geknüpft war (wiederum meine Vermutung). Wäre Luzifer Gott ungehorsam geworden, dann wäre ihm diese von Gott gegebene Vollmacht sofort entzogen worden. Er besaß somit nicht die Fähigkeit, in seiner von Gott gegebenen Macht gegen Gott selbst zu kämpfen. Luzifer hatte keine Chance, direkt gegen Gott zu rebellieren. Aber vielleicht könnte er es tun, wenn er sich irgendwie diese bedingungslose Kraft und Vollmacht aneignen könnte, die dem Menschen übergeben worden war.

Ich gebe zu, dass einige dieser Dinge in der Bibel nur angedeutet werden. Wir stoßen hier sicherlich auf Dinge, die unser Verstand nicht erfassen kann.

> *Was verborgen ist, das steht bei dem Herrn, unserem Gott; was aber geoffenbart ist, das ist ewiglich für uns und unsere Kinder bestimmt. — 5. Mose 29,28*

Gott hat uns nicht jede Einzelheit offenbart. Das, was ich von Gottes Natur, seinem Charakter und seinem Wort verstehe, deutet jedoch stark in diese Richtung.

Eine Gelegenheit

Die Bibel offenbart uns, dass auch Engel einen freien Willen haben.

> *Denn Gott hat selbst die Engel, die gesündigt haben, nicht verschont, sondern hat sie mit Ketten der Finsternis in die Hölle gestoßen und übergeben, damit sie zum Gericht aufbewahrt werden. — 2. Petrus 2,4 LUT*

Obwohl Engel einen freien Willen haben, gibt es keinen Grund anzunehmen, dass ihre Kraft und Vollmacht so bedingungslos ist wie die, die Adam und Eva gegeben wurde. Deshalb kann Gott Engel, die aus der Reihe tanzen, sozusagen feuern. Er kann die Kraft und Vollmacht, die er ihnen gegeben hat, wegnehmen und diese Engel sind dann vollkommen entmachtet.

Unter diesem Gesichtspunkt kann Satan unmöglich mit einem Drittel der Engel Gott auf seinem Thron angegriffen haben, denn Gott hatte ja noch zwei Drittel seiner Engel. Doch mit der bedingungslosen Vollmacht, die Gott dem Menschen gegeben hatte, bot sich Luzifer eine echte Chance.

KAPITEL 6

Gott dieser Welt

Der Herr machte Adam und Eva zu Göttern dieser Welt.

> *Ich habe gesagt: Ihr seid Götter und allesamt Söhne des Höchsten. — Psalm 82,6*

Im Kontext betrachtet war es Gott, der die Menschen erschuf und zu ihnen sagte: »Ihr seid Götter.« Allerdings nicht »Götter« im Sinne von Göttlichkeit, sondern »Götter« im Sinne von Herrschaft. Uns wurde Herrschaft – Kraft und Vollmacht – über die Erde gegeben. Weil es unsere Aufgabe war, zu herrschen und zu regieren, waren wir Götter über diese Erde.

> *Der Himmel ist der Himmel des Herrn; aber die Erde hat er den Menschenkindern gegeben. — Psalm 115,6*

Gott hat der Menschheit die Erde buchstäblich übergeben. Der Schöpfer gab uns die Kraft und Vollmacht, über diese Erde so zu herrschen, als wären wir ihr Schöpfer. Das waren wir zwar nicht, aber genau so viel Herrschaft gab er uns.

»Ich will ...«

Ich glaube, als Luzifer – immer noch der sündlose, perfekte Engel Gottes im Garten Eden, gesandt, um Adam und Eva zu dienen – die bedingungslose Vollmacht sah, die Gott dem Menschen über die Erde gegeben hatte, erkannte er für sich eine Gelegenheit. Jesaja 14 offenbart uns seinen Gedankengang:

> *Wie bist du vom Himmel gefallen, du schöner Morgenstern! Wie wurdest du zu Boden geschlagen, der du alle Völker niederschlugst! Du aber gedachtest in deinem Herzen: »**Ich will** in den Himmel steigen und meinen Thron über die Sterne Gottes erhöhen, **ich will** mich setzen auf den Berg der Versammlung im fernsten Norden. **Ich will** auffahren über die hohen Wolken und gleich sein dem Allerhöchsten.«*
> — *Jesaja 14,12–14* LUT

Luzifer beneidete Gott. Er war nicht damit zufrieden, der Erste unter den Engeln zu sein. Er war eifersüchtig und wollte Gottes Position, aber die konnte er sich mit der ihm delegierten Macht nicht einfach so aneignen. Wenn er sich gegen Gott aufgelehnt hätte, wäre ihm diese Macht sofort entrissen und er selbst zerstört worden. Er erkannte jedoch im Menschen eine Möglichkeit, denn Gott hatte Adam und Eva etwas gegeben, das er den Engeln nie gegeben hatte – die bedingungslose Vollmacht über die Erde, ohne jegliche Vorbehalte und Einschränkungen. Luzifer sah Folgendes: Wenn er Adam und Eva an den Punkt bringen könnte, sich ihm unterzuordnen und gegen Gott zu rebellieren, dann würde er der neue »Gott« dieser Welt werden (2Kor 4,4).

Obwohl die Bibel noch nicht geschrieben war, wusste Luzifer, dass Gottes Wort von Anfang an feststand (Ps 119,89) und dass der Herr sich niemals verändern würde (Mal 3,6). Deshalb ist die Schöpfung immer Gottes gleichbleibenden geistlichen Gesetzen gefolgt, die unter anderem dieses beinhalten:

> *Wisst ihr nicht: Wem ihr euch als Sklaven hingebt, um ihm zu gehorchen, dessen Sklaven seid ihr und müsst ihm gehorchen, es sei der Sünde zum Tode, oder dem Gehorsam zur Gerechtigkeit? — Römer 6,16*

Weil Luzifer verstand, wie Gottes Reich funktioniert, wusste er auch: Wenn er Adam und Eva verführen könnte, sich ihm unterzuordnen und ihm zu gehorchen, dann würde er ihr Herr werden. Dann könnte er sich die Kraft und Vollmacht aneignen, die dem Menschen gegeben worden war. Er könnte sie nutzen, um dem Reich Gottes Schaden zuzufügen. Er würde endlich das bekommen, was er sich so sehr wünschte – Lobpreis, Anbetung und Ehre. Auf diese Weise geschah es.

Geiselnahme

Bei einem Bankraub werden manchmal Geiseln genommen. Eine Bank verfügt in der Regel über alle möglichen Sicherheitsvorkehrungen wie Schließvorrichtungen, Alarmanlagen, Tresore, Videokameras und bewaffnete Sicherheitskräfte. Eine einzelne Person könnte nicht in die Bank hineinmarschieren und mal eben so all diese Sicherheitsvorkehrungen überwinden, selbst dann nicht, wenn sie bewaffnet wäre. Nimmt der Bankräuber sich aber eine Geisel und hält ihr seine Pistole an den Kopf, dann weiß er, dass er bekommt, was er will. Die Bankmitarbeiter werden nicht zulassen, dass nur wegen des Geldes eine Geisel getötet wird. Auf diese

Weise kann eine einzelne Person mit einer Pistole und einem Magazin mit sechs Patronen eine Horde von Sicherheitskräften mit automatischen Waffen und einem Haufen Munition bezwingen. Eigentlich ist der Bankräuber nicht in der Lage, dieses Sicherheitssystem allein zu überwältigen. Nimmt er sich aber eine Geisel, gelingt es ihm, mit der Beute zu entkommen.

Satan wusste, dass er Gott in einer direkten Konfrontation niemals bezwingen könnte. Aber er sah, wie Gott Adam und Eva bedingungslose Vollmacht gab. Wenn sie sich ihm freiwillig unterordneten, würden sie diese Vollmacht auch auf ihn übertragen.

Als Schöpfer und Eigentümer hätte Gott herunterkommen und die Erde vernichten können. Er hätte Adam und Eva auslöschen können, ebenso wie den Teufel und alle rebellierenden Engel. Als Schöpfer hätte er das Recht dazu gehabt und hätte noch mal von neuem beginnen können. Doch durch ein derartiges Eingreifen in das Geschehen hätte er gegen sein Wort verstoßen. Er hatte Adam und Eva die Herrschaft über diese Erde gegeben. Er hatte Menschen aus Fleisch und Blut die Kraft und Vollmacht gegeben, über diese Erde zu regieren. Wenn Gott eingegriffen hätte, dann hätte er sein eigenes Wort gebrochen und das gesamte Universum hätte sich selbst zerstört, denn es wird durch die Integrität seines Wortes zusammengehalten (Hebr 1,3).

Damit Gott seine Integrität aufrechterhalten und zu dem stehen konnte, was er zuvor gesagt hatte – »Ihr werdet herrschen« –, musste er Adam und Eva ihre Freiheit geben. Wenn sie ihre Kraft und Vollmacht über die Erde an Satan abtreten wollten, dann hatten sie genau genommen auch das Recht dazu. Gott wäre ungerecht gewesen, wenn er auf die Erde heruntergekommen wäre, Satan zerstört hätte und zu Adam und Eva gesagt hätte: »Macht das ja nicht wieder!« und sie dann erlöst hätte. Er hätte das nicht tun und weiterhin treu zu seinem Wort stehen können, mit dem er freien Entscheidungswillen über sie ausgesprochen hatte.

Luzifer sah, wie sehr Gott Adam und Eva liebte. Gott traf sich mit ihnen jeden Tag in der Kühle des Abends (1Mo 3,8). Nachdem er das gesamte Universum erschaffen hatte – Milliarden von Galaxien, Sternen und Planeten –, hatte Gott sicherlich noch andere Dinge zu tun, dennoch verbrachte er jeden einzelnen Tag Zeit mit Adam und Eva. So spekulierte Satan darauf, dass Gott nicht kommen und seine Schöpfung auslöschen würde.

Satan braucht unsere Unterordnung

Satan verführte Adam und Eva, wodurch sie freiwillig zu Geiseln wurden, hinter denen er sich verstecken und zu Gott sagen konnte: »Sie gaben mir diese Vollmacht. Es war ihre Entscheidung. Ich habe sie nicht dazu gezwungen.« Satan ist nicht wie ein Mammut gekommen und hat seinen Fuß auf Evas Kopf gestellt. Er hat Adam und Eva nicht überwältigt. Nein, er verführte sie lediglich und sie haben sich ihm freiwillig unterworfen. Dort fand seine Übertretung statt – im Garten Eden. Er benutzte sie als Geisel: »Gott, wenn du mir irgendetwas antun willst, dann musst du auch Adam und Eva zerstören. Sie haben es aus freiem Willen getan.«

Gottes große Liebe zu den Menschen erlaubte es Satan, Gott dieser Welt zu werden. Anstatt alles auszulöschen und noch einmal von neuem zu beginnen, ließ Gott unsere Taten stehen. Und somit können wir sagen: *Wir sind diejenigen, die Satan zu dem machten, was er ist.* Wir sind diejenigen, die es Luzifer ermöglichten, seine Stellung im Himmel zu verlassen, in einen gefallenen Zustand zu kommen und die Erde als Satan zu regieren – dem Gott dieser Welt.

Unsere ursprüngliche Bestimmung war es, Götter – oberste Herrscher – über diese Erde zu sein. Aber die Menschen gaben ihre Herrschaft, ihre Kraft und Vollmacht, an Luzifer ab. Gott schuf Luzifer, aber Adam und Eva machten ihn zu Satan. Sie erschufen ihn nicht im gleichen Sinne wie Gott Luzifer zuvor als Engelswesen erschaffen hatte. Aber Adam und Eva *machten* ihn zu Satan, indem sie ihm ihre Kraft und Vollmacht übergaben.

Die meisten Menschen glauben, dass Satan eine übergeordnete Kraft gebraucht, um die Menschen zu beherrschen. Sie sehen ihn als dieses gewaltige, machtvolle Wesen, das uns allen weit überlegen ist. So wird es jedenfalls im Fernsehen und in Horrorfilmen gezeigt. Satan und seine Dämonen werden als diese starken, mächtigen Wesen dargestellt. Die meisten Menschen sehen den Teufel als ein an Kraft und Vollmacht überlegenes Wesen an.

Sie verstehen nicht, dass Luzifer die von Gott verliehene Kraft in genau dem Moment verlor, als er gegen Gott sündigte und zu Satan wurde. Der Teufel benutzt keine übergeordnete Kraft und Vollmacht gegen uns. Im Grunde genommen benutzt er die gleiche Kraft und Vollmacht, die Gott dem Menschen gab, um über diese Erde zu regieren und zu herrschen. Es ist unsere eigene Kraft und Vollmacht, die er gegen uns einsetzt!

Aus sich selbst heraus ist Satan machtlos. Er ist vollkommen abhängig von Menschen aus Fleisch und Blut, die sich ihm unterordnen und ihm Macht verleihen. Nicht einmal im alten Bund hatte Satan die Macht, Menschen zu kontrollieren und zu beherrschen. Er muss unsere eigene Kraft und Vollmacht gegen uns einsetzen. Nur wenn wir uns ihm unterordnen, ist er fähig, etwas auszurichten.

Ein Dämon braucht einen Körper

Der Teufel und seine Dämonen haben als geistliche Wesen auf dieser Erde keine Kraft und Vollmacht, außer Menschen ordnen sich ihnen unter.

Erinnere dich an die Geschichte in Lukas 8, als Jesus die Dämonen austrieb. Als der Herr dem unreinen Geist befahl, den Mann zu verlassen, gaben sich die Dämonen als »Legion« zu erkennen, denn sie waren zahlreich (Lk 8,30). Sie flehten Jesus an: »Schicke uns nicht in den Abgrund, sondern erlaube uns, in die nahebei stehende Schweineherde zu fahren!« Als die Dämonen in diese 2000 Schweine fuhren, rannte die Herde sofort los, stürzte sich von einer steilen Klippe hinunter und ertrank im See (Verse 31–33)

Dämonen halten Ausschau nach einem leiblichen Körper, einem willigen Gefäß. Sie brauchen jemanden, der sich ihnen unterordnet. Die Kraft, die der Teufel oder ein beliebiger Dämon gegen uns einsetzt, ist unsere eigene Kraft. Satan hat überhaupt keine geistliche Kraft! All seine Macht kommt vom Menschen. Der Grund, warum Satan existiert und wirkt, liegt allein darin, dass Menschen sich auf ihn einlassen und ihm dadurch Macht geben. Deshalb versucht er ständig, einen Körper zu bewohnen. Selbst ein Schwein hat mehr Vollmacht auf Erden als ein Dämon. Eine Ameise, eine Fliege oder eine Schnecke hat mehr Macht auf dieser Erde als Satan, weil sie leibliche Wesen sind. Satan ist vollkommen machtlos, irgendetwas zu tun, es sei denn, er bekommt einen willigen Körper, durch den er wirken kann.

Das Recht, Macht einzusetzen

Gott ist der Urheber aller Kraft und Vollmacht. Als er die Menschen erschuf, gab er Adam und Eva Herrschaft über die Erde (1Mo 1,26–28). Gott gab uns – Menschen aus Fleisch und Blut – Kraft und Vollmacht, diese Welt zu regieren. Vollmacht ist einfach nur das Recht, Macht einzusetzen. Gott gab Adam und Eva dieses Recht, Macht einzusetzen. Im Grunde sagte Gott: »Hier ist meine Macht. Jetzt gebe ich euch das Recht, meine Macht einzusetzen. Alles, was ich erschaffen habe, wird auf euch hören.«

Gott ist Geist (Joh 4,24). Satan ist auch Geist (Eph 2,2). Er hat keinen leiblichen Körper, was bedeutet, dass er nicht einfach kommen und uns zu etwas zwingen kann. Zuerst muss er erreichen, dass wir mit ihm kooperieren.

Viele Christen sehen Satan als ein Engelswesen mit einer gottähnlichen, übernatürlichen Kraft und Vollmacht über den Menschen. Sie sehen, wie er kommt, um sie zu überwältigen, wo doch die Wahrheit ist, dass der Teufel sie zu rein gar nichts zwingen kann. Er verlor seine Macht, als er sich gegen Gott erhob. Die einzige Kraft und Vollmacht, die Satan heute hat, ist die Kraft und Vollmacht des Menschen.

Um irgendetwas in deinem Leben tun zu können, braucht der Teufel deine Mitwirkung. Deshalb sucht er, wen er verschlingen *kann*. Satan hat nicht die Kraft und Vollmacht, dich zu verschlingen, es sei denn, du hörst auf, Gott zu gehorchen und gibst dich der Sünde hin. Wenn du dich der Sünde hingibst, dann gibst du dich in Wirklichkeit dem Urheber der Sünde hin, wie in Römer 6,16 zu lesen ist, und dieser ist niemand anderes als Satan selbst. Satan kann nicht einfach kommen und dich ohne deine Zustimmung zerstören. Aber wenn du sündigst, gibst du dem Teufel diese Zustimmung.

Die meisten Menschen sehen es nicht auf diese Weise. Sie verstehen, dass Satan laut der Bibel ursprünglich als Engel erschaffen wurde. Engel haben eine größere Macht als wir, aber sie haben nicht die Autorität – das Recht – diese Macht auf der Erde auszuüben. Dennoch nehmen die meisten Leute an, dass Satan eine dem Menschen übergeordnete Kraft und Vollmacht habe, und lassen sich von dieser vermeintlichen Vollmacht einschüchtern. Sie erkennen nicht, dass er all seine Macht, die er als Engel besessen hat, verlor, als er sich gegen Gott auflehnte. Jetzt ist seine Vollmacht ganz und gar an uns gebunden. Da Gott die Vollmacht über diese Erde (und über alles, was auf ihr geschieht) dem Menschen gegeben hat, ist Satan – der ja keinen materiellen Körper hat – vollkommen machtlos. Es sei denn, wir ermächtigen ihn, indem wir uns auf ihn einlassen und uns seiner Lust, seinen Lügen, seiner Wut, seiner Bitterkeit, seiner Unversöhnlichkeit oder einer anderen Sünde hingeben.

Dies ist der Grund, warum unsere Handlungen so wichtig sind. Dein Körper ist das, was dir hier auf der Erde Vollmacht gibt. Der Apostel Paulus beispielsweise hat heute keinerlei Macht oder Einfluss auf dich. Er lebt immer noch, aber er hat keinen irdischen Körper mehr. Nur durch seine Schriften, die er uns hinterlassen hat, kann er heute noch Einfluss auf die Menschen haben. Menschen können sie lesen und sie auf sich wirken lassen. Dennoch hat Paulus nicht die Vollmacht, noch länger auf dieser Erde zu handeln, da er ja keinen materiellen Körper mehr hat. Ich dagegen habe einen materiellen Körper. Ich habe mehr Kraft und Vollmacht auf dieser Erde als der Apostel Paulus in diesem Moment, da er seine irdischen Kleider nicht mehr trägt. Dieses irdische

Kleid – mein Körper aus Fleisch und Blut – ist das, was mir Kraft und Vollmacht gibt.

Satan kann überhaupt nichts tun, es sei denn, jemand in seiner irdischen Kleidung lässt sich auf ihn ein. Darum eifert er ständig um dein Herz und versucht, deine Hingabe durch Wut, Angst, Verletztheit, Kummer und Depression zu bekommen. Jedes Mal, wenn du dich vom Wort Gottes entfernst und im Einklang mit dem handelst, was der Teufel zu tun versucht, überträgst du ihm Vollmacht. Jedes Mal, wenn du aufhörst, an Gottes übernatürliche Kraft und Befähigung zu glauben und sie zu empfangen, und stattdessen sündigst, gibst du dem Feind Macht. Satan kann nur dadurch wirken, dass er die Menschen durch Lüge und Täuschung in seiner Gewalt hält.

Es ist traurig, aber eine seiner größten Täuschungswaffen ist die Kirche selbst. Die Kirche hat gelehrt, dass Satan ein höheres Wesen sei. Das ist er nicht. Er benutzt in Wirklichkeit nichts anderes als menschliche Kraft und menschliche Vollmacht, an die er durch unser Mitwirken gelangt.

Meine eigene menschliche Vollmacht

Bedeutet das nun, dass wir Satan nicht ernst zu nehmen brauchen? Oh doch, das müssen wir. Millionen von Menschen auf der ganzen Welt haben sich Satan ausgeliefert. Sie leben in sexueller Ausschweifung, Lüge, Täuschung, Verletztheit, Angst, Hass, Götzendienst und vielem mehr. Jedes Mal, wenn wir uns etwas Negativem hingeben, übertragen wir dem Teufel Macht. Deshalb müssen wir Satan ernst nehmen.

Was mein persönliches Leben angeht, kann Satan ohne meine Einwilligung zur Kooperation gar nichts tun. Wenn wir einmal verstanden haben, dass die Kraft und Vollmacht, die Satan benutzt, menschliche Macht ist (die Macht, die Gott *mir*, einem Menschen aus Fleisch und Blut, gegeben hat, um über die Erde zu herrschen), dann beginnen wir alles in einem völlig neuen Licht zu sehen.

Anstatt durch den Feind eingeschüchtert zu sein, bin ich jetzt kühn gegenüber dem Teufel. Ich bin mir bewusst, dass Satan es sofort ausnutzen wird, wenn ich die falschen Dinge in meinem Leben tue, die falschen Dinge sage und die falschen Emotionen zulasse. Wenn ich ihm den kleinen Finger reiche, greift er sich sofort die ganze Hand! Ich bin mir seiner Täuschungsmanöver bewusst, aber ich habe auch keine Angst vor ihm. Ich verhalte mich ihm gegenüber nicht passiv, sondern widerstehe ihm in aktiver und bewusster Weise. Ich erkenne, dass all das, was er gegen mich unternimmt, aus meiner eigenen menschlichen Kraft und Vollmacht kommt.

Eine Frau schrieb mir einmal, dass sie eine Satanistin gewesen sei, bevor sie sich zu Christus bekehrte. Auch nach ihrer Wiedergeburt litt sie noch unter vielen Problemen, weil sie befürchtete, dass Satan wütend auf sie war und versuchen würde, sie zu bestrafen, weil sie sich von ihm abgewandt hatte. Als sie diese Lehre über die Vollmacht des Gläubigen hörte, wurde sie dadurch freigesetzt. Alle ihre Ängste verschwanden, als sie erkannte, dass der Teufel ihr ohne ihr Einverständnis und ihre Mitwirkung gar nichts anhaben konnte. Diese Wahrheiten haben diese kostbare Schwester befreit, und sie werden auch dich befreien!

KAPITEL 7

Unter dem Schirm

Im Lichte dessen, was wir bisher gesehen haben, macht nun auch Epheser 6,10–11 (ELB) wesentlich mehr Sinn.

> *Schließlich: Werdet stark im Herrn und in der Macht seiner Stärke! Zieht die ganze Waffenrüstung Gottes an, damit ihr gegen die Listen des Teufels bestehen könnt!*

Was hier mit »Listen« wiedergegeben wird, bedeutet wörtlich so viel wie »Hinterlist, Gerissenheit und Täuschung«. Satans einzige Macht ist die Täuschung. Er kann dich zu gar nichts zwingen, auch nicht zur Sünde. Leute sagen mir: »Ich möchte ja keine sexuelle Sünde begehen, aber ich habe einfach nicht die Kraft zu widerstehen. Satan ist stärker als ich.« Das ist nicht wahr. Satan hat nicht die Macht oder Autorität, dich zu irgendetwas zu zwingen. Das Problem ist lediglich, dass er ein Meister im Lügen, Einschüchtern und Täuschen ist. Es ist alles Täuschung. Wenn wir nicht die Wahrheit darüber kennen, wer wir in Christus sind und welche Macht uns gegeben wurde, dann sind wir es, die Satan im wahrsten Sinne des Wortes die Macht und Autorität geben, uns zu beherrschen und zu dominieren. Aber du kannst das brechen.

Kürzlich sprach ich mit einem unserer Bibelschüler über einen bestimmten Bereich in seinem Leben. Er gab zu: »Ich weiß, dass ich hier falschliege. Es ist Rebellion und ich möchte sie gerne durchbrechen, aber da ist etwas in mir, das mich hindert, das Richtige zu tun. Ich schaffe es einfach nicht.«

Ich sagte ihm: »Lass mich dir sagen, wie du es überwinden kannst. Tu jeden Tag das, von dem du weißt, dass du es tun solltest, auch wenn du eigentlich keine Lust dazu hast. Es macht nichts, wenn du dich nicht danach fühlst. Tu es jeden einzelnen Tag. Wenn du anfängst, dem Herrn zu gehorchen, und entsprechend handelst, dann wird er in deinem Leben stärker werden. Sobald du aufhörst, dem Teufel zu gehorchen und ihm deinen Körper zur Verfügung zu stellen, wird er in deinem Leben schwächer werden.« Deshalb sagt die Bibel, dass du den Listen des Teufels, also seinen Lügen und Täuschungen, widerstehen musst.

Satan hat es darauf abgesehen, dich zu täuschen. Dabei benutzt er all die Hilfe und Unterstützung, die er von anderen Menschen bekommen kann, um dich anzugreifen. Unsere Medien sind voll von Lust und Lügen. Jedes Mal, wenn du dich auf die Lügen einlässt, sei dir bewusst, dass du es bist, der dem Teufel Macht gibt, in dein Leben zu kommen und es zu zerstören.

Warum Jesus kam

Weil Gott Geist ist und keinen materiellen Körper besitzt (Joh 4,24) und weil er die Macht und Autorität über die Erde an uns Menschen abgegeben hat, wäre er ungerecht gewesen, wenn er sich in unsere Angelegenheiten eingemischt hätte. Er konnte nicht einfach herunterkommen und das ganze Chaos wieder in Ordnung bringen. Er hätte die Macht, es zu tun, und als Richter hätte er sagen können: »Jetzt reicht's aber, ich habe genug von diesem ganzen Chaos. Ich werde die gesamte menschliche Rasse auslöschen.«

Beinahe hätte er das zu Zeiten Noahs mit der Sintflut getan. Als Schöpfer und Eigentümer hatte er dazu immer das Recht und das Privileg, aber abgesehen von einer völligen Zerstörung hatte er nicht die Vollmacht, einfach in die Angelegenheiten der Menschen einzugreifen. Er hatte sie nicht mehr, weil er diese Vollmacht den Menschen übertragen hatte, damit diese über die Erde regieren und herrschen würden (Ps 115,16). Selbst als die Menschen diese Vollmacht in einer Weise gebrauchten, die dem, was Gott sich wünschte, völlig zuwiderlief, wäre Gott ungerecht und wortbrüchig geworden, wenn er sich in die Angelegenheiten auf der Erde eingemischt hätte.

Deshalb musste Gott Mensch werden. Deshalb musste er seinen Sohn, den Herrn Jesus Christus, auf diese Erde schicken. Es dreht sich alles um diese Frage der Vollmacht, die uns Menschen anvertraut wurde. Gott hatte keinen menschlichen Körper, sodass er nicht die Freiheit hatte, uneingeschränkt auf dieser Erde zu wirken. Er musste ein Mensch werden. Jesus (das fleischgewordene Wort, der Gott-Mensch) musste einen Körper aus Fleisch und Blut annehmen, sodass er Vollmacht auf dieser Erde haben konnte (Joh 1,14).

Gott hätte die Menschheit auf keine andere Weise retten können. Bevor er einen menschlichen Körper erhielt, war er begrenzt in dem, was er tun konnte. Er versuchte, durch Menschen zu wirken, aber sie waren alle verdorben, getäuscht und unter der Herrschaft des Teufels.

Und ich suchte unter ihnen einen Mann, der die Mauer zumauern und vor mir in den Riss treten könnte für das Land, damit ich es nicht zugrunde richte; aber ich fand keinen. — Hesekiel 22,30

Er sah auch, dass kein Mann vorhanden war, und war verwundert, dass kein Fürsprecher da war. Da half ihm sein eigener Arm, und seine Gerechtigkeit, die unterstützte ihn.
— Jesaja 59,16

Da es niemanden gab, der sündlos und rein war, um Gottes Gerechtigkeit auf die Erde bringen zu können, musste er selbst kommen und uns retten. Er hatte die Herrschaft dieser Welt an Menschen aus Fleisch und Blut übergeben, deshalb musste er selbst einer von ihnen werden. Gott selbst nahm es auf sich, Fleisch zu werden und die Begrenzungen eines menschlichen Körpers anzunehmen. Meine Lehre *How to Conceive a Miracle* vertieft dieses Thema. Es ist der zweite Teil aus der Serie *Lessons From the Christmas Story.*

Viertausend Jahre

Gott sprach Adams Körper in Existenz, als er noch absolute Vollmacht über die Erde hatte.

Und Gott sprach: Lasst uns Menschen machen.
— 1. Mose 1,26

Gott erschuf den Menschen, indem er Worte sprach. Danach sprach er Worte, die dem Menschen Herrschaft – Autorität und Macht – über diese Erde gaben. Indem er dies tat, begrenzte er seine eigene Vollmacht. Der Mensch richtete sich selbst zugrunde, als er sich an den Teufel verkaufte und ihn zum Gott dieser Welt machte. Gott hatte nicht mehr die Kontrolle. Er hatte nicht mehr die Herrschaft über die Erde, denn er hatte sie an den Menschen abgegeben.

Deshalb konnte Gott auch nicht einfach den menschlichen Körper von Jesus in Existenz sprechen. Er musste zum Geist der Menschen sprechen – dem korrumpierten Geist in ihnen –, damit sie diese Worte in sich aufnehmen und durch ihren Mund aussprechen konnten. Gott brauchte buchstäblich 4000 Jahre, bis er genügend Menschen fand, die wiederum ausreichend Glauben hatten, die Dinge auszusprechen und zu prophezeien, die nötig waren, damit Jesu Körper geschaffen werden konnte. Wir wissen nicht, wie vielen Menschen Gott eingab zu sagen: »Eine Jungfrau wird schwanger werden und einen Sohn gebären«, bevor Jesaja es dann auch wirklich aussprach (Jes 7,14). Nicht viele Propheten würden solche Dinge öffentlich äußern und niederschreiben lassen. Es kostete Jesaja sicherlich eine Menge Glauben, dies auszusprechen.

Nachdem all diese Prophezeiungen über einen Zeitraum von 4000 Jahren ausgesprochen wurden, erschien Maria der Engel und informierte sie, was geschehen würde (Lk 1,28–33.35). Sie sagte voller Demut:

Siehe, ich bin die Magd des Herrn; mir geschehe nach deinem Wort! — Lukas 1,38

Der Engel nahm all diese Prophezeiungen – die gesprochenen Worte Gottes – und das Wort ging in den Leib Marias ein.

Und das Wort wurde Fleisch und wohnte unter uns.
— Johannes 1,14

Gott erschuf den menschlichen Körper, den Jesus bewohnen sollte, indem er über einen Zeitraum von 4000 Jahren Worte durch den Mund von gesalbten Menschen sprach. Dann gingen diese

Worte in den Leib Marias ein – und so wurde Jesus empfangen. Deshalb hatte er Vollmacht über die Erde, das zu tun, was er tat.

Vor dem Regen geschützt

Satan war nun in Schwierigkeiten. Gott hatte von Anfang an die Macht, einzugreifen, aber er hatte die Vollmacht über die Erde an den Menschen übergeben. Seine Möglichkeiten, in die Angelegenheiten der Menschen einzugreifen, waren begrenzt, weil er keinen menschlichen Körper hatte. Als der Mensch sich von Gott abwandte und seine Macht und Autorität dem Teufel überließ, begann dieser die Menschheit zu unterdrücken. Gott wollte uns erlösen, aber er brauchte hier auf der Erde ein menschliches Wesen – eine Person aus Fleisch und Blut –, um die Vollmacht zu bekommen, gegen den Teufel zu kämpfen.

Wenn du dich unter einem Schirm befindest, dann schützt er dich vor dem Regen. Es mag regnen, aber du wirst nicht nass. Als Satan gegen Gott rebellierte, indem er den Menschen verführte und sich seine Vollmacht aneignete, kam er unter den schützenden »Schirm« der Vollmacht, die Gott dem Menschen gegeben hatte. Diese menschliche Vollmacht schirmte den Teufel vor Gott ab, sodass Gott ihm all diese Macht nicht einfach entreißen konnte. Gott konnte nicht auf direktem Wege zu Satan durchdringen, ohne sein Wort zu brechen, denn er hatte ja menschlichen Wesen die Vollmacht über die Erde gegeben. Das ist der Grund, warum Jesus Mensch werden musste.

Christus drückte es so aus:

> *Denn wie der Vater das Leben in sich selbst hat, so hat er auch dem Sohn verliehen, das Leben in sich selbst zu haben.*

Und er hat ihm Vollmacht gegeben, auch Gericht zu halten, weil er der Sohn des Menschen ist. — Johannes 5,26–27

Weil Jesus der Sohn des Menschen ist, hatte er Vollmacht, Gericht zu halten.

Der Gott-Mensch

Beide Ausdrücke »Gottessohn« und »Menschensohn« beziehen sich auf Jesus. *Menschensohn* betont seine Menschlichkeit und die körperliche Seite. *Gottessohn* betont seine Göttlichkeit und die Gegenwart des allmächtigen Gottes, der im Körper von Christus wohnte. Jesus existierte, bevor die Welt begann, und alles ist durch ihn erschaffen worden (Kol 1,16–17). Jesus war Gott, im Fleisch offenbar geworden (1Tim 3,16). Er war gleichzeitig ganz Gott und ganz Mensch. Deshalb war Jesus der Gott-Mensch.

Menschensohn bezieht sich auf die menschliche Seite von Christus. Als Jesus sagte, dass der Vater ihm Vollmacht gegeben habe, um Gericht zu halten, weil er der Menschensohn sei, bezog er sich in direkter Weise auf die Tatsache, dass er einen menschlichen Körper hatte. Als Schöpfer hatte er immer Macht, aber er hatte nicht die Vollmacht, diese Macht einzusetzen, bevor er einen Körper aus Fleisch und Blut angenommen hatte.

Das alles bestätigt die Integrität von Gottes Wort. Als er einst zu den Menschen sprach: »Ihr sollt herrschen«, gehörte ihnen diese Herrschaft wirklich. Er begrenzte seine eigene Macht und Autorität auf der Erde, indem er sie an uns Menschen abgab. Gott bricht niemals sein Wort.

Einmal betete einer meiner Angestellten für ein Auto. Als Gott mich mit einem besseren Fahrzeug segnete, gab ich diesem Mann mein bisheriges. Es war ein sehr schönes Auto. Es war brandneu, als ich es bekam, und meine Frau und ich hatten es nur ein paar Jahre benutzt. Ich gab meinem Angestellten dieses Auto als Geschenk und ließ ihn im Fahrzeugbrief als neuen Besitzer eintragen.

Ungefähr ein Jahr später fragte er mich, ob es für mich in Ordnung wäre, wenn er dieses Auto in Zahlung gäbe, um sich ein besseres zu kaufen. Ich sagte ihm: »Du kannst mit diesem Auto machen, was du willst. Es ist nicht mehr meins, es gehört jetzt dir.« Er fühlte sich irgendwie verpflichtet, mich um Erlaubnis zu bitten, aber das war nicht notwendig. Ich hatte ihm dieses Auto ohne irgendwelche Bedingungen gegeben. Das Auto gehörte rechtlich ihm. Selbst wenn er es an den Straßenrand gestellt und von jeder Person, die mit dem Vorschlaghammer draufhauen wollte, zehn Dollar verlangt hätte, um sich dann von dem eingenommenen Geld ein neues zu kaufen, hätte er das tun können. Er hätte alles damit machen können, was er wollte.

Das ist Integrität. Wenn ich jemandem ein Auto gebe und es ihm überschreibe, dann gehört es ihm. Wenn ich ihn dann einige Jahre später antreffe, wie er zehn Dollar für jeden Hammerschlag auf dieses Auto verlangt, und es nicht das ist, was ich beabsichtigt hatte, wäre es falsch von mir, etwas dagegen zu unternehmen. Wenn ich ihm das Auto wirklich geschenkt habe – ohne irgendeine Bedingung daran zu knüpfen –, dann ist es seine Sache, nicht meine. Er hat nun das Recht, über das Auto zu bestimmen.

Ein menschlicher Körper

Auf diese Weise gab uns Gott Vollmacht über die Erde. Gott selbst war begrenzt bis zu dem Zeitpunkt, an dem er selbst ein Mensch wurde. Jesus war nicht nur Mensch, sondern er – Gott selbst – bewohnte einen Körper aus Fleisch und Blut auf dieser Erde. Jetzt war der Teufel in Schwierigkeiten. Er hatte Adam und Eva als Geisel benutzt: »Gott, wenn du mir irgendetwas antust, dann wirst du diese Menschen, die du gemacht hast, ebenfalls zerstören müssen.« Nun ist aber Jesus eine der Geiseln geworden – ein Mensch aus Fleisch und Blut.

Jesus trat in das Reich des Teufels ein und zerstörte es. Er nahm Satan alle Macht und Autorität weg und machte ihn zu einer absoluten Null. Der Feind hat keine Macht oder Autorität, die er gegen uns einsetzen kann. Satan kann nun nichts anderes mehr tun, als uns in Versuchung zu führen. Wenn wir uns ihm hingeben, tun wir das Gleiche, was Adam und Eva taten – *wir* geben ihm *unsere* menschliche Macht und Autorität. Satan kann dir ohne deine Zustimmung und Kooperation absolut nichts antun.

Dies steht im Gegensatz zu vielem, was in der Kirche gelehrt wird. Die meisten Menschen glauben, dass Satan ein übermächtiger Gegner ist. Es ist wahr, dass er existiert, und du solltest seine Tricks und Manöver kennen (2Kor 2,11). Du solltest wissen, was los ist. Aber der Teufel ist nicht jemand, den du fürchten musst. Er ist jemand, den du erkennen und dem du widerstehen musst, aber Satan kann dir überhaupt nichts tun, wenn du nicht mit ihm kooperierst.

Als ich diese Wahrheit verstand, veränderte sie mein Leben und verschaffte mir einen enormen Vorteil gegenüber dem Teufel. Jetzt erkenne ich, dass ich, wenn ich ein Gefühl, einen Wunsch, ein Verlangen oder irgendeine Begierde verspüre, die eine gewisse Sogwirkung haben, nur aufhören muss, diesen Dingen nachzugeben. Denn sie sind es, die es Satan erlauben, mich in diese Richtung zu ziehen. Ich benutze einfach meinen Körper, um in die genau entgegengesetzte Richtung zu gehen. Das, was ich mit meinem Körper tue, setzt entweder die Kraft Gottes oder die des Teufels frei.

KAPITEL 8

Ist das derjenige?

Als Jamie und ich in den Vollzeitdienst einstiegen, hatten wir finanziell hart zu kämpfen. Von Zeit zu Zeit musste ich alle möglichen Gelegenheitsjobs annehmen, um über die Runden zu kommen. Eines Tages kam ich von einer Malerarbeit nach Hause und fühlte mich so krank, dass ich kaum noch stehen konnte. Ich wollte mich nur noch auf das Sofa legen und ausruhen. Jamie war in der Küche und bereitete gerade das Mittagessen zu. Als sie mich auf dem Sofa liegen sah, fragte sie: »Was machst du da?«

»Ich fühle mich krank. Ich glaube nicht, dass ich irgendetwas essen kann.«

Wir hatten schon anderen Gläubigen die Wahrheiten gelehrt, über die ich bis jetzt geschrieben habe: »Du musst mit deinem Körper widerstehen, um dich nicht weiter dem Teufel auszuliefern. Lass dich nicht auf ihn ein. Tu genau das, wonach dir nicht ist. Widerstehe dem Teufel und kämpfe durch das, was du tust, gegen ihn an« (siehe Jak 4,7).

Jamie kam zu mir und richtete mich auf. Sie legte meinen Arm um ihre Schulter, holte mich von dem Sofa herunter und fing an, mich durch das Haus zu schleifen: »Wir brauchen das Geld. Du wirst wieder zu dieser Arbeit zurückkehren. Du bist geheilt!« Sie zwang mich, aufzustehen und mich wie ein geheilter Mensch zu verhalten. Sie zwang mich einfach, das zu tun, was ich selbst gelehrt hatte.

Gelobt sei Gott, zehn Minuten später war ich darüber hinweg und fühlte mich wieder gut. Ich kehrte zur Arbeit zurück und wurde für diesen Tag bezahlt.

»Handle gemäß dem Wort!«

Am Tag vor meiner Ordination verletzte ich mir den Rücken, als ich unser kaputtes Garagentor öffnen wollte. Wir wohnten damals in Seagoville in Texas. Als ich mich bückte, um das Garagentor anzuheben, verklemmte es sich und etwas knackte in meinem Rücken. Sofort schoss ein fürchterlicher Schmerz durch meinen Körper, der mich hilflos zu Boden sinken ließ.

Mein einjähriger Sohn hatte mich beobachtet. Ich sagte ihm: »Geh und sag es Mama«, aber er saß einfach nur da und plapperte vor sich hin. Schließlich ging er ins Haus und brachte Jamie mit. Als sie mich dort liegen sah, hatte ich solche Schmerzen, dass ich nur noch flüstern konnte: »Ich habe mich am Rücken verletzt.« »Nun, dann steh auf.« Jamie richtete mich auf, betete für mich und sagte: »Und jetzt handle gemäß dem Wort Gottes!« Wie gesagt, wir waren dringend darauf angewiesen, dass ich arbeiten gehen und Geld verdienen konnte, deshalb war Jamie so streng mit mir.

Also fing ich an, meinen Körper zu bewegen. Meine Schulterblätter hatten sich so weit nach hinten gebogen, dass sie sich berührten. Der Schmerz war entsetzlich, aber ich zwang mich, Dinge zu tun, nach denen mir eigentlich nicht war. Nach einem Tag war ich schließlich so weit, dass ich Rumpfbeugen und andere Sachen machen konnte. Obwohl ich mich wieder bewegen konnte, waren meine Schultern immer noch nach hinten gebogen. Ich ging zu Bett und wachte am nächsten Morgen auf, dem Tag, an dem ich ordiniert werden sollte. Meine Schultern waren nach wie vor zurückgebogen, aber ich hörte nicht auf, den ganzen Tag dagegen anzukämpfen. Gerade als ich zu meiner Ordinationsfeier gehen wollte, rief ich aus: »Ich werde mich verhalten, als wäre ich geheilt. Ich werde dort hingehen und ich werde mich ordinieren lassen.« Als ich in der Gemeinde ankam, war ich geheilt. Meine Handlungen waren maßgeblich dafür verantwortlich, dass ich meine Heilung empfangen und freisetzen konnte.

Du kannst nicht einfach im Bett liegen bleiben und dich so verhalten, als seist du krank, und gleichzeitig die übernatürliche Kraft Gottes freisetzen. Du musst lernen, wie du deinen Körper dazu gebrauchen kannst, dem Teufel zu widerstehen und mit dem Herrn übereinzustimmen. Wenn du nicht im Glauben stehst und gemäß dem Wort handelst, wirst du Gott begrenzen (Jak 2,20).

Wir können Gott begrenzen

Wir haben gesehen, dass Gott Geist ist und dass er Menschen aus Fleisch und Blut Herrschaft über diese Erde gegeben hat (1Mo 1,26–28). Indem er dies tat, begrenzte er seine eigene Herrschaft und Vollmacht. Wenn wir nicht im Einklang mit Gott handeln, können wir ihn begrenzen.

> *Und sie versuchten Gott immer wieder und bekümmerten [»begrenzten« nach der King-James-Bibel] den Heiligen Israels. — Psalm 78,41*

Ja, wir können Gott begrenzen. Jesus bekam es damit in seiner eigenen Heimatstadt zu tun.

Und er konnte dort kein Wunder tun ... Und er verwunderte sich wegen ihres Unglaubens. — Markus 6,5-6

Es war nicht so, dass Jesus nicht wollte; er *konnte* keine Wunder tun – wegen ihres Unglaubens. Selbst der Herr Jesus Christus war auf das Mitwirken der Menschen angewiesen, um seine Kraft in ihrem Leben freisetzen zu können.

Die Religion lehrt: »Gott ist souverän. Alles steht unter seiner Kontrolle.« Nein, das stimmt so nicht. Gott ist souverän in dem Sinne, dass er der König der Könige ist. Aber nicht alles, was auf dieser Erde geschieht, unterliegt seiner Kontrolle. Gott ist nicht in dem Sinne begrenzt, dass er keine Macht hätte. Er hat alle Macht der Welt, aber er hat die Herrschaft über diese Erde den Menschen übertragen. Aufgrund seiner Integrität wird er die Vollmacht, die er uns gegeben hat, respektieren und sein Wort nicht brechen.

Deshalb hat Gott seine eigene Souveränität begrenzt – seine Fähigkeit bzw. sein Anrecht, in die Angelegenheiten der Menschen auf der Erde einzugreifen. Ehe er nicht selbst ein Mensch wurde, hatte er nicht die Vollmacht, auf die Erde herunterzukommen und das Chaos, das die Menschen angerichtet hatten, wieder in Ordnung zu bringen.

Zur Vertiefung dieses Themas empfehle ich *The Sovereignty of God*, *Taking the Limits Off God* und *Spiritual Authority*. Diese Lehren behandeln dieses Thema ausführlicher, als ich es hier kann.

Verdiene dir das Recht

Gott selbst handelt innerhalb dieser Gesetze der Vollmacht bzw. Autorität. Er wird sein eigenes Wort niemals brechen.

Da wir heutzutage in einer Kultur leben, in der Autorität keine so wichtige Rolle mehr spielt, können diese Wahrheiten schwer nachvollziehbar sein. In der Regel unterstellen sich Menschen heute nicht mehr einer Autorität. Sie tun nur das, wozu sie gezwungen oder aufgefordert werden, aber sie erkennen die Autorität dahinter nicht an. Autorität wird laufend missachtet.

Ich möchte hier keine Kritik üben, aber die jüngere Generation respektiert Autorität heute nicht mehr in der gleichen Weise wie die ältere Generation. Ihre Kinder sind so erzogen worden, dass sie glauben, mit allem ungestraft davonkommen zu können. Kleine Betrügereien sind für sie harmlos. Sie wollen sich einfach keiner Autorität unterordnen. Sie denken, solange sie nicht erwischt werden, sei alles in Ordnung. Das ist aber vollkommen falsch. Alles im Leben basiert auf Autorität.

Ich lehre unsere Bibelschüler, dass sie sich das Recht verdienen müssen, in das Leben eines anderen hineinzusprechen. Sie müssen sich erst eine gewisse Anerkennung verdienen, bevor sie anderen auf Herzensebene dienen können. Und das gilt für alle Bereiche des Lebens.

Ein Grund, warum das, was wir heutzutage »Evangelisation« nennen, so wenig effektiv ist, hängt genau damit zusammen – es ist oft respektlos und anstößig. Manche Christen gehen einfach auf eine fremde Person zu, halten ihr ein frommes Traktat vor die Nase und sagen: »Du bist auf dem besten Weg in die Hölle. Tu Buße!« Dann nötigen sie diese Person, ihnen Folge zu leisten und »ein Gebet zu sprechen«. Dabei beachten sie nicht einmal die einfachsten Höflichkeitsregeln, indem sie sich beispielsweise vorstellen oder den anderen nach seinem Befinden fragen. Diese sogenannten »Evangelisten« gehen gleich auf Konfrontationskurs. Das ist vollkommen falsch!

»Wer sind Sie überhaupt?«

Als ich einmal in Kansas City war, kam ein Mann nach der Veranstaltung auf mich zu und fing an, meine Frau zu kritisieren. Er sagte: »Wenn Sie ein Mann Gottes wären, würden Sie sie korrigieren. Sie würden Ihre Frau dazu bringen, sich anders zu verhalten.« Dann gab er mir allerhand Ratschläge, wie sie sich seiner Meinung nach kleiden solle. Wer Jamie kennt, weiß, dass meine Frau in der Wahl ihrer Kleidung sehr konservativ ist. Sie würde sich niemals in unangemessener Weise kleiden. Es gab wirklich nichts an ihr auszusetzen. Dieser Mann hatte einfach nur seine gesetzlichen, religiösen Vorstellungen bezüglich Schmuck, Make-up und Frisuren, die er uns aufzwingen wollte.

Ich stoppte ihn inmitten seines Redeschwalls und fragte ihn: »Wer sind Sie überhaupt?« Er nannte mir seinen Namen, aber ich sagte: »Nein, ich meine, wer gibt Ihnen das Recht, so mit uns zu sprechen? Sie haben weder die Befugnis noch das Recht, über meine Frau zu bestimmen. Gott ist nicht gestorben und hat Ihnen seinen Platz überlassen. Sie sind ein Niemand. Ihre Meinung interessiert mich keinen Deut!«

Natürlich war dieser Mann zutiefst beleidigt. Seine Haltung war: »Wie können Sie es wagen, so mit mir zu sprechen!« Aber da er die Dreistigkeit besaß, mich dermaßen vor den Kopf zu stoßen, sich über meine Frau zu ereifern und mir zu sagen, was ich tun solle, entschied ich einfach, ihm in gleicher Weise zu begegnen: »Mein Herr, Sie haben keinerlei Autorität in meinem Leben.«

Ich würde niemals einfach so ins Weiße Haus hineinspazieren und dem Präsidenten der Vereinigten Staaten sagen, was er tun soll. Nicht, weil ich mir minderwertig vorkäme. Oder weil ich nicht überzeugt wäre, dass Gott mir ein paar wertvolle Dinge gegeben hat, die ich ihm sagen könnte. Ich betrachte es einfach als selbstverständlich, dass ich mir ein solches Recht erst verdienen müsste. Er müsste mich nach meiner Meinung fragen. Ich bin ihm nicht übergeordnet. Ich kann mir nicht einfach Zutritt verschaffen und ihm meine Meinungen an den Kopf werfen.

Das Gleiche gilt beispielsweise auch für den Angestellten in der Postabteilung einer großen Firma. Vielleicht hat er ein paar gute Ideen, die man umsetzen könnte, aber deshalb kann er nicht einfach in das Büro des Vorstands hereinplatzen und seinem Chef sagen, was zu tun ist. Er muss die Hierarchie beachten. Hat er einen guten Chef, wird dieser seine Angestellten ermutigen, ihre Meinung mitzuteilen. Vielleicht sucht er sie sogar von Zeit zu Zeit auf und bittet sie um ihre Meinung. Aber das muss von ihm kommen. Der Angestellte hat nicht das Recht – die Autorität –, einfach zu seinem Chef zu gehen und ihn mit seinen Ideen zu bombardieren.

Ebenso wenig würde ich auf irgendeinen Prediger aus einer Fernseh- oder Radiosendung zugehen und ihn zurechtweisen oder ihm Dinge aufzeigen, über die ich anderer Meinung bin. Ab und zu höre ich mir die eine oder andere Predigt an und in manchen Punkten liegen die Redner meiner Meinung nach vollkommen falsch. Gott hat mir in seinem Wort einige Wahrheiten gezeigt, die auch ihnen weiterhelfen könnten, aber ich respektiere sie genug, um ihnen meine Meinung erst dann zu sagen, wenn ich danach gefragt werde. Ich bin nicht ihr Vorgesetzter. Sie sind mir nicht unterstellt. Wir stehen in keinerlei Beziehung zueinander. Aus diesem Grund würde ich so etwas niemals tun.

Nicht deine Angelegenheit

Dennoch erfahre ich täglich diese Dinge am eigenen Leib – sei es durch einen Brief, einen Anruf, eine E-Mail oder im persönlichen

Kontakt. Leute, die sich selbst als offizielle Richtschnur für richtig oder falsch sehen, kritisieren mich hemmungslos aufs Schärfste. Diese Leute haben noch nie jemandem Zeugnis gegeben, nie jemanden freigesetzt, niemals irgendetwas für den Herrn getan, aber dennoch meinen sie, alles zu wissen.

Wenn sie das Autoritäts- bzw. Vollmachtsprinzip verstanden hätten, würden sie mit diesem Grenzen überschreitenden Verhalten aufhören und erkennen, dass sie sich zuerst das Recht verdienen müssen, in das Leben einer anderen Person hineinzusprechen. Meinen Bibelschülern sage ich gleich zu Anfang: »Von einigen von euch weiß ich, dass ihr Probleme in eurem Leben habt. Diese Probleme liegen aber außerhalb der Schule und ihr seid auch nicht deswegen zu mir gekommen. Solange wir nicht ein Vertrauensverhältnis aufgebaut haben und ich spüre, dass ihr euch mir gegenüber öffnet und mir die Freiheit gebt, offen und ehrlich zu euch zu sprechen, werde ich es nicht tun.« Das steht mir nicht zu. Es ist nicht meine Angelegenheit.

Ich spreche Dinge an, mit denen sich die Leute auseinandersetzen müssen, während sie in der Bibelschule sind, aber ich werde mich nicht in ihr Privatleben einmischen. Vielleicht denken manche: *Das ist falsch. Du solltest dich schon mehr einmischen.* Nein, ich denke, es ist falsch, wenn du deine Nase in anderer Leute Angelegenheiten steckst. Es ist letztendlich alles eine Frage der Autorität.

Besiegt

Gott ist ein Gott der Vollmacht und Autorität. Er hat Strukturen geschaffen, die er nicht umgehen wird. Wenn einer meiner Angestellten Probleme mit einem Vorgesetzten hat, sage ich ihm: »Geh zu deinem Vorgesetzten und sprich mit ihm, wenn du anderer

Meinung bist. Aber umgehe ihn nicht, indem du zu mir kommst und versuchst, durch mich dein Ziel zu erreichen.« Dieser Weg ist besser. Und so ist Gott. Er hat Autoritäten eingesetzt und wir müssen begreifen, dass Gott sich selbst diesen Strukturen unterwirft. Er griff nicht in die Angelegenheiten der Menschen ein, bis er selbst ein Mensch wurde. Als er dann selbst ein Mensch aus Fleisch und Blut war, hatte er die Autorität und Vollmacht, dem Teufel entgegenzutreten. Das sind gute Nachrichten!

Satan bekam seine Vollmacht nicht direkt von Gott. Er hat keine überlegene Engelsmacht, die er gegen die Menschheit einsetzt. Der Teufel wurde all seiner Engelsmacht und Autorität enthoben. Die Macht und Autorität, die Satan einsetzt, um diese Erde zu regieren, ist die Autorität, die Gott den Menschen gegeben hatte – und die diese dann an Satan abgaben.

Wenn du einmal verstanden hast, dass Satan ohne deine Einwilligung und Mitwirkung nichts in deinem Leben ausrichten kann, lässt ihn das für dich auf eine Stufe rutschen, auf der er kein überlegener Feind mehr ist. Als Meister der Täuschung stellt er immer noch eine Bedrohung dar, denn er kann dich anlügen. Deshalb musst du die Wahrheit kennen und wachsam sein. Aber du kannst ihm widerstehen.

Ich weiß, dass ich diesen Kampf bestehen kann. Ich kann die Macht und Autorität nehmen, die Gott mir gegeben hat und den Teufel konfrontieren. Ich weiß, dass er existiert, aber ich fürchte ihn nicht länger. Ich habe erstaunliche Dinge geschehen sehen, nur weil ich erkannt habe, dass Satan bereits besiegt ist.

Großmutters Zimmer

Wie die meisten Menschen, die in Amerika aufgewachsen sind, dachte ich nicht über Dämonen nach. Ich hatte zwar in der Bibel gelesen, dass sie existieren, aber ich dachte, dass sie sich alle weit weg in Ländern der Dritten Welt aufhielten. Ich dachte nicht, dass es bei uns Dämonen gebe oder dass man ihnen begegnen könne. Dann wandte ich mich dem Herrn zu und begann, mich eingehender mit der Bibel zu befassen. Ich erkannte, dass die geistliche Welt heute noch genauso real ist, wie sie es vor 2000 Jahren war. Ich erkannte, dass viele Dinge, einschließlich verschiedener Krankheiten, dämonischen Ursprungs sind. Meine Freunde und ich fingen an, Dämonen aus Leuten auszutreiben und wir sahen viele Wunder geschehen.

Meine Großmutter zog mich auf, bis ich ungefähr sechs Jahre alt war, dann wurde sie krank und sie starb, als ich acht war. Als sie starb, hinterließ sie einige Dämonen in ihrem Zimmer. Da ich mir ein Zimmer mit meinem Bruder teilte, bekam ich Großmutters Zimmer nach ihrem Tod. Wir hatten ein Foto von ihr auf der Kommode stehen und in der Nacht wurde es lebendig. Ihr Bild kam aus dem Rahmen heraus und ging im Raum umher.

Da ich erst acht Jahre alt war, erschrak ich fürchterlich. Ich wusste, dass das nicht normal war, aber ich hatte Angst, es meinen Eltern zu sagen. Sie hätten gedacht, ich sei verrückt. So erzählte ich niemandem davon, aber sobald wie möglich zog ich wieder in mein altes Zimmer zu meinem Bruder zurück. Der beschloss daraufhin, selbst dieses andere Zimmer zu beziehen. In weniger als einem Monat kam er zu mir zurück. Dann nahm meine Schwester dieses Zimmer. In weniger als einem Monat zog auch sie wieder zurück in ihr altes Zimmer.

Für die nächsten zwölf Jahre hielten wir dieses Zimmer verschlossen. Niemand verlor jemals ein Wort darüber, aber keiner wollte das Zimmer betreten. Als ich 14 Jahre alt war, brachte meine ältere Schwester ihre neugeborene Tochter mit. Sobald sie mit dem Baby dieses Zimmer betrat, wachte es schreiend auf, auch wenn es vorher fest geschlafen hatte. Sobald sie dieses Zimmer wieder verließen, war die Kleine wieder ruhig. Beim Reingehen schrie sie, beim Rausgehen beruhigte sie sich wieder. Wenn wir Bibelabende durchführten, verteilten sich die Leute im ganzen Haus, um mit anderen zu beten, aber niemand ging in diesen Raum. Nach einiger Zeit dämmerte es meinem messerscharfen Verstand, dass da etwas nicht stimmte.

Kurz nachdem ich erkannte, dass Dämonen real sind und Einfluss auf uns ausüben, entschied ich mich, in dieses Zimmer zu gehen und sie aus unserem Haus zu vertreiben. So ging ich hinein und schloss die Tür hinter mir. Ich fing an, diese Dämonen anzuschreien, sie zu binden – ich tat einfach alles, was mir einfiel. Mir sträubten sich die Nackenhaare. Ich hatte Angst und bekam am ganzen Körper eine Gänsehaut.

Ich erinnere mich noch, wie ich dabei dachte: *O Gott, ich bin so froh, dass ich nicht in die geistliche Welt hineinschauen kann. Ansonsten würde ich diese gewaltigen Dämonen mit ihren Reißzähnen und Krallen sehen, wie sie mich überragen.* Ich stellte mir vor, wie diese monströsen dämonischen Mächte kurz davor waren, mich zu verschlingen, allein der Name Jesu hielt sie davon ab. Ich erinnere mich, wie ich betete: »O Gott, danke, dass ich nicht sehen kann, was in der geistlichen Welt passiert.«

Sofort sprach der Herr zu meinem Herzen: »Andrew, wenn ich dir die geistliche Welt zeigen würde, dann würdest du keine gewaltigen, mächtigen Dämonen mit Reißzähnen und Krallen sehen, sondern lächerlich kleine Wichte. Du wärst überrascht, denn sie sind nichts. Sie haben nur ein großes Maul. Sie wissen, wie man laut kreischt und Leute einschüchtert. Sie nehmen den Mund voll, aber heraus kommt nur heiße Luft.« Sobald der Herr mein Bild von diesen gewaltigen Dämonen in lächerlich kleine Wichte veränderte, die keinerlei Macht oder Autorität hatten, stieg Glaube in meinem Herzen auf. Statt Angst zu haben, fühlte ich mich plötzlich stark wie der unglaubliche Hulk. Ein Geist der Macht und Kühnheit kam über mich und im Nu war ich diese Dämonen los.

Du denkst vielleicht: *Das hast du dir alles nur eingebildet.* Nun, ich erzählte es niemandem, aber als wir das nächste Mal einen Bibelabend abhielten, gingen die Leute ganz selbstverständlich in dieses Zimmer, ohne sich etwas dabei zu denken. Es hatte sich eindeutig etwas verändert.

Satans einzige Macht

Nachdem der Teufel in Jesaja 14,12–14 damit geprahlt hatte, was er alles tun werde, heißt es in dieser Bibelstelle weiter:

> *Doch ins Totenreich bist du hinabgestürzt, in die tiefste Grube! Die dich sehen, schauen dich verwundert an, sie betrachten dich [und sagen]: »Ist das der Mann, der die Erde erzittern ließ, der Königreiche erschütterte; der den Erdkreis zur Wüste machte und seine Städte niederriss; der seine Gefangenen nicht nach Hause entließ?« — Jesaja 14,15–17*

Diese Schriftstelle prophezeit, wie die Menschen letztendlich auf Satan reagieren würden. All dies hat sich nun erfüllt, nachdem Jesus durch seinen Tod, seine Grablegung und Auferstehung den Teufel buchstäblich vernichtet hat. Wenn wir Satan so sehen, wie er wirklich ist, werden wir sagen: »Ist das derjenige, der mich so eingeschüchtert hat? Ist das derjenige, dem ich erlaubt habe, mein Leben zu ruinieren? Ist das derjenige, der mich in Gefangenschaft gehalten hat – diese Null, dieser Niemand?« So ist Satan. Er hat nicht all diese Macht, die die Kirche ihm zugemessen hat. Die einzige Macht, die Satan hat, kommt vom Menschen.

Satan ist durch die Menschen entstanden. Wir sind diejenigen, die ihm Macht gegeben haben. Gott erschuf Luzifer – einen dienenden Geist, ein Engelswesen. Wir Menschen übergaben Satan die Herrschaft, die Gott uns gegeben hatte, und somit ist es diese menschliche Autorität und Macht, die Satan benutzt. Deshalb muss er einen Körper in Besitz nehmen. Und deshalb hat ein Schwein mehr Macht und Autorität auf dieser Erde als ein körperloser Dämon. Satan ist ein Faktor, der berücksichtigt werden muss, aber nur, weil Menschen sich ihm ausliefern. Wenn du die Wahrheit kennst, wird dich diese Wahrheit frei machen (Joh 8,32). Ist das nicht eine gute Nachricht?

KAPITEL 9

Was ich habe

Gott hat uns gewaltige Vollmacht gegeben. Als wiedergeborene Gläubige hat uns Jesus sogar mehr Vollmacht gegeben, als Adam und Eva besaßen. Sie hatten Vollmacht über diese Erde. Nachdem aber Christus von den Toten auferstand, hatte er Vollmacht im Himmel, auf der Erde und unter der Erde – also auch in der dämonischen Welt und dem Hades (Phil 2,10). Nach Jesu Auferstehung, noch bevor er in den Himmel auffuhr, wandte er sich an seine Jünger und sagte zu ihnen:

> *Mir ist gegeben alle Macht [Vollmacht, Herrschaftsmacht] im Himmel und auf Erden.* ***So geht nun hin*** *und macht zu Jüngern alle Völker, und tauft sie auf den Namen des Vaters und des Sohnes und des Heiligen Geistes und lehrt sie alles halten, was ich euch befohlen habe. Und siehe, ich bin bei euch alle Tage bis an das Ende der Weltzeit! Amen.*
> *— Matthäus 28,18–20*

So geht nun hin drückt eine Folge aus, die sich aus dem Vorherigen ergibt. Somit sagte Jesus seinen Nachfolgern im Grunde nichts anderes als: »Die Vollmacht und Kraft, die ich habe, gebe ich jetzt euch. Geht und führt mein Werk fort, das Werk, das ich begonnen habe.«

Die Vollmacht, die wir als Gläubige heute haben, ist der Vollmacht, die Adam hatte, überlegen. Wir haben nicht nur das zurückbekommen, was er verloren hat, sondern wir haben noch viel mehr. Wir haben nun Vollmacht über die dämonische Welt (Mt 10,1.7–8).

Altes gegen Neues

Im Vergleich zum Alten Testament gibt es einen großen Unterschied in der Art und Weise, wie das Neue Testament über Satan spricht. Obwohl das Alte Testament ihn kaum erwähnt, offenbart uns das Neue Testament, dass Satan der Verursacher von verschiedenen Krankheiten, von Anfällen, Krämpfen und Blindheit ist. Das Neue Testament zeigt auf, dass viele Dinge dämonischen Ursprungs sind.

Warum gab uns Gott dieses Wissen im Neuen Testament und nicht im Alten? Einfach ausgedrückt: Selbst wenn die Heiligen des Alten Testaments diese Dinge gewusst hätten, hätten sie mit diesem Wissen überhaupt nichts anfangen können. Es hätte ihnen nichts genutzt zu wissen, dass Satan hinter dieser oder jener Sache steckt, denn sie hatten nicht die Vollmacht, ihm zu gebieten bzw. ihn zu binden.

Den Menschen des Alten Testaments wurde im Grunde gesagt: »Gehorcht diesen Gesetzen! Passt auf eure Werke auf! Tut dieses und unterlasst jenes!« Indem sie Gott mit ihren Werken gehorchten, gaben sie ihm die Macht, in ihrem Leben zu wirken. Dies begrenzte auch Satans Spielraum. Das war im Kern der Ansatz im Alten Testament.

Im Neuen Testament haben wir nun eine Vollmacht bekommen, die uns befähigt, über das Sichtbare hinaus zu wirken. Weil uns Vollmacht über Dämonen gegeben wurde, können wir hinter die Kulissen schauen. Wir können den dämonischen Mächten, die

Krankheit und Leiden verursachen, gebieten und die Menschen dazu anregen, in einer bestimmten Art und Weise zu handeln. Wir können jetzt Resultate erzielen, die für die Menschen aus dem Alten Testament unerreichbar waren.

Mit dieser übergeordneten Vollmacht, die uns gegeben wurde, geht jedoch auch Verantwortung einher. Und das bedeutet: Wenn wir die Macht und Autorität, die uns der Herr anvertraut hat, nicht nutzen, hindern wir ihn daran, einzugreifen. Denn Gott fließt durch uns.

Gottes Macht

Jesus gab uns Macht und Autorität über den Teufel bzw. Kraft und Vollmacht, wie es der folgende Bibeltext ausdrückt.

> *Er [Jesus] rief aber seine zwölf Jünger zusammen und gab ihnen Kraft und Vollmacht über alle Dämonen und zur Heilung von Krankheiten. — Lukas 9,1*

Kraft bedeutet hier, dass wir die Fähigkeit und die Macht haben. Wir haben auch die Vollmacht, diese Fähigkeit und Macht auszuüben. Doch mit dieser Vollmacht kommt Verantwortung.

> *So unterwerft euch nun Gott! Widersteht dem Teufel, so flieht er von euch. — Jakobus 4,7*

Dies bedeutet: Wenn wir dem Teufel nicht widerstehen, wird er nicht von uns fliehen. Obwohl dies sehr einfach ist, verstehen es nur wenige Gläubige. Viele Christen benutzen die Vollmacht nicht, die ihnen gegeben wurde. Wenn Satan sie quält – vielleicht durch Krankheit, Armut, ein Unglück oder andere dämonische Angriffe –, wenden sie sich an Gott, als hätten sie selbst überhaupt keine Macht oder Autorität. Sie flehen Gott an: »O Herr, bitte ändere diese Situation. Bitte halte mir den Teufel vom Leib.« Sie verstehen nicht, dass das nicht in Gottes Machtbereich liegt – denn diese Vollmacht hat er uns übertragen.

Genau das ist es, was die Bibel sagt. Uns wurde Macht und Autorität über alle Dämonen gegeben (Lk 9,1). Gott gab uns Vollmacht über den Teufel. Wenn du gegen eine dämonische Macht kämpfst, dann hast du auch die Vollmacht, etwas gegen sie auszurichten. Du musst allerdings geistlich dazu in der Lage sein, den Ursprung einer Sache zu unterscheiden. Ist es wirklich etwas Geistliches oder einfach nur etwas ganz Natürliches? Handelt es sich um einen dämonischen Angriff, dann bist du dafür verantwortlich, diesen Dämon loszuwerden. Das tust du, indem du die Kraft Gottes einsetzt. Bedenke dabei, dass diese Kraft unter deine Vollmacht gestellt wurde. Wenn *du* sie nicht einsetzt, wird sie gar nicht eingesetzt werden.

Wir müssen sie einsetzen

Viele Christen, die zu mir kommen, um Seelsorge und Gebet zu empfangen, sind einfach machtlos. Sie verstehen nicht, dass sie Vollmacht haben. Sie flehen Gott an: »Bitte nimm diese Krankheit weg und hilf mir mit meinen Finanzen! Bitte rette diese Person!« Sie flehen Gott an, Dinge zu tun, die er ihrem Vollmachtsbereich unterstellt hat.

Als Gott sagte: »Widersteh dem Teufel, und er wird von dir fliehen«, meinte er damit zugleich, dass der Teufel nicht fliehen wird, wenn du ihm nicht widerstehst. Gott hat Satan schon längst besiegt und ihn seiner Macht beraubt. Er hat dir Vollmacht gegeben, und wenn du sie nicht einsetzt, wird Gott nicht kommen und den Teufel für dich vertreiben. Der Kampf findet nicht direkt zwischen Gott und dem Teufel statt, sondern zwischen dem Teufel und uns. Gott hat uns mit Autorität und Macht ausgerüstet und wir müssen sie einsetzen. Du wunderst dich vielleicht: *Nun, wenn es Gottes Wille ist, dass wir geheilt werden, warum ist dann diese Person gestorben?* Gott gab uns die Kraft zu heilen. Es ist nicht unsere eigene Kraft. Es ist seine Kraft, aber sie untersteht unserer Vollmacht. Jesus hat uns niemals dazu aufgefordert, Gott zu bitten, er möge Menschen heilen. Er sagte uns: »Geht und heilt die Kranken!« (Mt 10,8).

In den Evangelien wies Jesus seine Jünger niemals an, für die Kranken zu beten, aber er wies sie an, die Kranken zu *heilen* (Lk 9,2; 10,9). Heutzutage wird das in der Kirche hauptsächlich so praktiziert: »O Vater, wir wissen, dass du diese Person heilen kannst. Wenn es dein Wille ist, dann bitte – wir flehen dich an – tu es.« Wir kommen als Bettler. Und wenn wir nicht sehen, dass etwas passiert, wenn nicht eine sofortige Heilung geschieht, dann fragen wir uns: *Warum hat Gott nicht geheilt?* Weil Gott schon all die Heilungskraft freigesetzt hat, die nötig ist, damit jeder Mensch dieses Planeten von jeder Krankheit und allen Beschwerden geheilt werden kann. Jesus trug die Striemen für unsere Heilung auf seinem Rücken und nun hat er uns die Kraft gegeben, Kranke zu heilen. Er gab uns Macht und Autorität über alle Dämonen, damit wir sie austreiben und Krankheiten heilen. Jesus gab uns diese Kraft und es liegt nun an uns, sie auch einzusetzen.

Er ging umher, sprang und lobte Gott

Schau dir einmal Petrus und Johannes am Tempeltor an.

> *Petrus und Johannes gingen aber miteinander in den Tempel hinauf um die neunte Stunde, da man zu beten pflegte. Und es wurde ein Mann herbeigebracht, der lahm war von Mutterleib an, den man täglich an die Pforte des Tempels hinsetzte, die man »die Schöne« nennt, damit er ein Almosen erbitten konnte von denen, die in den Tempel hineingingen. Als dieser Petrus und Johannes sah, die in den Tempel hineingehen wollten, bat er sie um ein Almosen. Da blickte ihn Petrus zusammen mit Johannes an und sprach: Sieh uns an! Er aber achtete auf sie in der Erwartung, etwas von ihnen zu empfangen.*
>
> *Da sprach Petrus: Silber und Gold habe ich nicht; was* ***ich*** *aber* ***habe,*** *das gebe ich dir: Im Namen Jesu Christi, des Nazareners, steh auf und geh umher! Und er ergriff ihn bei der rechten Hand und richtete ihn auf; da wurden sogleich seine Füße und seine Knöchel fest, und er sprang auf und konnte stehen, lief umher und trat mit ihnen in den Tempel, ging umher und sprang und lobte Gott.*
> *— Apostelgeschichte 3,1–8*

Achte darauf, dass Petrus in Vers 6 sagte: »was *ich* aber *habe*, das gebe ich dir«. Petrus und Johannes würden heutzutage aus den meisten Kirchen hinausgeworfen werden, wenn sie sagen würden: »Ich habe die Kraft, dich zu heilen.« Es ist in Mode gekommen, zu sagen: »Oh, ich bin das nicht. Ich könnte nicht mal eine Mücke heilen.« Nun, die Wahrheit ist, dass keiner von uns eine Mücke aus eigener menschlicher Kraft heilen kann. Aber wir sind nicht nur menschlich, wir sind wiedergeboren! Gott gab uns Macht und Autorität – das Recht und die Fähigkeit, diese Kraft einzusetzen. Deshalb war es vollkommen richtig von Petrus, als er sagte: »Was ich aber habe, das gebe ich dir.«

Fällt dir auf, dass Petrus in jenem Moment nicht einmal ein Gebet sprach? Die meisten Leute würden so etwas anstößig finden. *Wie kann er es wagen, jemanden zu heilen, ohne zu beten und Gott darum zu bitten!* Ich weiß nicht, wie es dir geht, aber ich möchte Resultate sehen – und Petrus erbrachte die richtigen Resultate. Seine Herangehensweise an diese Situation war genau richtig. Petrus sagte: »Was ich aber habe, das gebe ich dir.« Petrus wusste, dass er die Fähigkeit hatte, zu heilen. Er wusste, dass er die Vollmacht hatte, diese Fähigkeit einzusetzen. So übernahm er seine Verantwortung und setzte diese Fähigkeit ein. Und deshalb wurde der Mann geheilt.

Genau das ist der Grund, warum heutzutage viele Leute ihre Heilung nicht erleben. Sie wenden sich an Gott und bitten flehentlich. Sie verstehen nicht, dass die Kraft sich nicht im Himmel befindet. Gott hat die Heilungskraft in das Innere jedes wiedergeborenen Gläubigen gelegt. Er hat uns auch die Vollmacht gegeben, sie einzusetzen, was uns wiederum verantwortlich macht. Wenn jemand nicht geheilt ist, dann ist es nicht Gott, der ihn nicht geheilt hat – wir sind es, die unsere Vollmacht nicht eingesetzt haben.

Es ist an uns

Natürlich können auch andere Faktoren damit zusammenhängen. Es liegt nicht immer nur an dem, der Gebet empfängt. Es kann auch an den Leuten um ihn herum liegen. Jesus handelte in absolutem Glauben, aber er musste die Spötter und Ungläubigen wegschicken. Christus wirkte in absolutem Glauben, dennoch:

Er konnte dort [in seiner Heimatstadt] kein Wunder tun ... wegen ihres Unglaubens. — Markus 6,5–6

Die Begrenzung lag nicht in ihm selbst, sondern in den Leuten um ihn herum. Die Begrenzung liegt nicht immer in der Person, die Heilung empfangen möchte. Es könnten andere Faktoren eine Rolle spielen. Aber letztendlich liegt es immer daran, dass eine Person oder eine Gruppe von Leuten Gott begrenzt, weil sie nicht in der Vollmacht handeln, die Gott ihnen gegeben hat. Wir drücken uns vor unserer eigenen Verantwortung und versuchen alle Verantwortung auf Gott abzuschieben, indem wir sagen, es hänge von ihm ab, ob eine Person Errettung, Heilung oder Wohlstand erfährt. Das ist vollkommen falsch.

Wir müssen verstehen und akzeptieren, dass es nicht an Gott ist, zu heilen. Es ist an uns zu glauben, dass er bereits geheilt hat. Wir müssen akzeptieren, dass wir diese Fähigkeit haben und unsere Vollmacht gebrauchen. Wir müssen zu unseren Problemen sprechen und Dingen befehlen, sich zu ändern.

Wenn wir diese Wahrheit doch nur begreifen könnten, dann würden die Dinge heute ganz anders ablaufen! Die meisten Christen glauben, dass Gott alles tun kann, was er will, aber sie glauben nicht, dass er es schon getan hat. Sie glauben nicht, dass er uns Vollmacht gegeben hat. Daher fühlen sie sich in keiner Weise dafür verantwortlich, ihre Vollmacht zu gebrauchen. Und genau dort bricht das System zusammen. Gott hat seinen Teil schon getan. Er hat Macht und Autorität in uns hineingelegt – und das macht uns verantwortlich.

Um das Thema zu vertiefen, was Gott schon getan hat und was er in dich als wiedergeborenen Gläubigen hineingelegt hat, empfehle ich dir meine Bücher *Geist, Seele & Körper* und *Du hast schon alles, was du brauchst!* Diese beiden Bücher bilden die Grundlage für diese Lehre und werden dir dabei helfen, Gottes Bestes zu empfangen und zu erleben.

Wir wurden geheilt

Durch den Tod, die Grablegung und Auferstehung des Herrn Jesus Christus hat Gott schon seinen Teil getan. Jetzt liegt es an dir, im Glauben zu reagieren und das zu empfangen, was er schon zur Verfügung gestellt hat. Es liegt ganz in deiner Verantwortung, Heilung, Wohlstand und Befreiung zu bekommen. Es ist Gottes Kraft, aber er hat sie deiner Vollmacht unterstellt.

Auch wenn ich unsere Verantwortung so stark betone, gibt es für dich keinen Grund, dich verurteilt zu fühlen (Röm 8,1). Der Herr liebt dich und möchte, dass du diese Wahrheiten verstehst, damit du das Leben der Fülle genießen kannst, das er für dich vorgesehen hat. Deshalb ist es so wichtig zu verstehen, was in unseren Verantwortungsbereich fällt.

Vielleicht fragst du dich: »Muss ich das alles denn selbst bewerkstelligen?« Nicht aus dir heraus – deiner menschlichen Fähigkeit. Der neugeborene Teil in dir – dein Geist – trägt Gottes Kraft in sich. »Alles ist möglich dem, der glaubt« (Mk 9,23). Wenn du verstehen und glauben würdest, dass Gott seinen Teil bereits getan hat, und dann in deiner Vollmacht handeln würdest, könntest du diese Dinge geschehen lassen.

Seitdem ich diese Wahrheiten verstanden und umgesetzt habe, sehe ich einen großen Fortschritt in meinem Leben und meinem Dienst. Ich bete schon seit vielen Jahren mit Menschen für ihre Heilung. Anfangs sah ich ab und zu jemanden gesund werden, aber eigentlich hatte ich keine Ahnung, was ich da tat. Selbst ein blindes Huhn findet ab und zu mal ein Korn, wenn es nur lang genug danach sucht. Ich betete einfach für so viele Leute, dass ab und zu mal etwas geschah und wir eine Heilung erlebten. Seit dieser Zeit habe ich begriffen, dass es nicht davon abhängt, wie sehr ich den Herrn darum bitte, dass jemand geheilt wird, sondern dass Gott uns schon längst von aller Krankheit geheilt hat.

Das Wort sagt, dass wir durch seine Striemen geheilt worden sind – vollendete Vergangenheit (1Petr 2,24). Heute verstehe ich, dass Gott seine Kraft in mich hineingelegt hat und dass es nun an mir liegt, sie freizusetzen. Gott hat seinen Teil getan und nun muss ich meine Vollmacht ergreifen, zu dem Berg sprechen und Menschen befehlen, geheilt zu sein. Natürlich muss die Person, der ich diene, glauben und mit mir zusammenarbeiten. Aber auf diese Weise habe ich Hunderte Male mehr Menschen geheilt gesehen, als es vorher der Fall war.

John G. Lake

John G. Lake hatte in den frühen 1900er Jahren einen Heilungsdienst. Er war so erfolgreich im Heilen, dass der Staat Washington ihm sogar eine ärztliche Zulassung erteilte. Er eröffnete ein Krankenhaus in Spokane, seinem Wohnort, und sah so viele dokumentierte Fälle von Heilungen, dass sogar eines der anderen Krankenhäuser der Stadt geschlossen werden musste.

In Lakes Krankenhaus wurde keine Medizin verabreicht. Man predigte dort nur das Wort, salbte Patienten mit Öl und betete mit ihnen, bis sich die Heilung vollzog. Er bildete andere für den Heilungsdienst aus und nannte sie »praktische Ärzte«. In den Fällen, in denen Menschen nicht ins Krankenhaus kommen konnten, machten seine praktischen Ärzte Hausbesuche. Auf Grundlage von Jakobus 5,14–15 gab er ihnen ein kleines Fläschchen Öl mit und sagte ihnen: »Kommt erst zurück, wenn sie geheilt sind.« Diese Art von Kühnheit erschreckt die Leute heutzutage. Sie denken: *Wie kannst du so etwas tun? Du hast überhaupt keinen Einfluss darauf. Diese Art von Autorität hast du doch gar nicht. Es ist nicht deine Verantwortung. Du musst nur Gott bitten, diese Menschen zu heilen. Vielleicht tut er es, vielleicht nicht. Es wird so kommen, wie es kommen muss. Alles hängt von Gott ab.* Doch das ist nicht wahr.

John G. Lake und seine praktischen Ärzte wussten, dass Gott seinen Teil schon getan und Heilung zur Verfügung gestellt hatte. Und nun waren sie dran, ihre Vollmacht zu ergreifen und diese zu nutzen. Die längste Zeit, die einer seiner praktischen Ärzte für einen Hausbesuch brauchte, waren etwa dreißig Tage. Manchmal zogen sie sogar als Hausgast bei ihren Patienten ein und unterrichteten sie im Wort. Sie bauten sie im Glauben auf, dienten ihnen und sahen sie gesund werden, weil Gott seinen Teil schon getan hatte.

Es ist ein großer Unterschied, ob wir Kranke heilen oder für Kranke beten. In der Kirche wird generell geglaubt, dass Gott heilen kann, aber nicht, dass er es bereits getan hat. Man glaubt dort nicht, dass er *uns* die Macht und Autorität zum Heilen anvertraut hat. Wenn die Gläubigen eine Not haben, wenden sie sich an Gott wie Bettler. Sie bitten ihn, diese oder jene Person zu heilen, obwohl er in Wahrheit seinen Teil bereits getan hat, um diese Heilung zu bewirken. Gott hat sogar die übernatürliche Kraft, Tote aufzuerwecken, in jeden wiedergeborenen Gläubigen hineingelegt (Eph 1,19–20) und nun ist es an uns, diesen Heilungen den Eintritt zu befehlen. Anstatt in passiver Weise den Herrn anzuflehen, sich darum zu kümmern, müssen wir zu Befehlshabern werden – zu Menschen, die im Glauben aufstehen, ihre Vollmacht in Christus annehmen und die Kraft Gottes befehligen.

KAPITEL 10

Gebt mir Befehl!

Um den gelähmten Mann zu heilen, stand Petrus im Glauben auf, nahm seine Vollmacht in Christus wahr und befahl der Kraft Gottes, sich freizusetzen (Apg 3,6–8). Viele werden jetzt sagen: »Nun, das würde ich niemals tun« – und deshalb erzielen sie auch nicht die gleichen Ergebnisse wie Petrus und Johannes. Das ist einer der Hauptgründe, warum wir die Kraft Gottes heutzutage nicht in einem größeren Maß erleben.

Viele Christen brauchen dringend ein Wunder. Vielleicht brauchst auch du Heilung für deinen Körper, finanzielle Hilfe oder die Wiederherstellung deiner Ehe? Was auch immer es ist, du betest und bittest Gott, aber du nimmst deine Vollmacht gegenüber dem Feind nicht wahr. Sprichst du zum Problem und befiehlst der Krankheit zu gehen? Wenn nicht, benimmst du dich wie ein Bettler anstelle des Befehlshabers, zu dem Christus dich bevollmächtigt hat.

Ein alter Sünder oder errettet aus Gnade?

Die Religion lehrt uns: »Du kannst gar nichts tun. Du bist ein Wurm. Du bist ein Niemand.« Das trifft zu, wenn von deinem fleischlichen, natürlichen Ich die Rede ist. Jesus sagte:

Getrennt von mir könnt ihr nichts tun. — Johannes 15,5

Das ist absolut wahr. Getrennt von Christus sind wir nichts und können nichts ausrichten. Jedoch – ich bin nicht getrennt von Jesus. Ich bin wiedergeboren. Der Geist des lebendigen Gottes wohnt in meinem Inneren. Ich bin nicht bloß ein menschliches Wesen. Jesus selbst lebt in mir und durch mich (Gal 2,20).

Christen, die nicht erkennen, dass sie in Christus zu einer ganz neuen Schöpfung geworden sind, nehmen ihre gottgegebene Vollmacht nicht wahr. Sie verstehen die Vollmacht des Gläubigen nicht. Sie kommen zu Gott als Bettler und sagen: »Ich bin ein alter Sünder, errettet aus Gnade.«

Ich bin kein alter Sünder, errettet aus Gnade. Ich war ein alter Sünder, aber dann wurde ich aus Gnade errettet. Jetzt bin ich zur Gerechtigkeit Gottes in Jesus Christus geworden (2Kor 5,21). Es ist wahr, dass ich ohne Gott ein Niemand bin, aber ich bin nicht ohne Gott. Er lebt in mir. Jetzt habe ich Autorität und Macht, der Kraft Gottes zu befehlen.

Unter deinem Befehl

Nun ist es aber so, dass die Vollmacht, die Jesus uns gegeben hat, nur geistliche Gesetze in Kraft setzt. Wir können nicht einfach etwas befehlen, wenn Gott es nicht zur Verfügung gestellt hat. Wenn wir die Vollmacht, die Jesus uns gegeben hat, ergreifen und ihr gemäß handeln, dann heißt das nicht, dass wir Gott »zwingen« können, Dinge zu tun.

> *So spricht der Herr, der Heilige Israels und sein Bildner: Fragt mich das Kommende! Über meine Kinder und* ***über das Werk meiner Hände gebt mir Befehl!*** *— Jesaja 45,11* ELB

Der letzte Teil dieses Verses ist eine ungeheuerliche Aussage, an der viele Leute zu knabbern haben. Sie können sie nicht akzeptieren, weil sie denken, sie würden sich damit über Gott erheben und ihm gewissermaßen sagen: »Herr, du gehorchst mir. Ich befehle dir, dies zu tun.« Das ist natürlich lächerlich.

Ich bin nicht Gott. Ich bin ihm nicht überlegen. Nicht ich bin die Kraftquelle. Gott reagiert nicht auf jede meiner Launen und nimmt von mir auch keine Anweisungen entgegen. Darum geht es in Jesaja 45,11 nicht. Der Herr sagt: »Über das Werk meiner Hände gebt mir Befehl!« Das bedeutet, Gott hat uns aufgetragen, über das Werk seiner Hände zu befehlen – also über alles, was er in Christus bereits zur Verfügung gestellt hat – und es zur Manifestation zu bringen.

Es ist vergleichbar mit der Elektrizität. Das Elektrizitätswerk ist die Quelle, es erzeugt den Strom, die Kraft sozusagen. Du selbst bist nicht die Kraftquelle. Du könntest dir eine Glühbirne in den Mund stecken, aber sie würde dadurch nicht leuchten. Das Elektrizitätswerk erzeugt den Strom und liefert ihn zu dir nach Hause. Du hast einen Vertrag unterschrieben und nun steht dir diese Kraft zur Verfügung.

Wenn du Strom für deine Lampe brauchst, rufst du also nicht das Elektrizitätswerk an und bittest, jemanden bei dir vorbeizuschicken, der den Strom einschaltet. Nein, das Werk hat den Strom ja bereits erzeugt und dir geliefert. Nun ist es an dir, den Strom zu befehligen. Indem du den Lichtschalter betätigst, befiehlst du dieser Kraft. Du bist nicht die Quelle, aber diese Kraft untersteht deiner Kontrolle. Sie untersteht deiner Vollmacht. Also benutzt du deine Vollmacht und betätigst den Lichtschalter.

Würde jedoch das Elektrizitätswerk den Strom nicht erzeugen, könntest du den Lichtschalter betätigen, so viel du wolltest – wenn kein Strom da ist, wird nichts geschehen.

Wenn jemand, der noch nicht wiedergeboren ist, einer Krankheit oder einem Dämon befiehlt zu gehen, würde es nicht funktionieren. Es würde nichts passieren, denn er hätte die Kraft Gottes nicht in seinem Inneren. Genau dies mussten die sieben Söhne Skevas erfahren (siehe Apg 19,11–16). Diese verlorenen Männer sahen Paulus, wie er Dämonen im Namen Jesu austrieb, und sie versuchten, es ihm nachzumachen. Aber die Dämonen in dem Mann, den sie zu befreien versuchten, standen auf und trieben den Mann dazu, sie dermaßen zu verprügeln, dass sie blutend fliehen mussten. Wenn du nicht an die Kraftquelle angeschlossen bist, wenn du also nicht wiedergeboren bist, kannst du solche Dinge, über die ich hier schreibe, nicht tun. Aber wenn du wirklich wiedergeboren bist und die Kraft des Heiligen Geistes im Sinne von Apostelgeschichte 1,8 empfangen hast, dann trägst du diese Kraft in deinem Inneren, und es liegt nun an dir, sie zu befehligen.

Wenn du nun, um beim Beispiel zu bleiben, das Elektrizitätswerk anrufen und sagen würdest: »Ich habe Freunde zum Mittagessen eingeladen. Würden Sie bitte den Strom einschalten? Ich brauche ihn, um das Essen zu kochen, das Licht einzuschalten und leise Hintergrundmusik abzuspielen«, dann würde das Elektrizitätswerk niemanden vorbeischicken, um den Schalter zu betätigen, ganz egal, wie inständig du bitten würdest oder wie dringend dein Bedürfnis wäre. Es erzeugt den Strom, aber du musst deine Vollmacht ergreifen und den Schalter selbst betätigen.

Viele Christen heutzutage bitten Gott zu kommen und ihren Schalter zu betätigen. Sie erkennen nicht, dass er diese Kraft schon längst in sie hineingelegt hat. Sie sehen es nicht als ihre Verantwortung an, ihren Schalter selbst umzulegen. Sie glauben dem Wort Gottes nicht, das uns offenbart, dass wir jetzt die Kraft, die Vollmacht und die Verantwortung haben, hinauszugehen und die Kranken zu heilen. Anstatt zu befehlen und diese Kraft freizusetzen, die ihnen gegeben wurde, bitten sie Gott, die Kranken zu heilen. Das ist genauso absurd wie das Elektrizitätswerk zu bitten, zu dir nach Hause zu kommen, um dein Licht einzuschalten!

»Der Esel, auf dem ich reite«

Ein Freund von mir dient öfter in Afrika. Bei einem seiner ersten Besuche dort konfrontierte Gott ihn mit genau dieser Wahrheit. In seinen Gottesdiensten geschahen großartige Wunder und viele Menschen wurden geheilt. Als Folge davon waren die Afrikaner einfach überwältigt. Als mein Freund durch die Straßen der Stadt ging, kamen die Leute auf ihn zu gerannt, schrien vor Begeisterung und wollten ihn berühren. Seine erste Reaktion war: »Ich bin das nicht. Gott ist es. Schaut nicht auf mich!« Aber bevor er noch irgendetwas sagen konnte, sprach der Herr zu seinem Herzen: »Als ich auf dem Esel in Jerusalem einritt, breiteten die Menschen Palmzweige und Kleider auf dem Weg aus und sangen: ›Hosianna – Ehre sei Gott in der Höhe!‹ Was würdest du sagen, wenn der Esel, auf dem ich ritt, gedacht hätte: ›Oh, ich bin das nicht. Ich bin das nicht‹?« Der Herr fuhr fort: »Das bist nicht du, zu dem die Leute schreien und den sie zu berühren versuchen – ich bin es. Du bist nur der Esel, auf dem ich reite.« Als meinem Freund dies bewusst wurde, machte es ihm nichts mehr aus, auf die Straße zu gehen und sich von den Leuten berühren zu lassen.

Manche Leute nehmen hieran Anstoß und sagen: »Du denkst wohl, du seist etwas Besonderes!« Nein, ich bin nichts Besonderes. Da ist nichts Außergewöhnliches an mir, aber in mir trage ich die außergewöhnlichste Person, die jemals auf dieser Erde gelebt hat. Der Herr Jesus Christus lebt in mir, und er hat mir seine Kraft und Salbung gegeben. So wie Menschen geheilt wurden, als Petrus' Schatten auf sie fiel, glaube ich, dass eines Tages das Gleiche durch meinen Schatten geschehen wird. Ich glaube, dass man die Kranken auf die Straße legen wird und sie geheilt werden, wenn mein Schatten auf sie fällt. Manche werden jetzt denken: *Mensch, bist du arrogant!* Nicht ich bin es, der diese Dinge tut, sondern der, den ich in mir trage. Er war es auch, den Petrus in sich trug. Wenn es bei ihm funktionierte, dann wird es auch bei mir so sein.

Unzählige Christen sind so fixiert auf die sichtbare, fleischliche und natürliche Seite ihres Seins, dass sie gar nicht erkennen, dass sie nicht nur rein menschlich sind. Es ist ihnen nicht bewusst, dass ihnen übernatürliche Kraft und Vollmacht gegeben wurde. Deshalb erleben sie die Kraft Gottes auch nicht.

Es gibt heute eine religiöse Denkweise unter den Christen, die sich gegen alles richtet, was ich lehre. Sie leugnen diese Vollmacht und versuchen dir einzureden, dass du ein Niemand bist; dass du keinerlei Macht und Autorität besitzt. Du kommst zu Gott als Bettler und flehst ihn an, das zu tun, was er schon längst getan hat. Er hat dir gesagt, dass du hinausgehen und in seinem Namen handeln sollst. Hör also auf, zu betteln und zu flehen, zu heulen und zu schreien und Gott zu bitten, die Dinge zu tun, für die er gar nicht mehr zuständig ist. Fang an, das zu tun, wozu du berufen bist: Gebrauche deine Vollmacht und befehle die Dinge in Existenz.

»Otto Normalchrist«

Jesus bevollmächtigte seine Jünger und sandte sie mit den Worten aus:

> *Heilt Kranke, reinigt Aussätzige, weckt Tote auf, treibt Dämonen aus! Umsonst habt ihr es empfangen, umsonst gebt es!*
> *— Matthäus 10,8*

Du kannst jemandem nicht geben, was du gar nicht hast. Wenn du nicht glaubst, dass Gott seinen Teil schon längst getan hat und die Kraft, Tote aufzuerwecken, in dich hineingelegt hat, dann kannst du nicht hingehen und Kranke heilen, Aussätzige reinigen oder Tote auferwecken. Ich wünschte, ich könnte die Menschen einfach dazu bringen, diese Wahrheiten zu glauben, aber ich weiß, dass ich gegen jahrhundertealte religiöse Traditionen ankämpfe, die das Wort Gottes außer Kraft gesetzt haben (Mk 7,13). Gott hat bereits jeden Menschen geheilt, der jemals geheilt werden wird. Diese Kraft wurde bereits erzeugt und ist nun in jedem wiedergeborenen Gläubigen deponiert, der mit dem Heiligen Geist erfüllt ist und in anderen Sprachen redet. Du hast diese Kraft. Es ist nicht an Gott, die Kranken zu heilen. Es ist an uns, zu glauben, unsere Vollmacht zu ergreifen, diese Kraft freizusetzen und diesen Dingen zu befehlen, in Existenz zu kommen. Es ist unsere Aufgabe, anderen in dieser Heilungskraft zu dienen und sie an sie weiterzugeben.

Ich freue mich zu sehen, wie unsere *Charis-Bible-College*-Studenten und -Absolventen bei unseren großen, stadtweiten *Gospel-Truth*-Seminaren dienen. Wenn ich früher in Gemeinden diente, blieb ich, nachdem ich den Glauben der Menschen durch das Wort Gottes gestärkt hatte, noch stundenlang dort und betete mit ihnen. Die Leute kamen zu Hunderten zu mir und ich betete für sie und sah, wie sich blinde Augen und taube Ohren öffneten und andere Wunder und Heilungen geschahen. Nach drei oder vier Stunden war ich zwar begeistert, aber auch erschöpft. Ich merkte, dass ich an meine Grenzen stieß. Ich sah all die Menschen, die sich zum Gebet anstellten und wusste gleichzeitig, dass ich es nicht bis zum Ende der Reihe schaffen würde. Die Menschen konnten einfach nicht so lange warten und mussten am Ende gehen, weil ich ihnen nicht dienen konnte.

Dann fingen wir an, größere Veranstaltungen abzuhalten, und anstelle von 200 oder 300 Leuten kamen 500 bis 1000 Leute zu meinen Treffen. Es war mir einfach nicht möglich, ihnen allen zu dienen. Also sagte mir der Herr, ich solle diese Wahrheiten unseren Bibelschülern beibringen und sie lehren, dass sie diese Kraft in ihrem Inneren haben und Heilungen befehlen können, sich zu manifestieren. Jetzt helfen mir Studenten und Absolventen bei diesen größeren Veranstaltungen. Anstatt für nur 100 Menschen zu beten, können wir nun gemeinsam für 500 oder mehr Menschen pro Abend beten. Wir sehen, wie blinde Augen und taube Ohren sich öffnen, Menschen aus ihren Rollstühlen aufstehen und alle Arten von Wundern geschehen. Es begeistert mich, dass dies keine übernatürliche Gabe ist, die einzelnen Personen vorbehalten bleibt, durch die sie hindurchfließen muss. Nein, das hier ist für jeden »Otto Normalchristen«!

Diene anderen in seiner Kraft

Ein Mitarbeiter unseres Gebetsteams hatte noch nie zuvor für eine andere Person gebetet und auch in seinem eigenen Leben noch kein Wunder erlebt. Am allerersten Abend, an dem er für Menschen betete, diente er einem blinden Mann, der sein Augenlicht zurückbekam. Dieser Mitarbeiter, der niemals zuvor ein Wunder gesehen hatte, war so aus dem Häuschen, dass er die ganze Nacht kein Auge zutat. Am nächsten Tag konnte er nicht mehr aufhören, davon zu erzählen.

Ich habe nichts gegen Leute, die eine übernatürliche Gabe empfangen haben. Im Leib Christi gibt es einen Platz dafür. Aber manche denken, sie müssten ein berühmter Heilungsevangelist sein, um für Menschen beten zu können. Dem ist nicht so, wie auch der Mann aus unserem Gebetsteam herausfand. Jedem wiedergeborenen Gläubigen wurde Kraft und Vollmacht gegeben, Kranke zu heilen, Aussätzige zu reinigen und Tote aufzuerwecken (Mt 10,8). Der Herr hat uns angewiesen, anderen Menschen in dieser Kraft zu dienen und sie an sie weiterzugeben.

KAPITEL 11

Wort und Tat

Und wenn ihr in eine Stadt kommt …, heilt die Kranken, die dort sind, und sagt zu ihnen: Das Reich Gottes ist nahe zu euch herbeigekommen! — Lukas 10,8–9

Jesus sagte uns, dass wir die Kranken heilen *und* das Reich Gottes verkündigen sollen. Dennoch sind die meisten Christen dazu übergegangen, den ersten Teil unseres Auftrags zu ignorieren. Die Verkündigung sollte immer mit sichtbaren Ergebnissen Hand in Hand gehen. Gottes Wort muss durch Zeichen und Wunder bestätigt werden. Wort und Tat gehören zusammen.

Diejenigen Christen, die geisterfüllt sind, sehnen sich danach, Wunder und Heilungen zu sehen. Allerdings versuchen sie diese zu erreichen, indem sie Gott anbetteln: »O Gott, wir bitten dich, deinen Geist auszugießen. Tu etwas Neues und sende Erweckung.« Die Menschen, von denen wir in der Bibel lesen, sind anders an die Sache herangegangen: Sie glaubten, dass Gott ihnen die Vollmacht gegeben hatte. Sie gingen hinaus und brachten Erweckung, befahlen Erweckung und setzten Erweckung frei, indem sie Wunder geschehen sahen.

Mehr als bloße Lehre

Betrachte einmal die Jünger, als ihnen nach ihrer Gefangenschaft untersagt wurde, weiter zu predigen.

> *Als sie aber freigelassen waren, kamen sie zu den Ihren und verkündeten alles, was die obersten Priester und die Ältesten zu ihnen gesagt hatten. Und als sie es hörten, erhoben sie einmütig ihre Stimme zu Gott und sprachen: Herr, … sieh ihre Drohungen an und verleihe deinen Knechten, dein Wort mit aller Freimütigkeit zu reden, indem du deine Hand ausstreckst zur Heilung, und dass Zeichen und Wunder geschehen durch den Namen deines heiligen Knechtes Jesus!*
> *— Apostelgeschichte 4,23–24.29–30*

Fällt dir auf, wie sie gebetet haben? »Herr, hilf uns dein Wort zu reden.« Wie? »Indem du deine Hand ausstreckst zur Heilung.« Auf diese Weise verkündigte die neutestamentliche Gemeinde das Evangelium. Das war nicht bloße Lehre. Da war beides – die Verkündigung des Wortes *und* Zeichen und Wunder in der Kraft des Heiligen Geistes. Sie beteten: »Herr, hilf uns dein Wort zu verkündigen, indem wir die Kranken heilen *und* deine Kraft sichtbar werden lassen.« Auf diese Weise gingen sie hinaus und dienten, und das ist der Grund, warum sie bessere Ergebnisse erzielten als die meisten Menschen heute.

Man sollte einen Unterschied erkennen zwischen unserer Art zu predigen und dem, was Sekten praktizieren. Diese akzeptieren Jesus nicht als den einziggeborenen Sohn Gottes; als den einzigen Weg zum Vater. Dennoch verhalten sich viele Christen bei Evangelisationseinsätzen nicht viel anders als die Mitglieder von Sekten, die von Tür zu Tür gehen, um Menschen zu bekehren. Alles, was sie haben, ist eine Lehre. Eine fundierte Lehre ist wichtig, aber sie sollte nicht das Einzige sein, was einen wahren Gläubigen in Christus von einem falschen unterscheidet.

Ein wahrer Christ ist jemand, der nicht nur eine fundierte Lehre darüber hat, wer Jesus ist, sondern der es auch durch die Kraft und die Gaben des Heiligen Geistes zeigen kann. Warum geschieht das aber so selten? Weil wir Gott darum bitten, das zu tun, was er uns aufgetragen hat.

Befiehl der Heilung, sich zu manifestieren

Der Herr trug *uns* auf, die Kranken zu heilen. Er sagte uns nicht, dass wir ihn bitten sollten, die Kranken zu heilen. Jesus sagte, dass wir es tun sollen. Gott ist die Kraftquelle, aber er hat diese Kraft in unser Inneres hineingelegt. Er gab uns die Vollmacht, seinen Namen und seine Kraft zu benutzen. Wenn wir der Heilung nicht befehlen, sich zu manifestieren, wird es nicht geschehen. Heilung geschieht nicht dadurch, dass wir Gott anflehen, zu heilen.

Vielleicht kennst du eine Person, die eine unheilbare Krankheit hat. Du hast Gott gebeten, sie zu heilen. Du hast versucht, diese Heilung von Gott zu bekommen, aber nichts ist geschehen. Als Folge kämpfst du gegen Angst, Zweifel und Frustration. Du musst erkennen, dass du Gott um etwas bittest, was er *dir* zu tun aufgetragen hat. Gott sagte dir, dass du die Kranken heilen sollst. Er trug dir auf, seine Heilungskraft weiterzugeben; in ihr zu dienen. Genauso wie Petrus und Johannes musst du deine Vollmacht ergreifen und der Heilung befehlen, sich zu manifestieren.

Cecil Paxton schult Menschen darin, Heilung zu empfangen und andere zu heilen. Früher leitete er unseren Telefon-Seelsorgedienst, aber nun hat er einen Reisedienst; er predigt, lehrt und dient in der ganzen Welt. Als er noch in Colorado Springs wohnte, hatte ein gemeinsamer Freund von uns einen Schlaganfall und wurde daraufhin blind. Cecil besuchte ihn, machte von seiner Vollmacht Gebrauch und befahl den Augen unseres Freundes, sich zu öffnen. Im Nu öffneten sich diese völlig erblindeten Augen und der Mann konnte wieder ausgezeichnet sehen. Cecil ergriff seine Vollmacht in Christus, befahl der Heilung, sich zu manifestieren, und so geschah es.

Cecils Frau, Lisa, hat Gottes Heilungskraft in mächtiger Weise in ihrem Leben erfahren. Ihre Geschichte ist in einem Büchlein mit dem Titel *Lisa's Story* zusammengefasst und wird dich sehr ermutigen.

Gottes Wille

Gott möchte, dass sich jeder Mensch ihm zuwendet und Errettung empfängt.

> *Der Herr zögert nicht die Verheißung hinaus, wie etliche es für ein Hinauszögern halten, sondern er ist langmütig gegen uns, weil er nicht will, dass jemand verlorengehe, sondern dass jedermann Raum zur Buße [Umkehr und Veränderung des Denkens] habe. — 2. Petrus 3,9*

Es ist nicht Gottes Wille, dass auch nur eine einzige Person stirbt und in die Hölle fährt. Heißt das nun, dass jeder errettet wird? Nein, offensichtlich nicht, denn Jesus sagte:

> *Geht ein durch die enge Pforte! Denn die Pforte ist weit und der Weg ist breit, der ins Verderben führt; und viele sind es,*

die da hineingehen. Denn die Pforte ist eng und der Weg ist schmal, der zum Leben führt; und wenige sind es, die ihn finden. — Matthäus 7,13–14

Die Bibel offenbart unmissverständlich, dass Gottes Wille nicht einfach automatisch geschieht.

Religion und die Tradition der Kirche geben heutzutage ein völlig falsches Bild von Gott wieder: »Nichts geschieht ohne seine direkte oder indirekte Zustimmung. Entweder Gott verursacht die Dinge oder er lässt sie zu.« Das ist aber nicht das, was das Wort Gottes lehrt. Der Grund, warum diese Lehre so weit verbreitet ist und Menschen sich daran festklammern, hängt damit zusammen, dass es ihnen eine Ausrede liefert und sie von jeder persönlichen Verantwortung befreit. Mit anderen Worten, du kannst einfach beten: »Herr, wenn es dein Wille ist, heile bitte diese Person. Wenn es dein Wille ist, rette diese Ehe.« Wenn es dann funktioniert – großartig. Und wenn nicht, war es wohl nicht Gottes Wille. Dieses Denken lässt uns völlig aus dem Spiel. Wir selbst tragen dabei keinerlei Verantwortung und können auch nicht zur Rechenschaft gezogen werden. Das ist absolut falsch!

Menschen können frei entscheiden

In 2. Petrus 3,9 wird uns deutlich gezeigt, dass es nicht Gottes Wille ist, dass irgendjemand verloren geht. Dennoch gehen Menschen verloren, und zwar viele. Gott kontrolliert diese Dinge nicht und er lässt sie auch nicht einfach zu. Er ist nicht derjenige, der »vorherbestimmt«, wer errettet wird und wer verloren geht. Es gibt eine Reihe von Gründen, warum Menschen verloren gehen und nicht errettet sind.

Jeder einzelne Mensch kann frei entscheiden. Gott wird niemandem die Errettung aufzwingen, er respektiert unseren freien Willen. Manche Menschen sind aufgrund der Lügen und Täuschungen des Teufels, oder weil sie innerlich verletzt wurden und sich zutiefst gekränkt fühlen, stark vereinnahmt von den Sorgen dieses Lebens. Sie haben alle Einladungen und Gelegenheiten, die Gott ihnen in ihrem Leben gegeben hat, abgelehnt. Aus freiem Willen entscheiden sie sich also dafür, Jesus nicht zu ihrem Herrn zu machen. Dein Glaube kann eine andere Person nicht erretten. Gottes Wort lehrt das so auch nicht.

Glaube an den Herrn Jesus Christus, so wirst du gerettet werden, du und dein Haus! — Apostelgeschichte 16,31

Im Kontext bedeutet dies: »Glaube an den Herrn Jesus Christus, so wirst du gerettet werden. Und wenn jeder einzelne Familienangehörige an ihn glaubt, wird auch er gerettet werden.«

Jeder Einzelne muss an den Herrn Jesus Christus glauben und Errettung für sich selbst annehmen. Niemand kann das für dich tun, und du kannst es für niemand anderen tun. Jeder Mensch kann in dieser Sache frei entscheiden.

Den Herrn falsch dargestellt

Das Problem ist nur, dass wir das Evangelium, den Herrn und sein Reich manchmal falsch darstellen. Wir sagen den Leuten nicht die Wahrheit. Wir vermitteln ihnen Religion und Tradition oder unsere Worte entsprechen nicht dem, was wir leben.

Menschen lassen sich aus den verschiedensten Gründen von Sekten und falschen Religionen verführen. Manchen wird erzählt, dass ihnen das Töten aus religiösen Gründen eine Eintrittskarte in den Himmel verschafft – mit einem Harem voller Frauen bis in alle Ewigkeit. Das ist absurd. Es ist vollkommen falsch und widerspricht der Wahrheit von Gottes Wort. Dennoch gibt es Leute, die sich voll Eifer und deplatzierter Hoffnung in Selbstmordattentate und ähnliche Aktivitäten stürzen. Falsche Lehre führt eine Menge Leute in die Hölle.

Wenn Gott nichts von alledem möchte, warum geschehen dann diese Dinge? Gott hat uns Vollmacht gegeben und diese bringt Verantwortung mit sich. Um zu sehen, wie Menschen wiedergeboren werden, müssen wir das Evangelium verkündigen. Dass Menschen nicht wiedergeboren werden, liegt nicht daran, dass Gott nicht schon alles Nötige getan hätte, um ihnen die Errettung zu ermöglichen. Es hängt auch nicht damit zusammen, dass Gott sie nicht erretten möchte. Einer der Hauptgründe, warum Menschen nicht wiedergeboren werden, liegt darin, dass Christen ihre Vollmacht nicht ergreifen und sie in angemessener Weise gebrauchen.

Vielleicht predigen Gläubige nicht das wahre Evangelium. Stattdessen verkündigen sie Religion und Tradition. Vielleicht geben manche Christen ein negatives Beispiel durch ihre Lebensweise. Vielleicht hat eine verlorene Person einmal eine schlechte Erfahrung mit jemandem gemacht, der behauptete, Christ zu sein, und infolgedessen ist diese Person nun der Wahrheit von Jesus Christus gegenüber verschlossen. So oder so sind es die Menschen, die die Dinge vermasseln. Satan inspiriert dazu. Er tut sein Bestes, um bei Menschen Vorbehalte gegen das Evangelium entstehen zu lassen. Es ist nicht Gottes Wille, dass irgendjemand stirbt und in die Hölle geht, und dennoch geschieht es.

Diese gleiche Logik lässt sich auf Heilung, Wohlstand und die Wiederherstellung von Ehen anwenden. Menschen sagen: »Nun, wenn es Gottes Wille ist, dann werden sie geheilt, unabhängig davon, ob du oder ich für sie beten oder nicht.« Wende nun dieses gleiche Argument auf Errettung an und schau mal, wie sich das anhört. »Wenn es Gottes Wille ist, dann werden Menschen errettet, unabhängig davon, ob wir ihnen dienen oder nicht.« Das ist nicht wahr. Wir haben eine Verantwortung. Uns wurde Macht und Autorität gegeben, das Evangelium zu verkündigen.

Verkündige das Evangelium

Das ist es, was ich tue. Ich lehre das Wort Gottes so vielen Menschen, wie ich nur kann. Millionen von Menschen werden durch unsere täglichen Sendungen im Fernsehen, Radio und im Internet angesprochen. Menschen hören das Wort Gottes und ihr Leben verändert sich. Sie werden wiedergeboren, im Heiligen Geist getauft, geheilt und von Bindungen befreit. Es war schon immer Gottes Wille, dass sie freigesetzt würden, aber sie hatten diese Wahrheiten vorher noch nicht gehört. Jemand musste ihren Weg kreuzen und sie ihnen mitteilen.

> *Wie sollen sie aber den anrufen, an den sie nicht geglaubt haben? Wie sollen sie aber an den glauben, von dem sie nichts gehört haben? Wie sollen sie aber hören ohne einen Verkündiger? Wie sollen sie aber verkündigen, wenn sie nicht ausgesandt werden? … Demnach kommt der Glaube aus der Verkündigung, die Verkündigung aber durch Gottes Wort.*
> *— Römer 10,14–15.17*

Es ist nicht Gottes Wille, dass auch nur einer verloren gehe, dennoch ist Gott auf Menschen angewiesen, die sein Wort verkündigen und Dinge verändern. Gott hat uns beides gegeben, die

Vollmacht und die Verantwortung, das Evangelium zu verkündigen. Wenn wir diese Verantwortung und Vollmacht nicht ergreifen, wird das Wort nicht verkündigt und Menschen werden nicht errettet. Es ist nicht Gottes Wille für unser Land oder für diese Welt, in einem solchen Schlamassel zu stecken, wie es der Fall ist. Sein Wille für uns alle ist, dass unser Leben ein Abbild seiner Werte ist, dass wir uns ihm unterordnen und als herrliche Gemeinde erstrahlen. Aber so ist es nicht, weil die Menschen nicht in angemessener Weise auf Gott eingehen.

Hören wir also auf, Gott anzuflehen, das zu tun, was er *uns* aufgetragen hat. Anstatt ihn zu bitten, Erweckung zu schicken und Menschen zu erretten, müssen wir hingehen und das Evangelium, begleitet von Zeichen und Wundern, verkündigen. Ergreifen wir, was Jesus schon vorbereitet hat, und setzen es frei. Es ist seine Kraft, aber es ist unsere (von ihm gegebene) Vollmacht, die das bewirkt. Gottes Kraft wird in dem Moment freigesetzt, in dem wir unsere Vollmacht ergreifen. Packen wir es an und legen wir den Schalter um!

KAPITEL 12

Sei ein Zeuge!

Da fragten ihn die, welche zusammengekommen waren, und sprachen: Herr, stellst du in dieser Zeit für Israel die Königsherrschaft wieder her? Er aber sprach zu ihnen: Es ist nicht eure Sache, die Zeiten oder Zeitpunkte zu kennen, die der Vater in seiner eigenen Vollmacht festgesetzt hat.
— Apostelgeschichte 1,6–7

Ich erinnere mich an einen Mann, der in seinem Buch 88 Gründe darlegte, warum der Herr 1988 wiederkommen würde. Ich sprach mit einigen Leuten, die das tatsächlich für bare Münze hielten. Sie rechneten ganz fest damit, dass der Herr 1988 wiederkommen würde. Natürlich geschah dies nicht. Also schrieb er ein neues Buch, in dem er 89 Gründe aufzählte, warum der Herr 1989 wiederkommen würde – und die Leute kauften auch dieses Buch! Dieser Mann lag total daneben, dennoch schluckten viele weiterhin, was er sagte. Wie dumm kann ein Mensch nur sein!

In Apostelgeschichte 1,6–7 lesen wir, dass wir weder Zeit noch Stunde wissen können, in der Jesus wiederkommt, um sein Reich vollständig aufzurichten. Wenn dir jemand erzählt, er wisse es und könne dir auch ein Datum nennen, kannst du in Gedanken einfach *Ikabod* auf seine Stirn schreiben (das war im Alten Testament ein Ausdruck für: *die Herrlichkeit ist gewichen;* 1Sam 4,21). Ich garantiere dir, dass eine solche Person irregeleitet ist. Das kommt nicht von Gott.

Gleich nachdem der Herr gesagt hatte: »Ihr habt weder Macht noch Autorität, was diese Dinge betrifft, denn der Vater hat sie sich selbst vorbehalten«, fuhr er fort:

> *Ihr werdet Kraft empfangen, wenn der Heilige Geist auf euch gekommen ist, und ihr werdet meine Zeugen sein in Jerusalem und in ganz Judäa und Samaria und bis an das Ende der Erde! — Apostelgeschichte 1,8*

Jesus sagte seinen Jüngern: »*Ihr* werdet Kraft empfangen, meine Zeugen zu sein.« Denk einmal darüber nach! Der Herr würde dir niemals einen Auftrag geben, ohne dir gleichzeitig die Vollmacht zu geben, ihn auch ausführen zu können. Mit der Kraft, ein Zeuge zu sein, kommt also auch die Vollmacht, ein Zeuge zu sein – sowie alle damit verbundene Verantwortung.

Durch Menschen

Petrus übte diese Kraft und Vollmacht aus, ein Zeuge zu sein, als er sich von Gott in das Haus des Kornelius führen ließ.

> *In Cäsarea lebte aber ein Mann namens Kornelius, ein Hauptmann der Schar, die man »die Italische!« nennt; der war fromm und gottesfürchtig mit seinem ganzen Haus und gab dem Volk viele Almosen und betete ohne Unterlass zu Gott. Der sah um die neunte Stunde des Tages in einem Gesicht deutlich einen Engel Gottes zu ihm hereinkommen, der zu ihm sprach: Kornelius! Er aber blickte ihn an, erschrak und sprach: Was ist, Herr? Er sprach zu ihm: Deine Gebete und deine Almosen sind hinaufgekommen vor*

Gott, so dass er ihrer gedacht hat! Und nun sende Männer nach Joppe und lass Simon holen mit dem Beinamen Petrus. Dieser ist zu Gast bei einem Gerber Simon, dessen Haus am Meer liegt; der wird dir sagen, was du tun sollst!
— Apostelgeschichte 10,1–6

Ein Engel erschien diesem Hauptmann und sagte: »Kornelius, du bist ein gottesfürchtiger Mann. Gott hat deine Gebete erhört. Nun sende nach Joppe aus und frage nach Petrus. Er wird kommen und dir sagen, wie du von neuem geboren werden kannst.« Warum verkündigte nicht gleich dieser Engel Kornelius das Evangelium? Das wäre doch wesentlich effektiver gewesen, als zwei Männer zwei Tage lang reisen zu lassen, nur um Petrus zu holen. Warum erzählte dieser Engel ihm nicht einfach, wie man wiedergeboren wird? Die Antwort ist einfach: Gott gab Menschen die Kraft und Vollmacht, das Evangelium zu verkündigen, nicht Engeln. Engel haben nicht die Vollmacht, das Evangelium zu verkündigen – wir schon. Gott hat sich selbst begrenzt, indem er das Evangelium durch Menschen verkündigen lässt.

Gottes Plan für uns ist es, die Wahrheit des Evangeliums zu verkündigen, und für die Menschen, dass sie es hören und durch den unvergänglichen Samen des Wortes Gottes wiedergeboren werden. Doch Satan hat sich durch religiöse Lehre eingeschlichen und sagt: »Du musst nicht Gottes Wort verkündigen. Bete die Menschen einfach in Gottes Reich hinein.« So gibt es nun all diese Christen, die beten und Gott anflehen, Menschen zu erretten – während sie selbst anderen niemals das Evangelium verkündigen.

Ich habe tatsächlich schon Menschen kennengelernt, die von sich selbst sagen, sie wären »Gebetskämpfer«, und die nie ihr Kämmerchen verlassen. Ihre Gebetsliste ist so lang, dass sie diese selbst in einer Stunde nicht ganz durchlesen könnten. Sie arbeiten sich fleißig durch ihre Liste hindurch und beten für jedermann, aber ihrem Nachbarn Zeugnis geben – das liegt ihnen ferne. Weder im Supermarkt noch zu ihrem Postboten würden sie über Jesus sprechen. Sie verkündigen niemandem das Evangelium, aber sie beten dafür, dass *Gott etwas Großes tut.* Das ist eine Täuschung. Auf diese Weise wird es nicht funktionieren. Du kannst einen Menschen nicht in das Reich Gottes hineinbeten.

Glaube kommt aus der Verkündigung

Du musst durch den unvergänglichen Samen des Wortes Gottes wiedergeboren werden.

> *Denn ihr seid wiedergeboren nicht aus vergänglichem, sondern aus unvergänglichem Samen, durch das lebendige Wort Gottes, das in Ewigkeit bleibt. — 1. Petrus 1,23*

Gottes Wort ist der Same. Er muss in den Boden unseres Herzens gepflanzt werden. Ähnlich verhält es sich mit dem Samen im Leib einer Frau. Ohne Samen kann sie kein Kind empfangen. Es gab in der Geschichte nur eine Jungfrauengeburt und sie wird sich nicht wiederholen. Du musst aus deinem Gebetskämmerchen herauskommen und den Samen von Gottes Wort säen.

> *Demnach kommt der Glaube aus der Verkündigung, die Verkündigung aber durch Gottes Wort. — Römer 10,17*

Du kannst nicht ohne Glauben von neuem geboren werden, und der Glaube kommt durch den Samen von Gottes Wort.

Pflanze den Samen!

Du wirst nicht schwanger durch Gebet. Bei Unfruchtbarkeit kannst du Heilung durch Gebet empfangen, aber durch Gebet allein wirst du nicht schwanger werden. Ich habe schon mit vielen Paaren gebetet, die keine Kinder bekommen konnten, die dann später auf übernatürliche Weise ein Kind empfingen, aber es war nicht mein Gebet, das die Frau schwanger machte.

Einmal kam eine Frau zu mir und bat mich für sie zu beten, dass sie schwanger werde. Gerade als ich ihr die Hände zum Gebet auflegen wollte, fühlte ich mich gedrängt, sie zu fragen: »Sind Sie verheiratet?« Sie antwortete: »Nein, das bin ich nicht.« Schnell zog ich meine Hände wieder zurück. Damit wollte ich nichts zu tun haben. Das ist nicht Gottes Wille. Gebet macht dich nicht schwanger. Es geht nicht ohne Samen.

Viele Christen beten für Menschen, dass sie von neuem geboren werden, aber sie beten nicht für das Säen von Samen. Sie beten nicht dafür, dass jemand den Weg dieser Menschen kreuzt und ihnen das Evangelium verkündigt (Mt 9,38). Sie bitten den Heiligen Geist nicht, dass er die Person an die Worte erinnert, die Gott schon vorher zu ihr gesprochen hat (Joh 14,26). Sie denken einfach nur, dass sie jemanden in das Reich Gottes hineinbeten können. Dies ist eine Missachtung der Kraft und Vollmacht, die Gott uns gegeben hat, als er uns auftrug, hinauszugehen und das Evangelium zu verkündigen. Der Engel sagte Kornelius nicht, wie er errettet werden könne; Petrus – ein Mensch aus Fleisch und Blut – musste das tun. Wir müssen verstehen, dass Gott die Kraft, Vollmacht und Verantwortung, das Evangelium zu verkündigen, den Menschen gegeben hat.

Vielleicht betest du schon seit Jahren für eine bestimmte Person, und inzwischen bist du frustriert und fragst dich: *Warum rettet*

Gott diese Person nicht? Vielleicht betest du nicht richtig? Bittest du Gott, diese Person zu erretten, als wäre das etwas, das er tun könnte? Er hat seinen Teil, mit dem er Errettung zur Verfügung gestellt hat, schon längst getan – durch den Tod, die Grablegung und die Auferstehung Jesu Christi. Der Herr trug *uns* auf, das Evangelium zu predigen. Wenn diese Person noch nicht errettet ist, dann entweder, weil sie das wahre Evangelium noch nicht gehört hat oder weil sie es ablehnt. Es ist nicht Gott, der diesen Menschen nicht errettet. Es besteht die Möglichkeit, durch unser Gebet Dinge zu beschleunigen und dem Heiligen Geist mehr Raum zu geben, dieser Person zu dienen. Aber Gott einfach zu bitten: »Herr, rette diese Person«, ist sinnlos. Das ist nicht die Art von Gebet, wie die Bibel es uns lehrt.

Die Wahrheit

Vielleicht ärgerst du dich jetzt gerade über mich, weil du denkst, ich sage, Gottes Macht sei begrenzt. Nein, ich sage, dass Gott sich durch sein eigenes Wort selbst begrenzt hat. Er forderte uns dazu auf, das Evangelium zu verkündigen. Er sagte, dass Menschen durch den unvergänglichen Samen des Wortes Gottes wiedergeboren würden. Wenn wir seinen Anweisungen nicht Folge leisten, können wir auch nicht die entsprechenden Ergebnisse erwarten.

Vielleicht sagst du: »Gott, ich werde nicht mit den Menschen über dich sprechen. Ich werde nicht rausgehen und Unannehmlichkeiten, Peinlichkeiten und Verfolgung riskieren, wenn ich über dein Wort spreche. Ich werde einfach nur in meinem Kämmerchen beten und darauf vertrauen, dass du ein Wunder tust.« Wenn du so betest, ist das genauso nutzlos wie in den Wind zu spucken. Es wird nichts bringen, denn so funktioniert Gottes Reich nicht.

Ich sage diese Wahrheit in Liebe. Wenn wir Gott darum bitten, jemanden zu erretten, aber nicht das tun, was er uns aufgetragen hat – das Evangelium verkündigen und ein Zeuge sein –, dann wird es nicht geschehen. Menschen müssen durch das Wort Gottes von neuem geboren werden. Gebet allein bewirkt keine Wiedergeburt. Gebet kann dann helfen, wenn wir das Evangelium schon verkündigt haben, aber es ist kein Ersatz dafür. Menschen werden nicht nur aufgrund von Gebet von neuem geboren; es geschieht durch das Hören der Wahrheit.

Ihr werdet die Wahrheit erkennen, und die Wahrheit wird euch frei machen! — Johannes 8,32

Der Teufel hat Menschen dazu verführt, einfach nur zu beten und Gott um das zu bitten, was er uns aufgetragen hat. Er hat uns aufgetragen, das Evangelium zu verkündigen. Ein Engel erschien Kornelius als Antwort auf dessen Gebete, aber der Engel verkündigte ihm nicht das Evangelium. Er forderte Kornelius stattdessen auf, Männer nach Joppe zu senden und Petrus mit zurückbringen zu lassen, damit dieser ihnen mitteilen konnte, wie sie von neuem geboren werden könnten. Engel haben nicht die Vollmacht, das Evangelium zu verkündigen. Gott hat ihnen das nicht anvertraut. Es ist unsere Verantwortung.

Gott liebt die Menschen

Ich bete. Ich verbringe sehr viel Zeit in Gemeinschaft mit dem Herrn. Die meiste Zeit meines Gebetslebens verbringe ich damit, den Herrn anzubeten, ihm zu danken und ihn um Weisheit und Führung zu bitten. Was meinen Dienst an anderen Menschen betrifft, bitte ich Gott, mir zu helfen, sein Wort in Klarheit und Kühnheit zu verkündigen. Ich bete, dass er mir seine Erkenntnis offenbart, und mir zeigt, wie ich sein Wort noch effektiver an andere weitergeben kann.

Ich wende allerdings keine Zeit dafür auf, Gott zu bitten, *sich zu bewegen* und Menschen zu erretten. Ich bete nicht: »O Herr, bitte berühre ihre Herzen und bringe sie dazu, von neuem geboren zu werden.« Denn ich weiß, Gott liebt sie mehr, als ich es tue. Ich bin davon überzeugt, dass er ihr Leben berühren will und sie wiedergeboren sehen möchte. Ich flehe ihn nicht an: »Bitte, liebe diese Menschen und tue etwas in ihrem Leben.« Weil Gott Liebe ist, hat er mich dazu motiviert, mein Bestmöglichstes zu tun, um das Evangelium zu verbreiten. Ich sende täglich Fernseh- und Radioprogramme um die ganze Welt, stelle eine Menge kostenloses Material über meine Webseite zur Verfügung, lasse meine Bücher in zahlreiche Sprachen übersetzen und eröffne an verschiedenen Orten neue Bibelschulen *(Charis Bible Colleges)*, um die Wahrheit von Gottes Wort mit möglichst vielen Menschen zu teilen. Der Herr weiß, dass Menschen im selben Moment, in dem sie die Wahrheit in ihr Herz aufnehmen, freigesetzt werden.

Weil ich weiß, dass Gott die Menschen bereits liebt und ihnen dienen möchte, verbringe ich überhaupt keine Zeit damit, ihn anzuflehen, sie zu lieben, zu berühren und im Leben dieser Menschen etwas zu verändern. Mir ist bewusst, dass das, was ich hier sage, sich deutlich von dem unterscheidet, was viele Leute beten. Die meisten Menschen erzielen durch ihre Gebete jedoch keine guten Resultate. Wenn das bei dir so ist, solltest du vielleicht etwas anderes ausprobieren. Das, was ich hier beschreibe, funktioniert wirklich.

In meinem Buch *Ein besserer Weg zu beten* behandle ich das Thema Gebet noch wesentlich umfangreicher. Wenn du die Resultate deines Gebetslebens verbessern möchtest, ermutige ich dich, es zu lesen und umzusetzen.

Politik und Gebet

In der Anfangszeit meines Dienstes flehte ich Gott regelmäßig um eine Ausgießung seines Geistes an. Ich organisierte Gebetsnächte, bei denen wir Gott unter Tränen anflehten, Erweckung zu schicken. Ich hatte die Stadt Arlington (Texas), in der ich wohnte, in Sektionen aufgeteilt und betete über jede einzelne: »O Herr, bitte berühre diese Menschen. O Herr, wir brauchen dein mächtiges Eingreifen!« Ich teilte ihm all die Statistiken mit, um ihm zu zeigen, wie wichtig diese Sache war und sagte ihm: »Du musst etwas tun!« Im Grunde versuchte ich, Gott zu manipulieren, ihn anzuspornen und unter Druck zu setzen.

Schließlich, als ich mit der Faust gegen die Wand schlug, um meinem Gebet Nachdruck zu verleihen, entfuhren mir diese Worte: »Gott, wenn du die Menschen von Arlington auch nur halb so sehr lieben würdest, wie ich es tue, dann hätten wir Erweckung!« Kaum hatte ich diese Worte ausgesprochen, dachte ich: *Irgendetwas ist falsch an diesem Gebet. Hier stehe ich und sage Gott, dass ich die Menschen mehr liebe und ich mir mehr wünsche als er, dass ihnen geholfen werde.* So langsam dämmerte meinem messerscharfen Verstand, dass ich hier ein paar gravierende Fehler beging.

Die Wahrheit ist, dass die Mehrheit der Kirchen und Gemeinden es immer noch so macht. Sie flehen Gott an: »O Herr, schicke Erweckung. O Herr, wenn du nur wolltest, würdest du deinen Geist auf unser Land ausgießen und die Dinge würden sich ändern.« Das ist nicht wahr. Gott bewegt sich auf dieser Erde durch seine Menschen (Eph 3,20). Er wirkt, wenn wir predigen, lehren und gemäß seinem Wort handeln. Er wirkt durch uns, wenn wir den Impulsen des Heiligen Geistes Folge leisten. Satan ist derjenige, der sich hinter einigen dieser »Bewegungen« im Leib Christi verbirgt, die uns dazu bringen, alles zu tun, außer das Evangelium zu predigen.

Obwohl es für Christen wichtig ist, ihren staatsbürgerlichen Pflichten nachzukommen und wählen zu gehen, ist es eine Täuschung Satans, wenn wir denken, wir müssten unser ganzes Vertrauen, unsere Energie, unsere Bemühungen und unsere Hoffnung in politische Prozesse investieren. Politische Aktionen haben ihren Platz im Leben eines Gläubigen, aber sie sind nicht das primäre Mittel, mit dem die Kirche Einfluss auf eine Nation nehmen sollte. Politik ist nicht die Stärke der Kirche – das Evangelium hingegen schon.

Die Gründerväter der Vereinigten Staaten von Amerika – viele von ihnen waren aktive Christen – sagten, Demokratie sei vollkommen untauglich, außer für ein Volk, das an moralischen Maßstäben festhält. John Adams (Amerikas erster Vizepräsident und zweiter Präsident) sagte, die Demokratie werde seine Nation zerstören, wenn das amerikanische Volk seine moralischen Maßstäbe verlieren sollte. Und das ist heute buchstäblich der Fall. Unmoral wird legalisiert, die Verfassung geändert und die klaren Absichten der Gründerväter ignoriert.

Die Stärke der Kirche

Die wahre Stärke der Kirche besteht in der Verkündigung des Evangeliums. Wenn Gottes Wort die Herzen von Männern und Frauen verändert, wird das eine Auswirkung auf den politischen Bereich haben. Der Grund, warum gerade jetzt so viele unmoralische Gesetze eingebracht werden, liegt darin, dass die Kirche ihren Auftrag vernachlässigt hat. Wir haben die Wahrheit nicht gepredigt.

Wir haben die Herzen der Menschen verloren, und diese Menschen benutzen nun die Politik, um Gesetze zu verabschieden, die ihr sündhaftes Handeln begünstigen. Die Kirche wäre in unserem Land weitaus effektiver, wenn sie das Evangelium verkündigen und Gottes Wort lehren würde. Stattdessen stürzt man sich in politische Aktivitäten oder verbarrikadiert sich stundenlang im Gebetskämmerchen, um von Gott Erweckung zu erflehen.

Der Herr trug uns auf, in die Welt zu gehen und das Evangelium zu verkündigen. Sobald Menschen die Wahrheit in ihr Herz aufnehmen, wird diese Wahrheit sie freisetzen. Dort liegt unsere Stärke. Gott forderte uns dazu auf, die Nationen durch sein Wort zu beeinflussen, denn die größte Stärke der Kirche ist die Verkündigung des Evangeliums in Wort und Tat (Röm 1,16).

Anstatt Gottes Wahrheit mit Freimut zu verkündigen, haben sich viele Christen in ihren Gebetskämmerchen verschanzt. Sie haben Angst, irgendetwas vor den Leuten zu sagen, damit man sie nicht für fanatisch oder fundamentalistisch hält. So eilen sie in ihre Gebetskämmerchen, flehen Gott um Erweckung an und bitten ihn das zu tun, was er uns aufgetragen hat.

... [es] gefiel Gott, durch die Torheit der Verkündigung diejenigen zu retten, die glauben. — 1. Korinther 1,21

Man kann nicht von neuem geboren werden, ohne Gottes Wort gehört zu haben. Lass uns also als Gläubige das Wort Gottes wieder in den Mittelpunkt stellen. Erzählen wir kühn die Wahrheit – und zwar so vielen Menschen wie möglich! Hören wir auf, uns durch politische Aktivitäten oder uneffektive »Gebete« vor unserer Verantwortung zu drücken, das Evangelium zu verkündigen. Seien wir stattdessen treue, beständige und kraftvolle Zeugen unseres Herrn Jesus Christus!

KAPITEL 13

Wie man für die Verlorenen betet

Ich möchte dir nun gerne einige biblische Ansätze vorstellen, wie du effektiv für eine verlorene Person beten kannst. Diese Art von Gebet ist wie Wasser. Wenn der Same von Gottes Wort einmal gesät ist, muss er gegossen werden. Gebet ist kein Ersatz für das Säen eines Samens. Du kannst Boden, auf den noch nicht gesät worden ist, wässern so viel du willst, aber davon wird keine Frucht entstehen. Damit Menschen von neuem geboren werden, musst du erst Gottes Wort als Samen aussäen. Im Folgenden nun einige gute Anleitungen, wie man beten und den Samen, der gepflanzt wurde, wässern kann.

Wenn du für eine verlorene Person zu beten beginnst, musst du dir bewusst machen, dass Gott sie unendlich mehr liebt, als du es tust.

> *Denn so [sehr] hat Gott die Welt geliebt, dass er seinen eingeborenen Sohn gab, damit jeder, der an ihn glaubt, nicht verloren geht, sondern ewiges Leben hat. — Johannes 3,16*

Der Herr möchte nicht, dass irgendjemand verloren geht, sondern dass die Menschen Buße tun, zu ihm umkehren und ewiges Leben empfangen.

Der Herr zögert nicht die Verheißung hinaus, wie etliche es für ein Hinauszögern halten, sondern er ist langmütig gegen uns, weil er nicht will, dass jemand verlorengehe, sondern dass jedermann Raum zur Buße habe. — 2. Petrus 3,39

Im Licht dieser Wahrheit könntest du dein Gebet für eine verlorene Person beginnen, indem du Gott zunächst einmal dankst: »Vater, ich danke dir, dass du diese Person so sehr liebst, dass du deinen eingeborenen Sohn für sie gegeben hast. Es ist nicht dein Wille, dass sie verloren geht, sondern dass sie Buße tut und zu dir umkehrt. Ich danke dir Herr, dass du schon alles für ihre Rettung getan hast.«

[Jesus] ist das Sühnopfer für unsere Sünden, aber nicht nur für die unseren, sondern auch für die der ganzen Welt. — 1. Johannes 2,2

Gott liebt nicht nur die ganze Welt, sondern er ist auch schon für die Sünden der ganzen Welt gestorben. Er hat bereits für sie bezahlt. Wenn jemand in die Hölle geht, dann mit bezahlten Sünden. Er geht in die Hölle, weil er die Bezahlung abgelehnt hat, sich also geweigert hat, zu glauben und den Herrn Jesus Christus anzunehmen.

Arbeiter auf ihrem Weg

Du könntest dann so weiterbeten: »Vater, ich danke dir, dass du schon alles getan hast. Jesus, du warst das Sühneopfer für jedermanns Sünde – nicht nur für diejenigen, die glauben, sondern auch für die Verlorenen. Deshalb danke ich dir, Vater, dass du sie gerettet sehen willst und auch schon alles dafür getan hast.« Dann kannst du deine Vollmacht ergreifen und anfangen, die Dinge auszusprechen, die geschehen müssen. Weil Gott durch eine Person fließen muss, kannst du gemäß Römer 10,17 beten: »Vater, dein Wort sagt, dass Glaube durch die Verkündigung deines Wortes kommt. So bete ich nun, dass dieser Person dein Wort begegnet.«

> *Darum bittet den Herrn der Ernte, dass er Arbeiter in seine Ernte aussende! — Matthäus 9,38*

»Ich bitte dich, dass du ihr deine Erntearbeiter über den Weg schickst. Ich glaube, dass gerade jetzt jemand zu ihr kommt, um ihr dein Wort mitzuteilen. Wenn die Person in einer Kneipe sein sollte, lass jemanden hereinkommen, der ihr das Evangelium nahebringt. Wenn sie zu Hause vor dem Fernseher sitzt, bete ich, dass sie über ein Programm stolpert, in dem über dein Wort gesprochen wird. Wenn sie gerade im Auto unterwegs ist, lass sie einen Sender einschalten, auf dem jemand gerade die gute Nachricht verkündigt. Vater, ich bitte dich, dass du deine Erntearbeiter an ihren Arbeitsplatz sendest. Dass ihr ein Kollege erzählt, wie sehr du sie liebst und wie sie von neuem geboren werden kann.«

Erinnere dich an das Wort

Bete, dass das Wort, das diese Person schon gehört hat, in ihre Erinnerung zurückkehrt.

> *Der Beistand aber, der Heilige Geist, den der Vater senden wird in meinem Namen, der wird euch alles lehren*

und euch an alles erinnern, was ich euch gesagt habe.
— Johannes 14,26

»Vater, ich bete, dass das Wort, das sie damals im Kindergottesdienst gehört hat, zu ihr zurückkehrt.« Auf irgendeinem Wege muss die Person, für die gebetet wird, den unvergänglichen Samen von Gottes Wort empfangen.

Dann biete dich selbst als Gefäß an. Es ist wenig sinnvoll zu beten: »O Gott, sende Arbeiter auf ihren Weg«, wenn du selbst nicht willig bist, einer davon zu sein. Wenn du die Gelegenheit bekommst, ihr von der Wahrheit zu erzählen, dann nutze sie. Mir ist bewusst, dass es sein könnte, dass eine Person, aus welchen Gründen auch immer, den Kontakt zu dir vollkommen abgebrochen hat. Vielleicht gibt es auch nur bestimmte Themen, über die sie mit dir nicht sprechen möchte. Wenn es jedoch möglich ist, mit ihr zu sprechen, dann tu es.

Würde ich Gott bitten, sein Wort zu jemandem zu bringen, und würde er mir im selben Moment sagen: »Geh und sprich du zu dieser Person«, dann würde ich mein Gebet sofort abbrechen und mich auf den Weg zu der Person machen. Vielleicht müsste ich sie auch nur anrufen – auf jeden Fall würde ich auf der Stelle in irgendeiner Weise auf Gottes Führung reagieren. Für dieses Anliegen würde ich auch nicht mehr beten, bis ich getan hätte, was er mir aufgetragen hat.

Widersteh dem Teufel

Du kannst auch deine Vollmacht ergreifen und dem Teufel widerstehen.

Denn der Gott dieser Weltzeit hat das Denken der Ungläubigen verblendet. So strahlt ihnen der Glanz des Evangeliums von der Herrlichkeit Christi, der Gottes Bild ist, nicht auf. — 2. Korinther 4,4 EÜ

Dieser Vers offenbart uns, dass in ungläubigen Menschen eine dämonische Kraft am Werk ist und ihre Sinne für die Wahrheit verblendet, sodass ihnen der Glanz, das helle Licht des Evangeliums nicht aufleuchtet. Gott braucht einen Menschen aus Fleisch und Blut, der seine Vollmacht ergreift und Gottes Kraft freisetzt, indem er ausspricht: »Ich befehle dieser dämonischen Verblendung und der Verhärtung des Herzens zu weichen, in Jesu Namen!«

An dieser Stelle muss ich etwas klarstellen. Da du für eine andere Person betest, die ihren eigenen freien Willen hat, musst du dieses Gebet vielleicht immer wieder für sie beten. Das hat nichts mit Unglauben zu tun, sondern die Person, für die du betest, könnte in Ausübung ihres freien Willens dein Gebet zunichtegemacht haben, weshalb du dein Gebet eben wiederholst, sooft es nötig ist. Nehmen wir an, du betest, dass ihre Blindheit und die Verhärtung ihres Herzens gebrochen werden mögen. Gott öffnet ihr Herz und mit einem Mal verschwindet die Täuschung und das Wort dringt zu ihr durch. Sie erinnert sich wieder an Bibelworte und Menschen kreuzen ihren Weg. Wenn diese Person aber nicht bereit ist, umzukehren und zu empfangen, wird sie diese innere Stimme und das Ziehen des Heiligen Geistes zurückweisen. Ihr eigener freier Wille hat mehr Macht über sie und übt mehr Autorität aus als du. Obwohl du also für sie betest und weißt, dass es funktioniert, hat sie das Recht, Christus abzulehnen. Wenn sie das tut, musst du dieses Gebet erneut beten. Das bedeutet nicht, dass du eines dieser Gebete im Unglauben gebetet hast. Du glaubst, dass deine Gebete erhört wurden – und das wurden sie –, nur hat die Person noch nicht darauf reagiert.

Bete weiter im Glauben und setze deinen Glauben frei, dass Gott ihre Blindheit bricht, damit sie Christus sehen kann. Es bleibt zu hoffen, dass das Evangelium in sie eindringt und am Ende seine Spuren hinterlässt, wenn sie mehrmals damit konfrontiert wird. Der Grund, warum du dieses Gebet wieder und wieder beten musst, hängt damit zusammen, dass die andere Person dein Gebet immer wieder wirkungslos macht, wenn sie ihr Herz verhärtet.

Erlasst ihre Sünden

Ein anderer Weg, für diese Person zu beten, besteht darin, ihr ihre Sünden zu erlassen.

> *Welchen ihr die Sünden erlasst, denen sind sie erlassen; und welchen ihr sie behaltet, denen sind sie behalten.*
> — *Johannes* 20,23 LUT

Im Gegensatz zu dem, was einige Leute gelehrt haben, bedeutet das nicht, dass du jemandem seine Sünden vergeben kannst. Du hast nicht die Macht, Sünden zu vergeben. Aber du kannst sie erlassen.

Wenn bei einer Person, die Krebs hat, keine Symptome mehr auftreten, dann spricht man von »Remission« (von lat. *remittere* – das gleiche Wort wird im Englischen für das Erlassen von Sünde gebraucht). *Remission* bedeutet nicht, dass der Krebs verschwunden ist, sondern nur, dass es keine sichtbaren oder körperlichen Anzeichen mehr dafür gibt. Wenn also das Wort sagt, du könnest

Sünden erlassen, ist damit gemeint, dass du gegen die in dieser Person verursachten Auswirkungen der Sünde vorgehen kannst.

Indem du für eine verlorene Person betest, kannst du die dämonische Verblendung und das verhärtete Herz brechen. Du kannst beten, dass »Erntearbeiter« mit Gottes Wort ihren Weg kreuzen und dass es wieder in ihre Erinnerung zurückkehrt. Du kannst auch ihre Sünden erlassen. All das sind biblische und wirksame Mittel, um für jemanden zu beten. Selbst wenn die Person, für die du betest, sich entscheidet, dem Ziehen des Heiligen Geistes zu widerstehen, kannst du darauf vertrauen, dass Gott durch dein Gebet sein Werk in ihrem Leben fortführt.

KAPITEL 14

Wie geschieht Erweckung?

Wenn Erweckung geschieht, sind Menschen ganz verliebt in Gott. Da ist so eine Frische, eine Vitalität und eine Begeisterung über ihre Beziehung mit dem Herrn Jesus Christus. Bei einer Erweckung manifestiert sich die Kraft Gottes in Wundern – Menschen werden geheilt, befreit, errettet und mit dem Heiligen Geist getauft. Die Gemeinden sind dann voller Menschen und erleben Wachstum, und Leute aus allen Gesellschaftsschichten kehren zu Gott um.

Obwohl ich zustimme, dass wir Erweckung brauchen, so kann man sie doch nicht auf die Art und Weise herbeiführen, wie es die meisten Gläubigen heute versuchen. Es ist eine weitverbreitete Lehre, dass wir – um Erweckung zu erlangen – Gott anflehen, den Himmel bestürmen und die Hörner des Altars packen und so lange daran rütteln müssen, bis Gott herauskommt. Man sagt uns, dass wir Gott »dazu bringen müssen«, Erweckung zu schicken. Das ist einfach nicht wahr.

Kein neutestamentliches Gebet

Gott ist viel mehr daran interessiert, uns Erweckung zu schicken, als wir, sie zu empfangen. Er sehnt sich danach, die Nationen (und den Rest der Welt) erweckt und sie aus ganzem Herzen ihm folgen zu sehen. Er wünscht sich, dass wir dem Heiligen Geist folgen und die göttlichen Prinzipien seines Wortes in unserem Leben in die Tat umsetzen. Der Herr möchte viel mehr als wir selbst, dass wir in Erweckung leben.

Du wirst Gott nicht auf die eine noch auf die andere Weise dazu bringen, sich deinem Zeitplan anzupassen. Darum geht es auch gar nicht. Und doch dreht sich so vieles von dem, was derzeit über das Gebet um Erweckung gesagt wird, darum, als Gläubige Gott anzuflehen, dieses und jenes auszugießen bzw. zu senden. So sind es die sogenannten »Fürbitter«, denen man es zum großen Teil zuschreibt, dass sie die Erweckung herbeibeten. Aus ihrer Sichtweise würde Gott, wenn sie nicht »in den Riss« träten, einfach die Arme verschränken und die ganze Welt in die Hölle marschieren lassen. Sie glauben nicht, dass Gott sich um die Welt kümmert. Sie glauben, dass sie ihn zur »Reue« bewegen, indem sie beten: »O Gott, lass ab von deinem Zorn! Wende dich uns wieder zu!«

Versteh mich bitte nicht falsch. Ich habe früher auch so gedacht. Mehrere Jahre bettelte und flehte ich Gott von ganzem Herzen an, Erweckung zu schicken. Ich sage nicht, dass die Menschen, die das tun, alle verkehrt sind. Viele von ihnen sehen, dass wir dringend Erweckung brauchen, und sie sehnen sich danach, Gottes Kraft in Aktion zu sehen. Sie versuchen lediglich, es auf der Grundlage von fehlerhaften Mustern zu bekommen, die man ihnen vorgegeben hat.

Die meisten dieser Leute gehen davon aus, dass Gott die Nase so voll von uns hat, dass er seinen Heiligen Geist vor uns zurückhält. Da die Menschheit (bzw. die Kirche als solche) sich so weit von dem entfernt hat, was Gott von uns erwartet, kommt es ihnen so vor, als habe er uns den Rücken zugekehrt. Als stünde er mit verschränkten Armen da und sagte: »Das Maß ist voll. Vergesst es!« Sie stellen sich Gott mit dieser Haltung vor und deshalb flehen sie ihn an: »Bitte, gieße deinen Geist auf uns aus! Erfülle uns wieder mit deinem Heiligen Geist!« Und die Fürbitter übernehmen an dieser Stelle und beten: »O Gott, hab Erbarmen über uns! O Herr, rechne uns unsere vielen Sünden nicht an! Wir bitten dich um Barmherzigkeit – sei uns gnädig!« Sie betteln Gott an, sich der Gemeinde wieder zuzuwenden, und flehen ihn um Gnade für die Menschheit an. Dies ist *kein* neutestamentliches Gebet!

Mose

In den ersten Versen von 1. Timotheus 2 geht es um das Beten für Könige und für alle, die in hoher Stellung sind. Dann sagt Gottes Wort in Vers 5:

> *Denn es ist ein Gott und ein Mittler zwischen Gott und den Menschen, der Mensch Christus Jesus.*

Es gibt nur noch einen Mittler – den Herrn Jesus Christus.

Ein *Mittler* ist jemand, der zwischen zwei verfeindeten Parteien steht und versucht, sie miteinander zu versöhnen. Im Alten Testament gab es einen Riss zwischen Gott und dem Menschen. Die Sünde hatte uns von Gott getrennt, sodass Mittler – wie Mose – gebraucht wurden. Galater 3,19 sagt uns über das alttestamentliche Gesetz:

> *Es ist durch Engel übermittelt worden in die Hand eines Mittlers [Mose].*

Mose stand zwischen einem zornigen Gott und einem sündigen Volk. In 2. Mose 32,12 betete er:

Wende dich ab von der Glut deines Zorns und lass dich des Unheils gereuen, das du über dein Volk [bringen willst]!

Das ist eine radikale Aussage. Gott bekommt mit anderen Worten von seinem eigenen Geschöpf gesagt, er solle Buße tun. Es ist schwer zu begreifen, aber genau das hat Mose gesagt. »Tu Buße, o Herr, lass dich des Unheils gereuen und wende dich ab von der Glut deines Zornes!« Und was dann kommt, ist noch erstaunlicher: »Da reute den Herrn das Unheil, das er seinem Volk anzutun gedroht hatte« (Vers 14).

»Es ist vollbracht«

Mose stand als Mittler zwischen einem zornigen Gott und einem sündigen Volk. Dies funktionierte unter dem alten Bund, weil Gott zornig war. Sünde hatte die Menschheit von Gott getrennt und eine Strafe musste bezahlt werden. Deshalb war es für Mose angemessen, zu vermitteln. Nun aber, da wir im neuen Bund stehen, ist Jesus unser Mittler geworden (Hebr 7).

Denn es ist ein Gott und ein Mittler zwischen Gott und den Menschen, der Mensch Christus Jesus. — 1. Timotheus 2,5

Jesus ist ein ewiger Mittler zwischen einem heiligen Gott und einem unheiligen Volk. Er bezahlte am Kreuz für unsere Sünden und nahm all den Zorn und die Strafe auf sich, die für uns gedacht waren. Und das gilt nicht nur vorübergehend, bis du das nächste Mal sündigst; es gilt für immer. Er bezahlte für alle Sünden – vergangene, gegenwärtige und sogar zukünftige –, und zwar ein für alle Mal (Hebr 10,10–14). Christus hat Gott und die Menschheit für immer miteinander versöhnt und hat beide Seiten in eine ewige Einheit und Harmonie zusammengeführt (2Kor 5,18–19). Wer immer es möchte, kann dieses Geschenk von Gott empfangen. Als Jesus am Kreuz sagte: »Es ist vollbracht«, sprach er von Gottes Zorn gegenüber der Sünde und den Sündern (Joh 19,30).

Wenn also Mose heute das Wort ergreifen und beten würde: »Gereue dich des Unheils, o Gott, das du über uns bringen möchtest, und lass ab von der Glut deines Zornes«, dann wäre das antichristlich. Es wäre, als würde er gegen das, was Christus getan hat, aufstehen und seinen Platz einnehmen wollen. Moses Dienst als Mittler hatte seinen Platz im Alten Testament, da Jesus ja noch nicht gekommen war. Aber nun, da er gekommen ist, wäre es antichristlich, wenn wir beteten: »Tu Buße, o Gott, gieße deinen Zorn nicht aus über diese Stadt, diese Nation oder dieses Volk. Hab Erbarmen mit uns.« Wer so betet, versucht im Grunde, den Platz Christi einzunehmen und zu vollenden, was er bereits getan hat.

Die Art und Weise, wie viele in der Gemeinde zu Gott beten und ihn anflehen, steht dem, wofür Jesus gestorben ist, buchstäblich entgegen. Es ist antichristlich. Weil sie die Bedeutung des Neuen Testaments nicht völlig verstehen, beten viele Leute in eben dieser Weise für Erweckung. Doch Erweckung geschieht nicht, indem wir Gott anflehen. Sie geschieht, wenn wir erkennen, dass Gott die Menschen mehr liebt, als wir das tun, und wenn wir verstehen, dass sein Wunsch, uns erweckt zu sehen, noch viel größer ist als unserer. Wir müssen aufhören, Gott anzubetteln, seinen Geist auf uns auszugießen, während wir selbst in passiver Weise auf einen Lichtblitz vom Himmel warten. Stattdessen sollten wir den Herrn dafür preisen, dass er diese Ergebnisse noch viel mehr möchte als wir. Wir müssen an Gottes Wort glauben und unsere Vollmacht freisetzen, indem wir hinausgehen und das Evangelium verkündigen.

Du kannst so viel Erweckung haben, wie du möchtest

Wenn du jemanden von den Toten auferweckst, wirst du so viel Erweckung haben, wie du nur bewältigen kannst. *Aber Andrew, du kannst nicht jemanden von den Toten auferwecken, wenn du noch keine Erweckung hast!* Da muss ich dir widersprechen. Es ist nicht Gott, der den Fluss des Heiligen Geistes zurückhält, wir sind es. Es ist die Kirche, die die Leitung verstopft und Gottes Geist am Fließen hindert. Es ist deine Aufgabe, deine Leitung durchgängig zu machen.

Du musst an dir selbst arbeiten und sagen: »Vater, bitte vergib mir meinen Unglauben. Vergib mir, dass ich nicht tue, was dein Wort mir sagt. Du hast gesagt, dass wir die Kranken heilen, die Aussätzigen reinigen und die Toten auferwecken sollen. Ich habe dich gebeten, deinen Geist auszugießen und diese Dinge ohne mich zu tun. Ich habe dich angefleht, in souveräner Weise zu handeln. Bitte vergib mir dafür.« Dann steh auf, nimm das Wort und fang an, darüber nachzusinnen. Wenn du in deinem Inneren siehst – mit den Augen deines Herzens –, wie blinde Augen und taube Ohren geöffnet, Dämonen ausgetrieben und Tote auferweckt werden, dann wirst du auch anfangen zu sehen, wie sich diese Dinge im sichtbaren Bereich manifestieren. Du wirst Erweckung haben.

Sobald Kranke regelmäßig durch dich geheilt werden, wird man möglicherweise auch dein Dach abdecken, um zu dir zu gelangen (Mk 2,4). Wenn dein Schatten die Kranken heilen würde, auf die er fällt (Apg 5,15–16), dann würden sich so viele Menschen um dich scharen, dass du alle Erweckung hättest, die du nur bewältigen kannst.

Ich bin ein Erweckungsprediger. Ich sehe Erweckung bei Menschen – blinde Augen und taube Ohren werden geöffnet, unheilbare Krankheiten geheilt, Dämonen ausgetrieben, Tote auferweckt und Menschen werden von neuem geboren und mit dem Heiligen Geist getauft. Rund um die Welt sehe ich, wie Millionen von Menschenleben verändert werden. Aber ich bitte nicht Gott, es zu tun. Ich bete: »Herr, ich weiß, dass du dir Erweckung wünschst. Bitte hilf mir, das Gefäß deiner Liebe und Kraft dafür zu sein.« Ich stelle mich ihm zur Verfügung, bete zu ihm, habe Gemeinschaft mit ihm und erlaube ihm, mich durch sein Wort und seine Gegenwart zu verwandeln. Dann gehe ich raus und predige Gottes Wort. Ich befehle, dass Heilungen und Wunder sichtbar werden, und ich sehe Erweckung. Menschen erleben Erweckung.

Ich bekomme täglich E-Mails aus Asien, Afrika und Europa, in denen Menschen bezeugen, wie sie auf die eine oder andere Weise Erweckung erlebt haben. Sie sind durch Gottes Wort und die Kraft des Heiligen Geistes verändert worden. Und das ist nicht geschehen, weil ich in meinem Gebetskämmerchen zu Gott gefleht habe. Er sitzt nicht im Himmel mit verschränkten Armen und sagt: »Fleht mich noch mehr an. Bringt noch einmal hunderttausend Leute zum Beten zusammen. Und wenn ihr nicht mindestens zweimal die Woche fastet, läuft gar nichts!« Nein, so ist es nicht. Gott im Himmel streckt seine Arme aus und möchte seine Kraft freisetzen, und so fragt er: »Ist da jemand, der mir glauben wird? Ist da jemand, der aufsteht und anfängt, mein Wort zu verkündigen, es zu leben und zu demonstrieren?« Wenn du bereit bist, das zu tun, wirst du so viel Erweckung haben, wie du dir wünschst. Du wirst sehen, wie sich das Leben von Menschen zu verändern beginnt.

Diana von Ephesus

Wenn man sich anschaut, in welcher Weise viele Leute beten, könnte man meinen, wir hätten keinen Einfluss, keine Autorität und keine Macht, Gottes Reich hier auf dieser Erde zu errichten. Wir nähern uns ihm wie Bettler: »O Gott, bitte tu etwas! Bitte erbarme dich über uns! Und berühre uns bitte!« Dies führt zu nichts Gutem. Es lässt uns nur verbittern und wir fragen uns verärgert: »Warum hat Gott nichts getan? Warum hat er seinen Geist nicht ausgegossen? Warum erlaubt Gott, dass dies so weitergeht? Warum lässt er zu, dass diese Person stirbt, ohne errettet zu sein?« Gott lässt diese Dinge nicht geschehen. Er ist nicht derjenige, der es zulässt, dass unser Land den Bach runtergeht. Gott machte uns nicht zu einer »postchristlichen« Gesellschaft. Es ist nicht Gott, der seinen Geist nicht ausgegossen hat. Das Problem sind seine Leute, die ihn um das anbetteln, was er *ihnen* aufgetragen hat zu tun. Wir haben ihn nicht beim Wort genommen. Wir haben unsere Vollmacht nicht ergriffen. Wir haben uns vor unserer Verantwortung gedrückt, indem wir ihn dafür verantwortlich gemacht haben. Das ist nicht das Vorbild, das wir im Neuen Testament sehen!

Im Neuen Testament hat uns Jesus niemals dazu aufgefordert, Gott um Heilung oder Ausgießung seines Geistes anzuflehen. Du wirst kein Beispiel für eine derartige Vorgehensweise des Herrn bei seinem Dienst finden. Das Gleiche gilt für den Apostel Petrus.

Es wird auch nirgendwo berichtet, dass der Apostel Paulus seine Leute jemals dazu aufgerufen hätte, »Fürbitte« zu tun, um die geistliche Festung der Göttin Diana (griech. Artemis) in Ephesus niederzureißen. Dieser Tempel in Ephesus war eines der sieben Weltwunder. Es gab dort über 1000 Priesterinnen, die mit den Männern, die zur Anbetung in den Tempel kamen, sexuell verkehrten. Wie man sich denken kann, war dieser Ort immer gut mit Menschen gefüllt. Paulus bemühte sich nicht, etwas Politisches zu unternehmen. Er organisierte auch keine Gebetstreffen in der Gemeinde mit dem Zweck, Gott anzuflehen, diesen Götzendienst zu stoppen. Sie kamen nicht zur »geistlichen Kriegsführung« zusammen, um der Diana von Ephesus zu gebieten und sie zu binden. Was tat Paulus? Er predigte das Evangelium in Wort und Tat.

Paulus sagte ihnen: »Die Diana der Epheser ist rein gar nichts. Ihr Bildnis ist nicht vom Jupiter hier auf die Erde heruntergefallen. Diana ist keine Göttin. Es gibt nur einen wahren Gott, und sein Sohn ist der Herr Jesus Christus.« Paulus tat das Gleiche in Korinth, einer anderen römischen Stadt, bekannt für ihre zahlreichen Götzen und sexuellen Riten. Er predigte die Wahrheit und Gott benutzte diese Wahrheit dazu, Menschen freizusetzen. Paulus organisierte keine »Fürbitter«, die alle Gebiete der Region mit ihren Gebeten abdeckten. Er hatte keine Leute, die »geistliche Kriegsführung« betrieben und vorher die »territorialen geistlichen Mächte« identifizierten. Diese Dinge, die heutzutage von einigen Gemeinden mit der Absicht praktiziert werden, unsere Nation zu verändern, entsprechen nicht dem, was Jesus uns im Wort Gottes aufgetragen hat.

Das neutestamentliche Beispiel

Im Neuen Testament gingen die Gläubigen hinaus und predigten das Wort Gottes überall.

> *Sie aber gingen hinaus und verkündigten überall; und der Herr wirkte mit ihnen und bekräftigte das Wort durch die begleitenden Zeichen. — Markus 16,20*

Sie verkündigten Gottes Wort mit Zeichen und Wundern. Als sie die Wahrheit predigten, bestätigte es der Heilige Geist mit übernatürlichem Zeugnis. So viele Menschen taten Buße und bekehrten sich zu Christus, dass der Tempel der Diana in Ephesus zu verfallen begann. Die Menschen verließen ihn, denn sie wandten sich von Diana ab und Gott zu. Diana von Ephesus hat die letzten 2000 Jahre vergessen in der Versenkung verbracht – bis die »Fürbitter« sie vor einigen Jahren mit dem, was sie »geistliche Kriegsführung« nennen, wieder auferstehen ließen.

Was ich sage, ist nicht böse gemeint – ich möchte einfach nur dein Denken in Bezug auf Gottes Wort herausfordern. Zeige mir im Neuen Testament eine Stelle, in der wir aufgefordert werden, Menschen in andere Länder zu schicken mit der einzigen Aufgabe, dort zu beten und geistliche Festungen niederzureißen! Zeig mir im Wort Gottes einen Vers, der besagt, dass wir Menschen auf Missionsreisen schicken und ihnen zugleich verbieten sollen, dort das Evangelium zu verkündigen: »Evangelisiert nicht, denn ihr könntet kritisiert, bestraft oder verfolgt werden!« Das ist es, was heutzutage getan wird. Wir geben Millionen aus, um Menschen ins Ausland zu schicken, nur damit sie dort herumlaufen und beten. Dafür gibt es keine biblische Grundlage. Du magst vielleicht den einen oder anderen Vers verdrehen oder umdeuten können, doch wenn du das Wort Gottes für bare Münze nimmst – es also liest und es so glaubst, wie es da steht –, wirst du für solches Vorgehen kein Beispiel finden.

Was du aber finden kannst, sind Bibelstellen über Gläubige, die um Mut gebetet haben.

Und jetzt, Herr, sieh ihre Drohungen an und verleihe deinen Knechten, dein Wort mit aller Freimütigkeit zu reden, indem du deine Hand ausstreckst zur Heilung, und dass Zeichen und Wunder geschehen durch den Namen deines heiligen Knechtes Jesus! — Apostelgeschichte 4,29–30

Paulus bat seine Freunde, für ihn um Kühnheit in all den schwierigen Umständen zu beten.

Indem ihr zu jeder Zeit betet ..., auch für mich, damit mir das Wort gegeben werde, so oft ich meinen Mund auftue, freimütig das Geheimnis des Evangeliums bekannt zu machen, für das ich ein Botschafter in Ketten bin, damit ich darin freimütig rede, wie ich reden soll. — Epheser 6,18–20

Die Gläubigen des Neuen Testaments beteten, dass sie trotz allem Widerstand kühne und treue Zeugen sein würden. Sie baten Gott nicht einfach, seinen Geist »in souveräner Weise« auf Ungläubige auszugießen, ohne dass sie selbst in Wort und Tat gepredigt und ihren Teil getan hätten. Dafür gibt es schlicht kein einziges Beispiel in der Bibel. Und doch ist es der hauptsächliche Grund, weshalb die Kirche unserer Generation nicht mehr den Einfluss hat, wie sie ihn als Salz und Licht dieser Erde haben sollte. Wir folgen in Wirklichkeit nicht länger dem neutestamentlichen Beispiel.

Die Kraft Gottes

Als Jesus der Kirche Macht und Autorität gab, brachte das Verantwortung mit sich. Wir müssen unsere Vollmacht ergreifen und Gottes Wort verkündigen. Wir müssen den Menschen, die der Herr in unser Leben gestellt hat, die Wahrheit sagen. Wenn sie die Wahrheit in ihrem Herzen empfangen, wird ihr Leben verändert. Viele Menschen lehnen das, was ihnen gepredigt wird, nur deshalb ab, weil es nicht vom wahren Evangelium zeugt. Es ist bloß kraftlose Religion und leblose Tradition. Es enthält nur Verurteilung und Gericht. Das ist nicht die Botschaft des Evangeliums. Wir müssen die gute Nachricht der Errettung durch Glauben an den Herrn Jesus Christus verkündigen. Das Evangelium ist die Kraft Gottes (Röm 1,16).

Meine Lehre *Gnade – Die Kraft des Evangeliums* beleuchtet dieses Thema noch wesentlich ausführlicher. Der Römerbrief ist das Meisterwerk des Apostels Paulus über die Gnade Gottes. In ihm offenbart er klar und deutlich, was das Evangelium ist – eine kraftvolle gute Botschaft, die wir verkündigen sollen.

KAPITEL 15

Glaube und empfange

Als Gläubige an den Herrn Jesus Christus ist es unsere Verantwortung, das Evangelium kühn zu verkündigen und Gottes Wort treu zu lehren.

> *Denn: »Jeder, der den Namen des Herrn anruft, wird gerettet werden.« Wie sollen sie aber den anrufen, an den sie nicht geglaubt haben? Wie sollen sie aber an den glauben, von dem sie nichts gehört haben? Wie sollen sie aber hören ohne einen Verkündiger? Wie sollen sie aber verkündigen, wenn sie nicht ausgesandt werden? Wie geschrieben steht: »Wie lieblich sind die Füße derer, die Frieden verkündigen, die Gutes verkündigen!« Demnach kommt der Glaube aus der Verkündigung, die Verkündigung aber durch Gottes Wort.*
> *— Römer 10,13–15.17*

Die Ausgießung des Heiligen Geistes am Pfingsttag erregte die Aufmerksamkeit der Menschen. Petrus nutzte die Gelegenheit, stellte sich hin und predigte Christus. Die Leute reagierten darauf, indem sie fragten: »Was müssen wir tun, um gerettet zu werden?« Petrus antwortete:

> *Tut Buße, und jeder von euch lasse sich taufen auf den Namen Jesu Christi zur Vergebung der Sünden; so werdet ihr die Gabe des Heiligen Geistes empfangen. Denn euch*

gilt ***die Verheißung*** *und euren Kindern und allen, die ferne sind, so viele der Herr, unser Gott, herzurufen wird.*
— Apostelgeschichte 2,38–39

Wenn wir den Kontext berücksichtigen – es war der Pfingsttag – und auf Apostelgeschichte 1,4–5 und 8 zurückschauen, dann wird klar, dass es bei der erwähnten Verheißung um die Ausgießung des Heiligen Geistes geht. Praktisch jeder würde dem zustimmen, dass die Ausgießung des Heiligen Geistes wesentlicher Bestandteil echter Erweckung ist. Petrus sagte im Prinzip: »Was ihr gesehen habt – diese Ausgießung des Heiligen Geistes, das sichtbare Kommen von Gottes Geist, die innewohnende Gegenwart des Heiligen Geistes und die Zeichen und Wunder, die folgten –, ist nicht nur für euch, sondern auch für eure Kinder, für eure Kindeskinder und all diejenigen, die nachfolgen werden.« Petrus blickte in die Zukunft, dachte an all die Generationen, die noch kommen sollten, und erklärte, dass diese Verheißung, deren Erfüllung sie durch die Ausgießung des Heiligen Geistes gerade erlebten, auch für uns heute noch gilt.

Warten auf den Heiligen Geist

Gott hat niemals damit aufgehört, seinen Heiligen Geist auszugießen. Diese Verheißung war für alle Gläubigen jeder Generation und für alle Zeiten gedacht. Die Tatsache, dass die Taufe und die Gaben des Heiligen Geistes erst im letzten Jahrhundert von einem großen Teil der Christen weitgehend anerkannt und angenommen wurden, heißt nicht, dass sie nicht schon vorher verfügbar waren. Wenn wir einen ehrlichen Blick auf die Kirchengeschichte werfen, werden wir erkennen, dass es seit der Apostelgeschichte immer wieder Gruppen von Gläubigen gab, die den Heiligen Geist empfangen und in seiner Kraft gedient haben. Im Laufe der Zeit jedoch – vielleicht in den Anfängen des finsteren Mittelalters – hörte ein großer Teil der Kirche auf, diese Verheißung zu glauben und sie zu empfangen; aus welchen Gründen auch immer.

Zu Beginn der Erweckungsbewegung in der Azusa Street, den Anfängen der Pfingstbewegung, verstanden diese Gläubigen nicht genau, wie sie diese mächtige Manifestation des Heiligen Geistes empfangen hatten. Sie verstanden nicht wirklich, was sie getan hatten, um sie auszulösen – oder ob sie überhaupt irgendetwas dazu beigetragen hatten. Als Resultat entstand die in jenen frühen Tagen der Pfingstbewegung weitverbreitete Lehre über das »Warten« auf den Heiligen Geist. Es hieß: »Du musst zu Gott flehen und ihn bitten, dich mit seinem Heiligen Geist zu füllen.« Sie warteten einfach nur – manchmal Jahre – auf dieses Phänomen, bei dem Gott sie berühren und mit dem Heiligen Geist taufen würde.

Heute sind wir, wie es scheint, ins andere Extrem verfallen. Viele Leute kommen nach vorne, die noch nie etwas von der Taufe im Heiligen Geist gehört haben. Wenn der Prediger sie fragt, ob sie diese Taufe gerne empfangen würden, antworten sie: »Nun, ich denke schon.« Sie wissen nicht, warum sie den Heiligen Geist brauchen. Sie wissen auch nicht, was sie zu erwarten haben. Da ist weder eine Erwartungshaltung vorhanden noch ein Verlangen. Ich habe Menschen gesehen, die Gebet für die Taufe im Heiligen Geist empfangen haben, dann gingen sie zu ihrem Platz zurück und es schien keinerlei Auswirkung auf ihr Leben gehabt zu haben. Das ist auch nicht gut. So sollte es nicht sein.

Ein Gutes hatte die Art und Weise, wie die Pfingstler von damals die Taufe im Heiligen Geist erwarteten: Wenn sie sie endlich empfangen hatten, bedeutete es ihnen auch wirklich etwas. Sie beteten mit Verzweiflung und stöhnten vor Gott, als erlitten sie

Geburtswehen, manchmal über mehrere Jahre hinweg. Aber sobald sie den Heiligen Geist empfangen hatten, wirkte er sich tiefgreifend auf ihr Leben aus.

Heute wissen wir, dass wir nicht auf Gott »warten« müssen, damit er seinen Geist ausgießt. Wir brauchen den Herrn auch nicht anzuflehen, den Heiligen Geist zu senden. Wir müssen einfach nur glauben und das kostenlose Geschenk, das uns zusteht, empfangen. Dennoch wäre es wunderbar, den Hunger zu sehen, den das »Warten« hervorbrachte.

Geht nach Jerusalem

In Apostelgeschichte 1 fordert Jesus seine Jünger auf, auf die Taufe im Heiligen Geist zu warten.

> *Und als er mit ihnen zusammen war, gebot er ihnen, nicht von Jerusalem zu weichen, sondern die Verheißung des Vaters abzuwarten. ... Ihr aber sollt mit Heiligem Geist getauft werden nicht lange nach diesen Tagen.*
> *— Apostelgeschichte 1,4–5*

Zu dieser Zeit war Jesus schon auferstanden, aber noch nicht in den Himmel aufgefahren. Er war noch körperlich auf der Erde. Aber kurz nachdem er in den Himmel aufgefahren war, goss er am Pfingsttag den Heiligen Geist auf seine Jünger aus. Jetzt, da der Heilige Geist bereits gegeben worden ist, besteht überhaupt kein Grund mehr, noch länger auf ihn zu warten.

Wenn du das mit dem Warten auf den Heiligen Geist aber wörtlich nehmen willst, dann müsstest du dazu eigentlich auch nach Jerusalem gehen.

Und siehe, ich sende auf euch die Verheißung meines Vaters; ihr aber bleibt in der Stadt Jerusalem, bis ihr angetan werdet mit Kraft aus der Höhe! — Lukas 24,49

Jesus [gebot] ihnen, nicht von Jerusalem zu weichen, sondern die Verheißung des Vaters abzuwarten.
— Apostelgeschichte 1,4

Jesus forderte seine Jünger auf, zu warten, weil es noch etwa 50 Tage bis zu jenem Pfingstereignis waren. Heute gilt das nicht mehr – da der Heilige Geist schon ausgegossen wurde, kannst du einfach glauben und empfangen.

Ich habe Tausende und Abertausende von Menschen gesehen, die für die Taufe im Heiligen Geist gebetet und sie empfangen haben, die in anderen Sprachen sprechen und eine lebensverändernde Erfahrung mit Gott gemacht haben, einfach indem sie geglaubt und empfangen haben. Du musst nicht mehr »warten«.

»Wir haben es bekommen«

Die meisten Leute würden dem, was ich über die Taufe im Heiligen Geist sage, zustimmen, aber wenn es dann um Erweckung geht, ändern sie plötzlich ihre Meinung und sagen: »Oh, wir müssen Gott aber inständig bitten und anflehen und Geburtswehen erleiden. Wir müssen eine Million Menschen zum gemeinsamen Gebet und Fasten zusammenbringen, dann wird Gott Erweckung schicken und seinen Geist ausgießen.« Nein, du musst nur glauben. Du musst nur empfangen. Und wenn du selbst Erweckung erlebst, wirst du auch die Gelegenheit bekommen, diese Erweckung an die Menschen um dich herum weiterzugeben. Wenn nach dir auch deine Freunde, deine Familie und deine Kollegen oder Mitarbeiter Erweckung erlebt haben, gehen sie ihrerseits hinaus und teilen sie mit anderen. So breitet sich Erweckung aus.

Der Grund, weshalb keine größere Erweckung geschieht, liegt nicht etwa darin, dass wir mehr Menschen bräuchten, die Gott um Ausgießung seines Geistes anflehen. Vielmehr ist es so, dass es nur sehr wenige Menschen gibt, die im Fluss der Erweckung leben – die Gottes Wort glauben, ihre Vollmacht ergreifen und Gottes Kraft sichtbar werden lassen.

Duncan Campbell, ein herausragender schottischer Prediger Mitte des zwanzigsten Jahrhunderts, predigte Erweckung auf den Hebriden. Es war eine mächtige Manifestation des Heiligen Geistes. Ich selbst hörte ihn predigen, als er schon älter war. Er erzählte die Geschichte von zwei kleinen schottischen Frauen, die über zwanzig Jahre lang beteten; dann waren da noch ein schottischer Pastor und seine sieben Ältesten, die fast ein Jahr lang beteten. Alle beteten dafür, dass der Herr seinen Geist ausgießen möge. Schließlich brach eines Tages die Erweckung aus und sie erlebten viele Wunder. Er sagte, dies sei eine Folge all des Betens und Flehens in den mehr als zwanzig Jahren davor.

Einige Jahre, nachdem ich dies gehört hatte, berichtete ein Mann darüber, wie er als junger Mann bei dem letzten Gebetstreffen dabei war, bevor die Erweckung ausbrach. Er sagte, diese anderen Männer hätten fast ein Jahr lang jeden Samstag die Nacht hindurch gebetet. Sie hätten Gott angefleht, seinen Geist auszugießen. Dieser junge Mann war hereingekommen, hatte bis zwei Uhr morgens gebetet und dann ausgerufen: »Entweder ist Gottes Wort wahr oder nicht. Wir haben es bekommen. Ich gehe jetzt nach Hause.«

Die Erweckung kam dann tatsächlich, als sie mit dem Betteln aufhörten und zu glauben begannen. Als sie anfingen, dem Wort Gottes zu glauben, und darauf vertrauten, dass die Erweckung ihnen gehörte, veränderte sich alles und die Kraft wurde gelöst. Uns ist Macht und Autorität vom Herrn gegeben worden. Wir müssen im Glauben handeln und das benutzen, was Gott uns gegeben hat, oder wir werden keine Erweckung sehen.

Schweigen

Stell dir einmal vor, du hättest mir deine Bibel gegeben. Es wäre ein Geschenk gewesen und somit wäre sie nun in meinem Besitz. Was würdest du tun, wenn ich dich fragen würde: »Kann ich mir bitte deine Bibel ausleihen? Ich möchte einen Vers nachschlagen. Ich muss unbedingt von Gott hören und ich glaube, er spricht gerade zu mir. Gibst du mir bitte deine Bibel?« Ich könnte betteln. Ich könnte dich anflehen. Ich könnte dich sogar verurteilen und sagen: »Wenn du wirklich ein Christ wärst, würdest du deine Bibel mit mir teilen.« Was würdest du tun? Schließlich hättest du sie mir ja bereits gegeben.

Wie antwortest du jemandem, der dich nach etwas fragt, das er bereits besitzt? Was sagst du zu jemandem, der dich anfleht, etwas zu tun, das du schon für ihn getan hast? Wenn man mir diese Fragen stellen würde, bin ich mir nicht sicher, wie ich antworten würde. Vermutlich würde ich nur sehr verdutzt dreinschauen. Vielleicht würde ich gar nichts sagen.

Wie soll eine Person reagieren, wenn sie um etwas gebeten wird, das dem Bittenden bereits gehört? Vermutlich mit Schweigen. Das klingt doch sehr nach der Art und Weise, wie Gott auf all unser Bitten und Betteln nach der Ausgießung des Heiligen Geistes reagiert.

Die Wahrheit ist, dass Gott seinen Heiligen Geist am Pfingsttag ausgegossen hat, und er hat ihn bis heute nicht zurückgezogen

(Apg 2,38–39). Der Herr ist niemals so verärgert gewesen, dass er gesagt hätte: »Nun gut, Heiliger Geist, komm zurück! Es wird keine Erweckung mehr geben und auch keine Manifestationen!« Gott war es nicht, der die Kirche in das finstere Mittelalter führte. Es war nicht sein Wille, dass es eine Zeitepoche gab, in der die Wahrheit so verdeckt war, dass nur sehr wenige sie erkennen konnten. Gott ist nicht derjenige, der plötzlich Martin Luther »in souveräner Weise« berührte. Entschied Gott vielleicht, seinen Geist auf all die Reformatoren auszugießen, um etwas »Neues« zu tun, weil er es leid war, ein Jahrtausend voll geistlichen Todes auf der Erde zu sehen? Nein, das Problem war nicht Gott, der nicht geben wollte – das Problem waren wir, die wir nicht geglaubt und empfangen haben.

Wellen?

Martin Luther hatte ein echtes Herz für Gott. Er gab sich nicht zufrieden mit den religiösen Lehren und der allgemein gültigen Glaubenslehre seiner Tage. Als er eines Tages in die Heilige Stadt pilgerte, dabei den Rosenkranz betete und die Stufen des heiligen Gebäudes hochstieg, wurde ihm bewusst, dass das Besuchen dieses Ortes und das Verrichten dieser Handlungen überhaupt nichts veränderte. Als er all dieser Dinge müde dort stand, brachte ihm der Heilige Geist eine Bibelstelle in Erinnerung.

> *Wo bleibt nun das Rühmen? Es ist ausgeschlossen! Durch welches Gesetz? Das der Werke? Nein, sondern durch das Gesetz des Glaubens! So kommen wir nun zu dem Schluss, dass der Mensch durch den Glauben gerechtfertigt wird, ohne Werke des Gesetzes. — Römer 3,27–28*

Martin Luther hörte das Wort und glaubte es. Dann handelte er danach und schlug die 95 Thesen an das Portal der Schlosskirche zu Wittenberg an. Er stand mutig vor dem Reichstag zu Worms den religiösen Kirchenhäuptern gegenüber, um sich zu verteidigen. Martin Luther proklamierte das Wort Gottes, und dieses Wort erreichte wie ein Lauffeuer die hungrigen Herzen der Menschen. Die Reformation brach aus und die Welt war für immer verändert. Dies geschah nicht etwa, weil Gott einfach in souveräner Weise gesagt hätte: »In Ordnung, ich bin bereit, etwas Neues auf der Erde zu tun.« Nein, es geschah, weil eine einzelne Person – ein Mensch aus Fleisch und Blut – glaubte, empfing und gemäß dem Wort Gottes handelte.

Religion lehrt, dass sich Gott in Wellen bewegt. In den 1940er und 1950er Jahren gab es die Heilungsbewegung, die sich unter den Christen in ganz Amerika ausbreitete. Es gab Heilungserweckungen, Heilungsevangelisten und überall Zeltversammlungen. Dann kam die charismatische Bewegung und die Wort- und Glaubensbewegung. Jetzt gibt es diese und jene Bewegung und Menschen sagen: »Schau mal, Gott tut etwas Neues! Er gießt seinen Geist erneut aus.« Nein, Gott handelt nicht auf diese Weise.

Die Heilungserweckung entstand, weil jemand Heilung im Wort Gottes fand, Gott glaubte und anfing, diese Kraft auf der Erde freizusetzen, indem er seine Vollmacht ergriff. Diese Menschen handelten im Glauben an das Wort und sahen, wie die Dinge in der Kraft des Heiligen Geistes geschahen. Diese Heilungskraft stand schon seit dem Tod, der Grablegung und der Auferstehung Christi zur Verfügung, aber die Kirche hatte sie einfach noch nicht empfangen.

Allzeit verfügbar

In der Zeit um 1940 glaubten die meisten Christen, dass Zeichen und Wunder allesamt mit den Aposteln aufgehört hätten. Das war damals der vorherrschende theologische Standpunkt, der gelehrt wurde. Dann empfing aber ein junger Mann namens Oral Roberts nach fünfmonatiger Bettlägerigkeit Heilung von Tuberkulose und wurde auch vom Stottern geheilt. Als er das Wort studierte, kam er zu der persönlichen Überzeugung, dass es Gottes Wille sei, auch heute noch zu heilen. So handelte dieser junge Diener Gottes gemäß dem Wort und mietete eine Halle an – in Enid in Oklahoma.

Bei diesem ersten Treffen bat Oral Gott um drei Dinge. Das Erste war eine gewisse Mindestzahl an Besuchern. Bevor er also auf die Bühne trat, stand Oral hinter dem Vorhang und zählte die Leute. Dann ging er hinaus und sammelte als Erstes ein Opfer ein. Oral hatte Gott gesagt: »Ich werde mich nicht verschulden. Wenn die Sache von dir ist, dann musst du genügend Geld zusammenbringen, damit wenigstens die Kosten gedeckt sind.« Nachdem das Opfer gezählt worden war, zeigte sich auch die zweite Bedingung erfüllt – fast auf den Cent genau. Als Drittes hatte Oral um mindestens *ein* klares Wunder gebeten. Er sagte: »Gott, ich werde predigen und verkündigen, dass es auch heute noch dein Wille ist, zu heilen. Wenn das wirklich von dir kommt, dann müssen wir mindestens ein klares Wunder sehen.« Nachdem er seine Predigt gehalten hatte, rief er die Leute nach vorne und Heilungen fingen an, sichtbar zu werden. Von diesem Zeitpunkt an ging sein Dienst steil aufwärts.

Oral Roberts – und viele andere – fingen an, Gottes Wort bezüglich Heilung zu verkündigen. Als die Menschen dieses Wort glaubten und Heilung empfingen, brach eine Erweckung aus. Manche Leute glauben: *Nun, Gott hat sich einfach in souveräner Art und*

Weise bewegt. Nein, der Herr hat sich – seitdem er auf dieser Erde war – schon immer gewünscht, dass wir Heilung empfangen, dass Wunder geschehen und wir Erweckung erleben. Jesus selbst sagte:

> *Wahrlich, wahrlich, ich sage euch: Wer an mich glaubt, der wird die Werke auch tun, die ich tue, und wird größere als diese tun, weil ich zu meinem Vater gehe. — Johannes 14,12*

Wir können darüber diskutieren, was diese »größeren Werke« sind, aber was machst du mit »den Werken, die ich tue«? Du sollst sie auch tun!

Es war schon immer Gottes Absicht gewesen, dass seine Kirche im Übernatürlichen wirkt. Es ist nicht Gott, der von etwa 200 n. Chr. bis 1940 abwesend war. Nein, es waren die Menschen, die aufhörten, sich seine Kraft anzueignen. Die Christen fielen in Unglauben. Sie hörten auf, im Glauben zu handeln. Bis dann endlich jemand diese Mauer des Unglaubens durchbrach und von neuem zu glauben begann. Dann wurde Gottes Wort erneut gepredigt und proklamiert. Als diese Leute ihre Vollmacht ergriffen und einsetzten, wurden Menschen geheilt. Denn der ganze Ratschluss Gottes stand zu allen Zeiten denen zur Verfügung, die glauben.

Gott wirkt nicht ein Jahrzehnt lang in dem einen Bereich, um sich dann im nächsten Jahrzehnt einem anderen zu widmen. »Vor zehn Jahren ging es ihm um den Bereich Heilung. Nun hat er Heilung hinter sich gelassen und legt den Schwerpunkt auf Gerechtigkeit. Im nächsten Jahrzehnt wird er sich um den Bereich Ehe kümmern. Es kommt eine neue Welle!« Das ist Unsinn. Es ist nur der Versuch des Menschen, seine eigene Machtlosigkeit zu rechtfertigen.

Den Empfänger richtig einstellen

Der Herr ist heute all das, was er war und was er jemals sein wird.

> *Jesus Christus ist derselbe gestern und heute und auch in Ewigkeit! — Hebräer 13,8*

Er möchte in und durch dein Leben fließen – mit Wundern, Heilungen, Befreiung und Wohlstand. Alles, was Gott ist, steht nun durch sein Wort zu deiner Verfügung. Du musst nicht bitten und betteln, um dich dann passiv zurückzulehnen und abzuwarten, was Gott tun wird. Die Bibel nennt das Unglauben.

> *Ohne Glauben aber ist es unmöglich, ihm wohlzugefallen; denn wer zu Gott kommt, muss glauben, dass er ist, und dass er die belohnen wird, welche ihn suchen. — Hebräer 11,6*

Gott ehrt diejenigen, die ihn ehren (siehe 1Sam 1; 2,20–22). Glaube, dass Gott »ist«! Er ist denen, die ihn suchen, ein Belohner. Bete: »Vater, ich suche dich. Dein Wort sagt mir, dass du all diese Dinge zur Verfügung gestellt hast. Im Glauben empfange ich jetzt. Danke, Herr!« In dem Maße, in dem du ihn suchst und dich im Glauben weiter aufbaust, wird die Kraft Gottes freigesetzt werden, und du wirst so viel Erweckung erleben, wie du nur möchtest. Du bist derjenige, der entscheidet, wie viel Erweckung du haben wirst – nicht Gott.

Du musst nicht beten und dann einfach passiv abwarten, um dann schließlich zu sagen: »Ich habe 20 Jahre lang für Erweckung gebetet und sie ist noch nicht da. Ich weiß wirklich nicht, warum Gott nichts bewegt hat.« Das wäre genauso falsch, als würde jemand sagen: »Ich habe 20 Jahre lang für die Taufe im Heiligen

Geist gebetet, aber Gott hat sie mir bis jetzt noch nicht gegeben.« Nein, Gott hat alles schon gegeben; du hast es nur noch nicht empfangen. Nicht Gottes »Sender« ist defekt – das Problem liegt bei deinem »Empfänger«. Du musst deinen Empfänger richtig einstellen.

KAPITEL 16

Gott hat dir Kraft gegeben

Und Gott schuf den Menschen in seinem Bild, im Bild Gottes schuf er ihn; als Mann und Frau schuf er sie. Und Gott segnete sie; und Gott sprach zu ihnen: Seid fruchtbar und mehrt euch und füllt die Erde und macht sie euch untertan; und herrscht über die Fische im Meer und über die Vögel des Himmels und über alles Lebendige, das sich regt auf der Erde! — 1. Mose 1,27–28

Der Herr segnete uns und gab uns die Fähigkeit, uns zu vermehren. Er sagte Adam und Eva: »Seid fruchtbar. Mehrt euch. Füllt die Erde.« Mit dieser Macht und Autorität, die Gott uns gegeben hat, kommt aber auch Verantwortung.

Der Herr gab uns die Fähigkeit, Kinder zu zeugen. Er schickt sie nicht mit dem Storch. Es ist Gottes Kraft, aber sie funktioniert so, wie er es festgelegt hat. So kannst du beispielsweise bis zum Umfallen beten, aber eine Frau wird nicht schwanger werden, bevor sie mit einem Mann zusammengekommen ist. Das ist die Weise, wie Gott es beabsichtigt hat, und nur so funktioniert es.

Wenn eine Frau ständig darum beten würde, schwanger zu werden und ein Kind zu bekommen, aber keine körperliche Beziehung mit einem Mann eingegangen wäre, dann würden wir sie anschauen und denken: *Wie dumm kann ein Mensch nur sein? Hat sie denn niemand aufgeklärt? Weiß sie nicht, wie die Dinge laufen?*

Und doch ist es genau das, was viele Christen in anderen Bereichen ihres Lebens tun.

Sie bitten Gott um Heilung, aber sie tun nicht das, was das Wort sagt. Gottes Wort sagt, dass du zu deinem Berg sprechen sollst.

> *Wenn jemand zu diesem Berg spricht: Hebe dich und wirf dich ins Meer! und in seinem Herzen nicht zweifelt, sondern glaubt, dass das, was er sagt, geschieht, so wird ihm zuteilwerden, was immer er sagt. — Markus 11,23*

Das ist eines von Gottes Gesetzen. Die Menschen tun aber nicht, was das Wort sagt, und wundern sich: *Warum hat mich Gott noch nicht geheilt?* Das ist genauso töricht wie die Frau aus dem eben erwähnten Beispiel, die ständig dafür betet, schwanger zu werden, ohne eine Beziehung mit einem Mann eingegangen zu sein und dann, wenn nichts passiert, sagt: »Warum hat mir Gott kein Kind gegeben?« Gott hat uns die Macht und Autorität auf diesem Gebiet gegeben.

Mit dieser Macht und Autorität kommt Verantwortung. Ich kenne ein Paar, das zwölf Kinder hat. Als ich den Ehemann fragte: »Wie viele Kinder werdet ihr haben?«, antwortete er: »Wenn Gott möchte, dass wir Kinder bekommen, dann werden wir Kinder haben. Es hängt ganz von Gott ab.« Es gibt gewisse Arten von Verhütung, die ich nicht befürworte, denn sie kommen im Prinzip einer Abtreibung gleich. Dennoch, bevor man gar nichts tut, wäre ein wenig Selbstkontrolle hilfreich. Wenn du auf diesem Gebiet keinerlei Selbstkontrolle ausübst und denkst: *Wenn es Gottes Wille ist, dann werden wir Kinder haben; wenn nicht, werden wir keine haben,* dann missachtest du vollkommen deine Verantwortung. Gott segnete uns und gab uns Kraft, uns zu vermehren – er gab uns Zeugungskraft.

Wenn Menschen nur dann Kinder bekämen, wenn es Gottes Willen wäre, dann würden Prostituierte nicht schwanger werden. Wenn alle Kinder das Ergebnis von Gottes übernatürlichem Eingreifen wären, dann würden unverheiratete Frauen nicht schwanger und zu Müttern werden. Es entspricht auch nicht Gottes Wille, dass unverheiratete Paare Kinder bekommen. Würde Gott diesen Bereich unseres Lebens direkt kontrollieren, würde er es nicht zulassen, dass Kinder geboren werden, die drogenabhängig oder mit HIV infiziert sind. Gott gab die Zeugungskraft in die Hand des Menschen und wenn du dich an die Regeln dieses Universums hältst, so wie Gott es geschaffen hat, dann kannst du ein Kind zeugen.

Wir müssen uns an die Regeln halten

Die Schaffung von menschlichem Leben liegt in Gottes Macht, aber er hat sie unter unsere Kontrolle gestellt. Wir haben Macht und Autorität in diesem Bereich. Wenn du die gewünschten Ergebnisse erzielen möchtest, dann musst du das Richtige tun und dich an die Gesetze der Fortpflanzung halten. Die meisten Menschen verstehen das und würden jeden verlachen, der meint, er könne allein durch Beten ein Kind entstehen lassen. Gott lässt nicht auf übernatürliche Weise Kinder vom Himmel fallen. So kommen sie nicht.

Heilung, Errettung oder Erweckung kommen auch nicht einfach so, indem wir Gott bitten, diese Dinge auf übernatürliche Weise vom Himmel fallen zu lassen. Es gibt geistliche Gesetze, die festlegen, dass wir als Menschen unsere Vollmacht gebrauchen müssen. Diese Gesetze müssen wir anwenden. Wenn wir nicht im Glauben aufstehen und mit Gott kooperieren, wird nichts geschehen.

Das ist so einfach, dass dir jemand helfen muss, es misszuverstehen. Leider haben wir in dieser Hinsicht viel Hilfe bekommen! Ich habe schon mit vielen Menschen gesprochen, die fragten: »Wenn Gott wirklich Gott ist, dann hätte er diese Person doch heilen können. Warum hat er sie sterben lassen?«

Gott ist nicht so. Er sagt nicht einfach: »Okay, du hast die Kraft zu heilen. Geh nun los und heile die Kranken.« Und wenn wir es dann nicht tun, weil wir nicht wissen wie oder weil wir mehr von Unglauben als von Glauben beherrscht sind, schaut Gott nicht einfach auf uns hinunter und sagt: »Die kriegen es einfach nicht hin. Obwohl sie meinem Wort nicht glauben und es nicht so machen, wie ich es gesagt habe, werde ich diese Person jetzt trotzdem heilen.« Dies würde seine eigene Integrität verletzen.

Gott sagte uns: »Du hast die Kraft. Geh und heile die Kranken, reinige die Aussätzigen, wecke die Toten auf« (Mt 10,8). Wenn wir unseren Teil nicht tun, wird Gott nicht einschreiten und tun, was er uns aufgetragen hat. Kein noch so flehentliches Betteln wird die Situation verändern. Wir Christen müssen entdecken, was Gott uns gegeben hat. Wir müssen wissen, worüber wir Vollmacht haben, und dann damit beginnen, sie so einzusetzen, wie Gott es beabsichtigt hat. Lass uns Verantwortung übernehmen und den Unglauben beiseitelegen! Lass uns all diesen religiösen Lehrmeinungen absagen, die uns aus der Verantwortung nehmen, frei nach dem Motto: »Es kommt, wie es kommen muss. Es hängt allein von Gott ab, wer errettet und geheilt wird. Er ist souverän.« Hören wir damit auf, uns unserer Verantwortung zu entziehen und Gott die Schuld zu geben! Nicht er ist es, der versagt – wir sind es.

Kraft, um Reichtum zu erwerben

Im Bereich Finanzen hat uns Gott Kraft gegeben, Reichtum zu erwerben.

So gedenke doch an den Herrn, deinen Gott – denn er ist es, der dir Kraft gibt, solchen Reichtum zu erwerben –, damit er seinen Bund aufrechterhält, den er deinen Vätern geschworen hat, wie es heute geschieht. — 5. Mose 8,18

Wann immer uns Gott Kraft gibt, gibt er uns auch die Vollmacht, diese Kraft freizusetzen und sie zu benutzen. Mit dieser Vollmacht kommt jedoch auch Verantwortung und deshalb gibt er uns das Geld nicht auf direktem Weg. Wir werden nirgendwo in der Bibel eine Stelle finden, die besagt, dass Gott uns Geld gibt. Aber er gibt uns die Kraft – die Salbung, die Fähigkeit –, Vermögen zu erlangen.

Zunächst einmal: Gott besitzt kein Geld und er benutzt kein Geld. Im Himmel gibt es kein Währungssystem. Er stellt Geld auch nicht her. Wenn du beispielsweise betest: »O Gott, ich brauche 100 Euro«, dann bedenke, dass Gott keine Geldscheine besitzt und auch kein Falschgeld drucken wird, um es dir in die Tasche zu stecken. Die Bibel sagt:

Gebt, so wird euch gegeben werden; ein gutes, vollgedrücktes und gerütteltes und überfließendes Maß wird man in euren Schoß schütten. — Lukas 6,38

Da Gott nicht direkt irgendwelches Geld besitzt, schickt er es über Menschen zu dir. Gott gibt Menschen einen Eindruck und beteiligt diese Menschen an dem Prozess, durch den er dir seine Versorgung zukommen lässt.

Das Werk deiner Hände

Viele Menschen kennen diese Wahrheit nicht. Manche von ihnen beten: »Gott, wenn du wirklich Gott bist, dann kannst du alles tun. Leg Geld in mein Portemonnaie hinein.« Also öffnen sie ihr Portemonnaie und wenn dann nicht mehr Geld drin ist als vorher, sagen sie: »Nun, Gott ist nicht treu. Sein Wort funktioniert nicht. Es ist einfach nicht wahr.« Dann fangen sie aus ihrer Unwissenheit heraus an, Gott die Schuld zu geben.

Gott wird kein Geld drucken und es in deine Geldbörse legen. Gott hat dir die Kraft gegeben, Reichtum zu erwerben. Deshalb musst du lernen, deine Vollmacht zu gebrauchen, um diese Kraft freizusetzen. Wenn du sehen willst, wie Gottes Versorgung in deinem Leben zur Realität wird, musst du dich an die geistlichen Gesetze halten, die Versorgung und Wohlstand regeln.

Für weitere Informationen zu diesem Thema empfehle ich mein Buch *Treu mit Finanzen umgehen* und meine Lehren *Blessings and Miracles* und *The Power of Partnership.*

Gott hat uns versprochen, alle Werke unserer Hände zu segnen.

> *Der Herr wird dem Segen gebieten, dass er mit dir sei … in allem, was du unternimmst … Der Herr wird dir den Himmel, seinen guten Schatz, auftun … um alle Werke deiner Hände zu segnen. — 5. Mose 28,8.12*

Wenn du nichts mit deinen Händen tust, dann hat Gott nichts zum Segnen. Du kannst nicht einfach zu Hause herumsitzen und erwarten, dass der Herr dich reich macht. Auf diese Weise funktioniert es nicht. Du wirst nicht erleben, dass Gott deinen Wohlstand mehrt, wenn du nicht arbeitest. Das Wort sagt sogar:

> *Denn als wir bei euch waren, geboten wir euch dies: Wenn jemand nicht arbeiten will, so soll er auch nicht essen!*
> *— 2. Thessalonicher 3,10*

»Such dir einen Übergangsjob!«

Gott möchte, dass du arbeitest. Er möchte, dass du etwas Produktives tust. Deshalb ist Sozialhilfe, wie sie von unserem Staat gehandhabt wird, kein göttliches Prinzip. Ich sage damit nicht, dass jeder, der Sozialhilfe empfängt, gottlos ist. Ich sage auch nicht, dass Gott diese Menschen hasst oder dass sie in Sünde leben. Aber ich sage, dass dies nicht Gottes System ist.

Jeder braucht mal unter gewissen Umständen Hilfe. Es ist nicht falsch, Hilfe von anderen Menschen oder dem Staat anzunehmen, wenn du in einer Situation bist, die das vorübergehend notwendig macht. Aber ein Sozialhilfeempfänger der zweiten, dritten oder vierten Generation zu sein, der es als selbstverständlich ansieht, zu Hause herumzusitzen und sich vom Staat fürs Nichtstun bezahlen zu lassen – das ist keine göttliche Lebensauffassung.

Wenn du in den göttlichen Fluss von Gottes Versorgung hineinkommen willst, dann musst du einige Dinge tun, um diese Kraft freizusetzen und zu erleben, wie diese Salbung das benötigte Einkommen hervorzubringen beginnt. Gott hat dir die Kraft gegeben, Reichtum zu erwerben, aber du musst aktiv etwas unternehmen. Du musst arbeiten. Du musst an etwas Produktives Hand anlegen.

Einer unserer Partner war Geschäftsführer eines Unternehmens. Als dieses unerwartet umstrukturiert wurde, verlor er seine Stelle. Er bekam für einen gewissen Zeitraum Arbeitslosengeld. Da er arbeiten wollte, gab er überall in der Stadt seine Bewerbungen ab. Die Zeiten waren wirtschaftlich gerade schwierig und er war für die angebotenen Stellen überqualifiziert, daher stellte ihn niemand ein.

Als bereits die Versteigerung seines Hauses angesetzt war und er nur noch wenige Wochen davor stand, alles zu verlieren, kam er auf mich zu und fragte: »Was soll ich tun?«

Ich antwortete: »Such dir eine Arbeit!«

Er sagte: »Das versuche ich ja.«

Ich sagte weiter: »Nein, ich meine, such dir etwas für den Übergang! Es ist nicht falsch, zu glauben, dass du wieder eine Stelle als Geschäftsführer findest oder etwas Vergleichbares. Aber bis du eine besser bezahlte Arbeit bekommst, such dir einen Job im Supermarkt oder in einem Schnellrestaurant.«

Dieser Mann war zutiefst beleidigt. »Ich bin Geschäftsführer! Ich könnte so etwas nicht tun. Abgesehen davon brauche ich mehr Geld, als ich dort verdienen kann. Mein Haus steht kurz vor der Versteigerung.« Er war rund 5000 US-Dollar im Rückstand und hatte seit über einem Jahr nicht gearbeitet.

Ich sagte ihm: »Wenn du das ganze letzte Jahr Regale aufgefüllt oder Burger gebraten hättest, dann besäßest du jetzt genügend Geld, um dein Haus zu behalten, während du weiter nach der Stelle Ausschau hältst, die du dir im Glauben erwartest.« Es ist nichts dagegen einzuwenden, dass du einen solchen Job nicht auf Dauer machen willst, aber du solltest wenigstens irgendetwas arbeiten. Indem du nichts tust, entziehst du dich deiner Verantwortung und verhinderst, dass Gottes Segnungen in deinem Leben freigesetzt werden.

Du kannst beten und beten, und vielleicht wirst du ein Wunder erleben, das dich die nächste Woche oder den nächsten Monat über Wasser hält. Aber du wirst nächsten Monat erneut in eine Krise geraten und den Monat darauf und den übernächsten ebenfalls. Du wirst erst dann erleben, dass der übernatürliche Finanzfluss in deinem Leben in Erscheinung tritt, wenn du erkennst, dass Gott dir die Macht und Autorität gegeben hat, Reichtum zu erlangen. Du musst aufstehen und diese Macht und Autorität einsetzen, indem du aktiv etwas tust.«

Fingerhut oder Eimer?

Viele Menschen warten auf eine ertragreiche Ernte, ohne vorher eine Saat gesät zu haben. Sie glauben an eine großzügige Versorgung durch Gott, aber sie halten sich nicht an seine geistlichen Gesetze bezüglich Reichtum und Wohlstand. Erinnere dich daran, was das Wort sagt:

> *Gebt, so wird euch gegeben werden; ein gutes, vollgedrücktes und gerütteltes und überfließendes Maß wird man in euren Schoß schütten. Denn mit demselben Maß, mit dem ihr [anderen] zumesst, wird euch wieder zugemessen werden.*
> *— Lukas 6,38*

Benutzt du beim Geben einen winzig kleinen Fingerhut und spendest Gott ab und zu mal fünf Euro? Und hältst du dich dabei auch noch für wirklich großzügig, während der Zehnte deines Einkommens sich in Wahrheit auf 200, 300 oder 400 Euro belaufen würde? Du gibst Gott ein Trinkgeld und wunderst dich dabei: *Warum kommt bloß kein Geld rein? Ich bete doch für Wohlstand und glaube auch daran.* Der Herr sagt, dass er dir mit dem gleichen Maß, das du benutzt, zurückgeben wird. Wenn du einen Fingerhut benutzt, dann wird auch der Herr beim Zurückgeben einen Fingerhut benutzen. Wenn du dann einen Eimer voll Geld benötigst, wird der Herr mit einem Fingerhut eine Menge Zeit dafür brauchen.

So funktionieren die Dinge im Reich Gottes. Gott gibt dir kein Geld – er gibt dir die Kraft, welches zu erlangen. Dann musst du einige Dinge tun, um diese Kraft freizusetzen. Eines davon ist: aktiv etwas unternehmen. Regale auffüllen oder Burger braten ist besser, als von Sozialhilfe zu leben. »Aber Andrew, zurzeit bekomme ich mehr Geld vom Staat, als ich bei einem dieser Jobs verdienen könnte.« Der Unterschied ist, dass Gott Sozialhilfe nicht segnen kann, aber er kann dich bei deiner Arbeit im Supermarkt oder im Schnellrestaurant segnen. Er könnte dich zum Filialleiter befördern. Während du dort arbeitest, könntest du jemanden treffen, der dir eine Aufstiegsmöglichkeit gibt oder dir sogar eine andere Arbeit anbietet. Aber wenn du gar nichts tust, dann hinderst du Gottes Kraft daran, in dein Leben zu fließen.

Es ist nicht Gott, der versäumt, unsere Gebete zu beantworten – wir sind es, die versäumen, unsere Vollmacht zu ergreifen und sie in angemessener Weise zu gebrauchen.

KAPITEL 17

Der Teufel wird von euch fliehen

Unterwerft euch nun Gott! Widersteht aber dem Teufel! Und er wird von euch fliehen. — Jakobus 4,7 ELB

Gott hat uns Kraft und Vollmacht über den Teufel gegeben.

Er [Jesus] rief aber seine zwölf Jünger zusammen und gab ihnen Kraft und Vollmacht über ***alle*** *Dämonen und zur Heilung von Krankheiten. — Lukas 9,1*

Gott gab uns Macht und Autorität über *alle* Dämonen – und *alle* bedeutet *alle.* Kein *einziger* Dämon ist davon ausgeschlossen. Ich treffe ständig Leute, die sagen: »Der Teufel macht dieses und jenes mit mir.« Wenn dir bewusst wird, dass der Teufel *dein* Problem ist, dann kannst du dieses Problem lösen, indem du Gottes Wort glaubst und deine Vollmacht ergreifst, anstatt herumzulaufen und zu beten: »O Gott, bitte halte mir den Teufel vom Leib. O Herr, der Teufel versucht, mich dazu zu bringen, diese Dinge zu tun.« Die Drangsalierungen des Teufels wirst du nicht durch Gebet los oder indem du Gott bittest, ihn dir vom Hals zu schaffen. Wie wir gerade gesehen haben, ist *dir* diese Macht und Autorität gegeben worden.

In Jakobus 4,7 steht nicht, dass der Teufel von Gott fliehen wird. Er wird von dir fliehen. Es ist Gottes Kraft, aber diese Kraft ist in dir. Gott wird nicht persönlich herunterkommen und dafür sorgen, dass der Teufel von dir flieht. *Du* musst dem Teufel widerstehen.

Satan ist ein Feigling

Widerstehen bedeutet »aktiv gegen etwas ankämpfen«. Jeder Widerstand ist aktiv. Du musst dein Blut selbst in Wallung bringen und in gottgemäßer Weise zornig werden. Gottgemäßer Zorn richtet sich immer gegen den Teufel, gegen Krankheit und gegen Armut. Du musst diese Art Zorn in deinem Herzen entfachen. Du darfst die Dinge nicht einfach so hinnehmen. Solange du etwas tolerieren oder besser gesagt ertragen kannst, wirst du es ertragen. Aber wenn du an den Punkt gekommen bist, an dem du sagst: »Jetzt reicht es! Genug ist genug! Bis hierhin und nicht weiter!« und in göttlichem Zorn aufstehst und im Glauben deine Vollmacht ergreifst, wird eine positive geistliche Dynamik freigesetzt. Wenn du es satthast, krank und erschöpft zu sein, dann sprich ein Machtwort und widerstehe dem Teufel, dann wird er von dir fliehen.

Wenn du mehr über den göttlichen Gebrauch von Zorn wissen möchtest, empfehle ich meine Lehrserie *Anger Management.*

Im Grunde genommen ist Satan ein Feigling. Das ist er wirklich. Er gibt nur an wie ein Halbstarker – er schüchtert ein, schreit herum und droht. Auch wenn er sich aggressiv verhält, so ist und bleibt er ein Feigling. Wenn du es schon einmal mit Halbstarken zu tun hattest, wirst du bemerkt haben, dass sie immer versuchen, andere Menschen auszunutzen, zu manipulieren und über sie zu bestimmen. Als Junge lernte ich, dass man solchen Typen die Stirn bieten muss. Dann respektieren sie dich und lassen dich in Ruhe. Du magst bei der Rauferei vielleicht unterlegen sein und etwas abbekommen, aber du musst nur einmal kämpfen. Danach werden sie dich respektieren und in Ruhe lassen. In Wirklichkeit möchten Halbstarke gar nicht kämpfen. Sie wollen dich nur einschüchtern und über dich bestimmen. Wenn ihnen klar wird, dass du jedes Mal aufstehen und gegen sie kämpfen wirst, wenn sie dich angreifen, dann werden sie einen Rückzieher machen. Selbst wenn sie den Kampf gewonnen haben, verlieren sie trotzdem die Lust, sich jedes Mal mit dir anzulegen. Und genau so einer ist Satan.

Wenn du zornig wirst und dem Teufel widerstehst, verhält er sich wie eben ein solcher Halbstarker. In dem Moment, in dem er erkennt, dass es ihn etwas kosten wird – dass du bereit bist, ihn im Namen Jesu offen zu konfrontieren –, wird er von dir fliehen. Aber du musst widerstehen!

»Lieber Teufel ...«

Widerstehen bedeutet nicht, zu sagen: »Lieber Teufel, bitte lass mich in Ruhe.« Meine Freunde und ich haben mal für eine Frau gebetet, die ihre Seele dem Teufel verkauft hatte und nun Befreiung suchte. Satan hatte sie zu einem abscheulichen Ritus verleitet, bei dem sie unter anderem die Körperausscheidungen anderer Menschen benutzte, um diese dämonischen Pakte zu schließen. Wir sagten ihr, dass sie sich direkt an den Teufel wenden und seinen Einfluss in ihrem Leben brechen müsse. Dabei solle sie direkt zum Teufel sprechen und ihm abschwören. So knieten wir um den Wohnzimmertisch und begannen zu beten. Dann sagten wir: »So, nun sprich du zum Teufel!«

Die Frau fing an: »Lieber Teufel ...« Wir mussten sie auf der Stelle unterbrechen: »Stopp! Das ist nicht *dem Teufel widerstehen!*« Man widersteht dem Teufel nicht, indem man sagt: »Lieber Teufel, bitte lass mich in Ruhe.« Du musst dem Teufel wirklich widerstehen. Gott hat dir Macht und Autorität gegeben, und du musst beides aktivieren, indem du dein Blut in Wallung bringst und mit wilder Entschlossenheit (Mt 11,12) im Geiste mit dem Fuß aufstampfst und rufst: »Satan, raus aus meinem Leben!« Du magst jetzt denken: *Aber Andrew, es fällt mir schwer, mich so durchzusetzen, das ist nicht meine Art.* Dann ist deine einzige Alternative, weiter zu leiden! Denn nur so funktioniert es.

Gott wird dem Teufel nicht an deiner Stelle gebieten. Du musst aufstehen und ihm widerstehen. Und wenn du dem Teufel widerstehst, dann *wird* er von dir fliehen. Gott hat dir diese Vollmacht gegeben und du kannst ihn nicht anflehen, das für dich zu tun, was er dir aufgetragen hat. Es wird nicht funktionieren.

Kenneth E. Hagin (ein bekannter Prediger und Evangelist, auch Vater der Wort-des-Glaubens-Bewegung genannt) erzählte öfter davon, wie der Herr ihm eines Tages erschien und ihm Anweisungen gab. Während Jesus sprach, fing ein kleiner Dämon an, hüpfend und schreiend zwischen ihnen hin und her zu rennen. Kenneth versuchte, aufmerksam zu bleiben und diesen Dämon einfach zu ignorieren, aber er konnte sich nicht wirklich auf das konzentrieren, was der Herr zu ihm sagte. Er wunderte sich, warum Gott diesem Treiben kein Ende setzte.

Schließlich regte sich Kenneth so darüber auf, dass er ausrief: »In Jesu Namen befehle ich dir, zu gehen!«, und in null Komma nichts war dieser kleine Dämon verschwunden. Der Herr schaute Kenneth an und sagte: »Wenn du es nicht getan hättest, ich hätte es nicht tun können.«

Die zwei Seiten der Medaille

Gott hat dir gesagt, du sollest dem Teufel widerstehen und er werde von dir fliehen. Viele Christen heutzutage wissen, dass der Teufel derjenige ist, der ihr Leben zerstören will. Er versucht, dich durch Krankheit zu töten, oder er stiehlt deine Finanzen. Du weißt, was da geschieht, ist nicht Gottes Wille, dennoch betest du: »O Herr, bitte regle das! Bitte tu etwas!« Du ergreifst nicht deine Vollmacht. Wenn du es mit dämonischem Widerstand zu tun hast, musst du dich der Herausforderung stellen, deine von Gott gegebene Vollmacht ergreifen und dem Teufel befehlen, das Weite zu suchen.

Wir haben hier zwei Seiten derselben Medaille – zum einen musst du dich Gott unterordnen und zum anderen dem Teufel widerstehen. Du kannst nicht einfach herumlaufen und alles binden, was dir in den Sinn kommt. Manche Menschen wenden Jakobus 4,7 falsch an und denken Dinge wie: *Der Teufel hat mir diesen Ehepartner gegeben und ich will einen neuen. Also werde ich meine Vollmacht ergreifen und meinen neuen Ehepartner herbeibefehlen und mir gleichzeitig diesen hier vom Hals schaffen.* Das wird nicht funktionieren, denn Gott hat dir nicht diese Art von Macht und Autorität gegeben. Dir die Person vom Hals zu schaffen (durch Scheidung), mit der du jetzt verheiratet bist, damit du eine andere heiraten kannst, ist nicht sein Wille. Du musst dich Gott unterordnen und dem Teufel widerstehen, und dann wird er von dir fliehen.

Diese Wahrheiten bezüglich deiner Vollmacht werden für dich nur funktionieren, wenn du dich Gott unterordnest. Wenn du Gott von ganzem Herzen suchst und dabei feststellst, dass der Teufel dich daran hindern will, kannst du deine Vollmacht ergreifen und diesen Dingen befehlen, sich zu ändern. Wenn du aber vor lauter Ärger, weil dich ein Autofahrer auf der Straße geschnitten hat, sagst: »Ich hoffe, der fährt gleich sein Auto zu Schrott«, wird das nicht passieren. Gott hat dir nicht die Vollmacht gegeben, Menschen auf diese Weise zu verfluchen. Du ordnest dich ihm nicht unter, wenn du so etwas tust. Aber wenn du dich Gott unterordnest, dann kannst du dem Teufel widerstehen – aktiv gegen ihn ankämpfen – und er wird von dir fliehen.

Als ich noch einer konfessionellen Gemeinde angehörte, wurden meine Freunde und ich plötzlich mit einer Dämonenaustreibung konfrontiert. Wir erlebten die Befreiung einer Frau, die normalerweise für den Rest ihres Lebens in der Psychiatrie gelandet wäre. Wir wussten, dass ihr Problem weder physischer noch natürlicher, sondern dämonischer Art war. Wir wussten aber auch, dass die staatlichen Behörden nicht verstehen würden, was wir vorhatten, also schlossen wir sie für sieben Tage in einen Raum ein und wechselten uns im Gebet für sie ab. Wir priesen Gott, sangen Lieder über das Blut Jesu und lasen Bibelstellen vor. Wir wussten nicht, was wir taten, aber wir trieben buchstäblich den Teufel aus dieser Frau hinaus – nicht mit physischer Gewalt, sondern indem wir Lieder über das Blut sangen und unsere Stimme gegen den Teufel erhoben. Wir blieben einfach so lange dort, bis diese Frau frei von Dämonen war. Als sich herumgesprochen hatte, dass sie wieder bei klarem Verstand war, kamen von überall her Leute zu uns.

»Wie heißt du?«

Ein anderes Mal kam ein Mann zu uns, der homosexuell war und davon befreit werden wollte. Wir wussten auch hier nicht wirklich, was wir taten, und um es noch schlimmer zu machen, hatten wir ein Buch gelesen, das uns alle möglichen Irrtümer lehrte, wie: Du kannst einen Dämon nicht allein austreiben, du musst mindestens zu zweit sein; du musst seinen Namen in Erfahrung bringen; die betreffende Person muss sich in einen Eimer übergeben. Wir taten einige dumme Dinge, indem wir den Anweisungen dieses Buches folgten.

So bereiteten wir diesen Mann drei Wochen lang auf seine Befreiung vor, was gar nicht nötig gewesen wäre. In der Stadt, in der ich lebe, gibt es eine Gruppe von Leuten, die glauben, dass es gut sei, von den Personen, die befreit werden wollen, zu verlangen, dass sie einen 40-seitigen Fragebogen ausfüllen und dann noch eine 45-tägige Wartezeit erdulden, bevor die Dämonen dann endlich ausgetrieben werden. Das ist jedenfalls nicht die Methode, die Jesus angewendet hat!

Damals, als wir noch dachten, wir müssten immer den Namen des Dämons in Erfahrung bringen, fragte ein Freund von mir einen Dämon, den er gerade aus jemandem austreiben wollte: »In Jesu Name, wie heißt du?«

Der Dämon antwortete: »Lügner.«

Mein Freund hakte nach: »Sagst du mir die Wahrheit?«

»Mit diesen Dämonen gehe ich nicht wieder nach Hause!«

Während eines Mittwochabendgottesdienstes kam dieser homosexuelle Mann, den wir gerade für seine Befreiung vorbereiteten, in unsere Gemeinde. Ich leitete die Versammlung allein, da der zweite Pastor, der mit mir ein Team bildete, wenn wir Dämonen austrieben, an dem Abend nicht in der Stadt war. Ein Ordner nahm mich beiseite und sagte: »Dieser Mann möchte mit dir sprechen.« Als ich auf ihn zuging, bemerkte ich, dass er noch einen anderen Mann mitgebracht hatte, der ebenfalls homosexuell war und befreit werden wollte.

Der Mann, den wir vorbereitet hatten, sagte: »Ich bin bereit, heute Abend befreit zu werden.«

Ich antwortete, »Gut, aber heute Abend geht es nicht, weil ich allein da bin.«

Er antwortete: »Ich gehe mit diesen Dämonen nicht wieder nach Hause!«

»Nun, ich werde sie nicht austreiben.«

»Du unternimmst besser etwas, denn ich gehe hier nicht mit diesen Dämonen weg.«

So nahm ich diesen Mann und seinen Freund mit in einen Nebenraum dieser Gemeinde. Jamie und ich waren damals noch nicht verheiratet. Sie kam mit, um uns im Gebet zu unterstützen. Sie war noch nicht einmal im Heiligen Geist getauft. Wir hatten wirklich keine Ahnung, was wir da taten.

Als wir im Nebenraum waren, sagte der Mann: »Du rufst besser das Blut Jesu über diesen Raum aus oder tust irgendetwas, denn diese Dämonen sind gerade dabei, sich bemerkbar zu machen.«

Als ich zu beten begann: »Vater, im Namen Jesu«, fiel dieser Mann zu Boden und fing an zu bellen, wand sich auf dem Boden wie eine Schlange und warf dann Stühle gegen die Glaswand. Es war ein ziemlicher Tumult! Als der Ordner mitbekam, das irgendwas los war, lief er zurück, unterbrach den Gottesdienst und sagte: »Wir müssen für Andrew beten. Er ist nebenan und erzählt gerade jemandem von Jesus.« Sie hatten nicht die geringste Ahnung, was da vor sich ging.

»Schweigt und kommt heraus!«

In diesem Raum waren ca. zehn Stühle zu einem Turm ineinander gestapelt. Der andere dämonisierte Mann war auf den obersten Stuhl geklettert und stand dort zu Tode erschreckt an die Wand gepresst. Jamie betete und tat ihr Bestmögliches.

Ich wusste nicht, wie ich vorgehen sollte, aber da wir nun schon mittendrin waren, fing ich an zu fragen: »Wie lautet dein Name? In Jesu Name, sag mir deinen Namen!« Als ich das tat, teilte mir ein Dämon seinen Namen mit, dann ein anderer und wieder ein anderer. Ich fühlte mich ziemlich hinters Licht geführt, da ich nicht wusste, ob der erste Dämon nun schon herausgekommen war, bevor der zweite seinen Namen sagte. Es war schon irgendwie lächerlich! Schließlich kam mir folgender Bibelvers in den Sinn:

> *Aber Jesus befahl ihm und sprach: Verstumme und fahre aus von ihm! — Markus 1,25*

Ich dachte: *Das klingt gut.* So sagte ich: »In Jesu Namen befehle ich euch allen zu schweigen und aus ihm herauszukommen!« Sofort wurde Kraft freigesetzt und dieser Mann lag auf dem Boden, als wäre er tot. Ich rüttelte ihn vorsichtig, um zu sehen, ob alles in Ordnung war. Er rollte sich einfach auf den Rücken und flüsterte: »Ich bin frei. Ich bin befreit. Ich bin frei.« Ich dachte: *Wenn es so einfach ist und man den Dämonen nur im Namen Jesu befehlen muss, herauszukommen, warum habe ich mich dann nur so lange mit all dem anderen Unsinn aufgehalten?*

Obwohl wir nicht wussten, was wir taten, stolperten wir quasi zufällig über diese Wahrheit. Bisher waren wir gewohnt zu bitten und zu betteln: »O Gott, bitte nimm das weg!« Ich lernte durch die gemachten Erfahrungen, dass Gott mir Vollmacht gegeben hatte und ich mich nicht mit all den anderen Dingen aufhalten musste. Ich muss keine Dämonen nach ihren Namen fragen, ich muss Leute keine 40-seitigen Formulare ausfüllen lassen oder von ihnen eine mehrwöchige Wartezeit zur Vorbereitung verlangen. Ich habe Vollmacht über den Teufel, und wenn die betreffende Person es von sich aus will und zum Mitmachen bereit ist, kann ich handeln und diesen Dämonen befehlen, zu gehen, und sie werden mir gehorchen.

Ich kann Gott nicht bitten, den Teufel auszutreiben, denn das ist ja das, was er *mir* aufgetragen hat. Ich muss aufstehen, meine Vollmacht ergreifen und zuversichtlich sein, dass das, was ich sage, auch wirklich geschieht. Ich muss Vertrauen in Gottes Wort haben – ich muss glauben, dass ich wirklich Vollmacht über alle Dämonen und zur Heilung von Krankheiten habe (Lk 9,1).

Kleine Richtungsänderungen, große Wirkung

Da Gott dir diese Macht und Autorität gegeben hat, hast du auch die Verantwortung, sie zu gebrauchen. Du kannst nicht wieder zu Gott gehen und ihn anflehen, das zu tun, was er dir aufgetragen hat. Du musst deine Vollmacht ergreifen und sie umsetzen.

Das Problem liegt nicht bei Gott. Gebet funktioniert. Falsches Gebet funktioniert hingegen nicht. Du musst im Einklang mit der von Gott gegebenen Vollmacht beten, sprechen und handeln.

Wenn du diese kleinen Richtungsänderungen in deiner Denkweise übernimmst, über die ich in diesem Buch schreibe, wirst du einen großen Unterschied feststellen. Sprich zu deinem Problem und befiehl, dass die Zusagen aus Gottes Wort sichtbar werden. Bete, dass Gottes Wort den Weg der Menschen kreuzt, die noch nicht wiedergeboren sind. Hör auf, Gott um eine Ausgießung seines Geistes anzuflehen, und fang an, hinauszugehen und die Kranken zu heilen, die Aussätzigen zu reinigen und die Toten aufzuerwecken (Mt 10,8). Tu, was das Wort sagt, und du wirst sehen, wie seine Kraft sichtbar wird. Dann wirst du so viel Erweckung haben, wie du bewältigen kannst.

KAPITEL 18

Durchsetzung von geltendem Recht

Wir üben Vollmacht bzw. Autorität aus, wenn wir unsere Verantwortung ergreifen und das tun, was Gott uns aufgetragen hat. Das bedeutet aber nicht, dass wir einfach »befehlen« können, was uns gerade in den Sinn kommt. Autoritäten sind nur zur Durchsetzung von *geltendem Recht* befugt.

Den Aufgabenbereich von Polizisten definiert man auch folgendermaßen: »Beamte, die für die Einhaltung des Gesetzes sorgen.« Sie haben nur die Autorität, das durchzusetzen, was vorher als Gesetz festgelegt wurde. Polizeibeamte machen selbst keine Gesetze. Sie sind keine Diktatoren, die tun können, was ihnen beliebt. Sie sind in ihrem Handeln begrenzt. Ihnen ist nichts weiter erlaubt, als für die Einhaltung der Gesetze zu sorgen, die schon in Kraft gesetzt wurden. Das Gleiche gilt für den geistlichen Bereich.

Jeder wiedergeborene Gläubige hat diese übernatürliche Vollmacht, die Gott ihm gegeben hat. Aber es gibt auch geistliche Gesetze, die regeln, wie diese Vollmacht zu gebrauchen ist. Ähnlich wie es für Polizeibeamten gilt, können wir lediglich für die Einhaltung der Gesetze sorgen, die bereits Gültigkeit besitzen. Dabei können wir Gottes Kraft nicht in eigennütziger Weise gebrauchen. Denn es gibt kein Gesetz, in dem Gott uns verspricht, dass er uns gibt, worauf wir gerade Lust haben. Stattdessen müssen wir die Gesetze im Reich Gottes kennen und dann verstehen, dass unsere Autorität einfach nur darin besteht, diese geistlichen Gesetze durchzusetzen.

Im Natürlichen versuchen manche Menschen die Gesetze ihres Landes zu umgehen. Deshalb brauchen wir Polizisten – Beamte, die für die Einhaltung der Gesetze sorgen. Im geistlichen Bereich gibt es Dämonen, die ständig versuchen, sich uns entgegenzustellen, uns ihren bösen Willen aufzudrücken und uns daran zu hindern, in die von Gott für uns vorgesehene Fülle hineinzukommen. Wir müssen die geistlichen Gesetze des Reiches Gottes, die aufgestellt wurden, durchsetzen.

Ein rechtsgültiger und verbindlicher Vertrag

Die meisten Menschen sind sich nicht bewusst, dass Gottes Reich von Gesetzen regiert wird. Stattdessen glauben sie, alles werde in direkter Weise vom Herrn kontrolliert, dessen Laune sich ständig ändere. Sie sagen Dinge wie: »Man kann nicht wissen, was Gott tun wird« und »Du kannst Gott nicht in eine Schublade stecken«. Gott ist definitiv größer als die kleine »Schublade«, in die du ihn hineinzustecken versuchst, dennoch hat er geistliche Gesetze festgelegt, die nicht einmal er brechen wird.

> *Denn du hast dein Wort groß gemacht über deinen ganzen Namen. — Psalm 138,2* ELB

Obwohl viele Bibelstellen die Kraft von Jesu Namen offenbaren (Phil 2,9–11), hat Gott sein Wort sogar *über* seinen ganzen Namen groß gemacht. Der Name einer Person ist nicht mehr wert als ihr Wort. Wenn sie ihr Wort nicht hält, dann bedeutet ihr Name gar nichts. Aber Jesu Name hat Macht, weil der Herr niemals sein

Wort bricht. Wenn Gott etwas sagt, dann wird es zu einem rechtsgültigen und verbindlichen Vertrag.

> *Meinen Bund will ich nicht ungültig machen und nicht ändern, was über meine Lippen gekommen ist.*
> — *Psalm* 89,35

Wenn Gott etwas ausspricht, dann ist sein Wort ein Bündnis. Es ist eine Verpflichtung, die er nicht brechen wird.

Jesus trägt *alle Dinge durch das Wort seiner Kraft* (Hebr 1,3). Oder anders gesagt: Unser gesamtes Universum wird durch die Integrität und die Kraft von Gottes Wort zusammengehalten. Würde er jemals auch nur ein Versprechen brechen oder sein Wort auf andere Weise missachten, dann würde diese ganze Welt, das gesamte Universum, sich selbst zerstören – dich und mich eingeschlossen. Es ist Gottes Integrität, die alles zusammenhält.

Das Gesetz des Glaubens

Wenn also etwas über Gottes Lippen kommt, wird es zu einem bindenden Vertrag – zu einem Gesetz. Wenn er es einmal ausgesprochen hat, wird er es nicht ändern. Um deine Vollmacht wirksam einsetzen zu können, musst du seine Gesetze kennen.

Während seiner Ausbildung muss ein Polizist die Gesetze studieren, für deren Einhaltung er zu sorgen hat. Sein Vorgesetzter sagt nicht: »Ach, du brauchst nichts zu wissen. Geh einfach auf Streife und schau mal, wie es funktioniert. Vielleicht gehorchen dir die Leute ja.« Nein, solch eine Haltung hat er gewiss nicht. Der Polizist bekommt die Gesetze und Bestimmungen seines Landes regelrecht eingetrichtert und er weiß genau, was erlaubt ist und was nicht.

Polizisten müssen die Gesetze kennen, denn sie dürfen sie nicht überschreiten. Sie können nicht einfach machen, was sie wollen. Ein Polizist hat Autorität, aber diese Autorität ist durch das Gesetz begrenzt. Gibt es kein Gesetz für das, was er durchsetzen möchte, dann darf er es nicht tun.

Im Geistlichen ist es dasselbe. Du kannst dir nicht einfach rauspicken, was dir gerade in den Kram passt. Du musst die Gesetze kennen, die Gottes Reich regieren, und sie dann befolgen. Wenn du versuchst, etwas außerhalb dieser Gesetze durchzusetzen, wird es nicht funktionieren. Du kannst nicht einfach deine von Gott gegebene Autorität benutzen, um dein eigenes Ding zu machen.

Römer 3 spricht von dem »Gesetz des Glaubens«.

> *Wo bleibt nun das Rühmen? Es ist ausgeschlossen! Durch welches Gesetz? Das der Werke? Nein, sondern durch das Gesetz des Glaubens! — Römer 3,27*

Glaube folgt einem Gesetz. Es gibt ein Gesetz des Glaubens.

Gesetz oder Phänomen?

In der natürlichen Welt gibt es physikalische Gesetze. Unter vielen anderen gibt es das Gesetz der Schwerkraft und der Schub- und Auftriebskraft. Ein Gesetz ist sowohl konstant als auch universell. Würde die Schwerkraft nur in den Vereinigten Staaten funktionieren, aber nicht in anderen Teilen der Welt, wäre sie ein Phänomen, aber kein Gesetz. Wenn man von einem physikalischen Gesetz spricht, dann meint man damit, dass es für jeden auf diesem Planeten gleichermaßen gilt. Es gilt für jeden und für alle Zeit.

Die Schwerkraft setzt nicht ab und zu mal aus. Dennoch wirst du manchmal Dinge sehen, die dich das glauben lassen. Vor einigen Jahren gab es einen Flugzeugabsturz in Colorado Springs. Das Flugzeug flog eine Kurve, um in den Landeanflug zu gehen, doch plötzlich beschleunigte es stark und bohrte sich mit solcher Wucht in den Boden, dass ein Krater entstand. Das größte Trümmerteil, das gefunden wurde, hatte nicht einmal die Größe eines Gästehandtuchs. Das Flugzeug explodierte einfach und niemand überlebte. Vier Jahre lang wurden deswegen Untersuchungen angestellt, aber es konnte weder ein Pilotenfehler noch ein technischer Defekt als Ursache für den Unfall ausgemacht werden. Trotzdem kam niemand auf die Idee zu behaupten: »Die Schwerkraft erhöhte sich plötzlich um ein Zehnfaches und deshalb stürzte die Maschine auf diese Weise ab.« Es ist doch jedem klar, dass das unmöglich ist, da Schwerkraft ein Gesetz ist – und somit ist sie unveränderlich. Es behauptete auch keiner: »Das Gesetz der Schub- und Auftriebskraft ist in diesem Fall einfach außer Kraft gesetzt worden.« Nein, es ist ein physikalisches Gesetz – es funktioniert immer auf dieselbe Weise.

Wenn du jemals eine fruchtbare, effektive und kraftvolle Beziehung mit Gott haben willst, musst du dein altes Denkschema über Gottes vermeintliche Unbeständigkeit komplett über Bord werfen. Befreie dich von Gedanken wie diesen: »Manchmal will Gott dieses tun und manchmal jenes. Du weißt niemals, welche Laune er gerade hat. Vielleicht wird er diese Person heilen, aber jene nicht. Vielleicht möchte er, dass diese Person für den Rest ihres Lebens leidet.« Gott ist nicht so und auch sein Reich funktioniert nicht auf diese Weise.

Gott ist derjenige, der den Himmel und die Erde erschaffen hat. Alles ist dermaßen geordnet und systematisch, dass du fünf oder auch fünftausend Jahre in der Zeit zurückgehen und exakt herausfinden kannst, in welcher Konstellation Mars, Jupiter und all die anderen Planeten zum jeweiligen Zeitpunkt standen. Es funktioniert alles wie ein Uhrwerk, in perfekter und konstanter Weise. Du kannst genau wissen, wann es eine Sonnenfinsternis geben wird, weil alles genau vorhersagbar ist.

Ich bin erstaunt darüber, wie Leute denken können, dass Gott – der solch eine Ordnung im Universum geschaffen hat – in unserem Leben Dinge sporadisch und willkürlich tun würde. Ordnung entsteht nicht aus dem Chaos. Gott selbst ist ein Gott der Ordnung. Er schuf Gesetze – physikalische und geistliche. Gott selbst ist beständig und vorhersehbar, weil er nach seinen eigenen geistlichen Gesetzen handelt.

Du musst herausfinden, worin diese geistlichen Gesetze bestehen. Und sobald du es weißt, gebrauchst du deine Autorität bzw. Vollmacht als Gläubiger und wendest diese Gesetze an. Kennst du Gottes Wort nämlich nicht, wirst du beim Gebrauch deiner Vollmacht nicht viel Erfolg haben, denn Satan wird sie dir schnell wieder ausreden.

Du weißt nicht, was dir zur Verfügung gestellt wurde

Zu der Zeit, als man den Atlantik noch mit dem Schiff überquerte, kratzte ein Mann sein letztes Geld zusammen, um sich ein Ticket für die Überfahrt nach Amerika kaufen zu können. Ihm blieb gerade noch so viel Geld, um sich Knäckebrot und Käse zu kaufen. Dies war sein ganzer Proviant auf der einmonatigen Reise über den Atlantik. Er sah all die anderen Passagiere, wie sie die täglichen üppigen Mahlzeiten im Speisesaal genossen, während er selbst kein Geld mehr für Essen übrig hatte und so von seinem Knäckebrot und dem Käse leben musste.

Gegen Ende der Reise kam jemand vom Schiffspersonal zu ihm und fragte: »Mein Herr, mir ist aufgefallen, dass Sie uns nie im Speisesaal beehrt haben. Haben wir etwas getan, das Ihnen missfallen hat? Warum haben Sie nicht mit uns zusammen auf dieser Reise gegessen?«

Der Mann antwortete: »O nein, ich bin nicht im Geringsten verärgert. Ich hätte liebend gern mit Ihnen gegessen. Das Essen sah so gut aus, aber ich hatte einfach kein Geld mehr übrig. Es reichte gerade, um vor der Abfahrt ein wenig Knäckebrot und Käse zu kaufen.«

Der Schiffssteward schaute diesen Mann verblüfft an und sagte: »Haben Sie denn nicht gewusst, dass die Mahlzeiten im Ticket inbegriffen sind? Sie haben sie schon mit dem Preis für die Überfahrt bezahlt.«

Dieser Mann wusste nicht, was ihm rechtmäßig zustand und deshalb musste er darauf verzichten. In Wahrheit hätte er die ganze Zeit über königlich von den üppigen Mahlzeiten speisen können, die während der gesamten Reise serviert wurden.

Viele Christen machen es ähnlich. Sie wissen nichts über das Leben in Fülle, das Gott uns gegeben hat. Folglich kommen sie nicht in den Genuss des vollen Segens, den Jesus durch seinen Tod am Kreuz schon bezahlt hat. Weil sie nicht wissen, was das Wort sagt, kann Satan ihnen einreden: »Du wirst es nie wirklich zu etwas bringen. Sei froh, wenn du das Nötigste hast, um über die Runden zu kommen.«

Ist dir bewusst, was das Wort über Wohlstand sagt? In 5. Mose 28,8 kannst du nachlesen, dass Gott seinen Segen über alle Werke deiner Hände befohlen hat. Psalm 35,27 offenbart, dass es Gott gefällt, wenn es denen, die ihm dienen, wohlergeht. Wenn du diese geistlichen Gesetze nicht kennst, wirst du sie auch nicht durchsetzen. Du wirst Satan nicht dazu auffordern, dich nicht länger zu bestehlen und deine von Gott gegebene Versorgung loszulassen. Du wirst das, was dir in Christus rechtmäßig gehört, nicht erleben können. Damit du also deine Vollmacht ergreifen und Gottes Segnungen erfahren kannst, musst du die geistlichen Gesetze kennen und wissen, was Jesus dir schon zur Verfügung gestellt hat.

Diese Zuversicht haben wir

Vor kurzem drängte mich ein Freund, doch für eine Frau mit Arthritis zu beten. Ich versuchte, ihren Glauben zu stärken, indem ich ihr von all den verschiedenen Leuten erzählte, deren Heilung von Arthritis ich selbst miterlebt hatte. Auch sagte ich ihr, dass Arthritis für Gott kein Problem darstelle. Sie sah mich an und erwiderte: »Ich glaube, dass Gott heilen kann, aber ich glaube nicht, dass Sie heilen können.« Natürlich ist es Gottes Kraft und nicht meine, aber er hat mir die Vollmacht gegeben, sie zu gebrauchen. Da sie dies nicht verstand, ging sie sofort auf Distanz und widersetzte sich der Art und Weise, wie ich ihr zu dienen versuchte. Sie behauptete: »Es hängt alles davon ab, ob es Gottes Wille ist, mich zu heilen oder nicht.« Sie glaubte, dass Gott es tun könnte, aber nicht, dass Heilung ein Gesetz ist – etwas, das er bereits getan hat.

Durch den Tod, die Grablegung und die Auferstehung unseres Herrn Jesus Christus hat Gott schon jeden Menschen geheilt, der jemals geheilt werden wird. Durch die Striemen, die Jesus vor 2000 Jahren auf seinem Rücken erhalten hat, sind wir geheilt worden, es ist also bereits in der Vergangenheit geschehen (1Petr 2,24). Gott heilt jetzt nicht mehr, er hat seinen Teil schon vor langer Zeit getan. Das Gesetz ist in Kraft getreten und nun gehört Heilung uns. Dennoch obliegt es uns als Gläubigen, Gottes Willen zu erkennen und dann in Existenz zu befehlen.

Und dies ist die Zuversicht, die wir zu ihm haben, dass er uns hört, wenn wir etwas nach seinem Willen bitten. Und wenn wir wissen, dass er uns hört, was wir auch bitten, so wissen wir, dass wir das Erbetene haben, das wir von ihm erbeten haben. — 1. Johannes 5,14–15 ELB

Dies ist die Zuversicht, die wir haben: Wenn wir etwas *nach seinem Willen* bitten, dann wissen wir, dass er uns hört. Und wenn wir wissen, dass er uns hört, *dann wissen wir, dass wir das Erbetene haben.* Alles entscheidet sich also an dieser Frage: »Was ist Gottes Wille?«

Manche Leute sagen: »Nun, man kann nie wissen, was Gottes Wille ist.« Eine solche Denkweise untergräbt dieses ganze Prinzip. Wenn du denkst, dass Gott nur manchmal eine Person erretten, heilen oder zu Wohlstand bringen will und manchmal auch nicht, dann weißt du nie, was Gottes Wille ist. Wenn du Gott für vollkommen unberechenbar hältst, wirst du deine Vollmacht nie wirksam einsetzen können, weil du in Bezug auf die dahinter stehenden Gesetze keine Sicherheit hast.

Keine Ausnahmen

Ein Polizist kann nicht wirkungsvoll für die Einhaltung von Gesetzen sorgen, wenn er denkt, mit überhöhter Geschwindigkeit zu fahren sei manchmal in Ordnung und manchmal nicht. Ist es manchmal in Ordnung, eine Bank auszurauben, andere Male aber wieder nicht? Ist es erlaubt, ab und zu jemanden umzubringen? Nein, auf diese Weise funktioniert das Gesetz nicht. Das Gesetz tritt nicht manchmal in Kraft und andere Male nicht. Das Gesetz ist beständig – es gilt immer und für alle gleichermaßen.

In der natürlichen Welt sagen wir: »Niemand steht über dem Gesetz.« Das bedeutet, dass jeder – egal, ob Politiker, Polizist oder wer auch immer – dafür verantwortlich gemacht wird, wenn er gegen das Gesetz verstößt. In der Praxis funktioniert das nicht immer, aber so sieht unsere Idealvorstellung aus.

Im Geistlichen ist es das Gleiche. Es gibt keine Ausnahmen. Das Wort Gottes funktioniert nicht bloß für manche Leute und für andere nicht. Es ist auch nicht so, dass Gott bestimmte Leute mag und deshalb seine Kraft durch sie fließen lässt, während er sie anderen Leuten vorenthält. So ist es ganz und gar nicht. Gott hat Gesetze in Kraft gesetzt und wir müssen lernen, wie sie anzuwenden sind.

Wie wir wissen, können wir zuversichtlich sein, dass wir die Dinge bekommen, um die wir bitten, wenn wir mit seinem Willen im Einklang sind! Aber wie können wir Gottes Willen erkennen? Gottes Wort offenbart uns seinen Willen.

> *Mein Lieber, ich wünsche dir in allen Dingen Wohlergehen und Gesundheit, so wie es deiner Seele wohlgeht!*
> *— 3. Johannes 1,2*

Gottes Wunsch und Wille ist dein Wohlergehen, deine Gesundheit und Wohlbefinden für deine Seele (Verstand, Wille, Gefühl). Das ist ein Gesetz Gottes. Er möchte, dass es dir in allen Dingen wohlergeht und du gesund bist. Gott möchte, dass du ein Weltüberwinder bist (1Joh 5,5).

Johannes 10,10 offenbart uns ganz deutlich den Willen Gottes und den Willen Satans.

Der Dieb kommt nur, um zu stehlen, zu töten und zu verderben; ich bin gekommen, damit sie das Leben haben und es im Überfluss haben.

Satan kommt, um zu stehlen, zu töten und zu verderben, aber Gott kommt, um uns Leben im Überfluss zu geben. Wenn etwas als Leben bezeichnet werden kann und gut ist, dann ist es Gott. Aber wenn etwas böse ist – stehlen, töten, verderben –, dann ist es der Teufel. Auch wenn das etwas vereinfacht dargestellt ist, so ist es doch wahr: guter Gott, böser Teufel. Gute Dinge kommen von Gott und böse Dinge kommen vom Teufel (Jak 1,17).

Der Herr hat Gesetze für dein Wohl geschaffen, damit du Zugang zu einem Leben im Überfluss haben kannst. Er hat sie dir zur Verfügung gestellt. Trotzdem musst du diese Gesetze kennenlernen, damit du sie anwenden kannst. Du musst Satan in seine Schranken weisen, damit er aufhört, dir deine rechtmäßigen Segnungen zu stehlen, zu töten und zu verderben.

In der natürlichen Welt kannst du Anzeige erstatten, wenn dir jemand etwas stiehlt. Du kannst verlangen, dass derjenige von der Polizei festgenommen und strafrechtlich verfolgt wird. Wird er für schuldig befunden, könnte er ins Gefängnis kommen oder müsste eine Strafe zahlen und dir den Schaden ersetzen. Aber alles hängt davon ab, ob die Person, der das Unrecht angetan wurde, ihre Rechte geltend macht und Anzeige erstattet. In gewissem Sinne musst du deine Autorität ergreifen und sagen: »Ich werde das bekommen, was mir rechtmäßig zusteht.«

Im Geistlichen ist es das Gleiche. Wie jeder andere Gläubige hast du Rechte und Privilegien, die Gott dir gegeben hat. Er hat festgelegt, was sein Wille für dich ist, aber es hängt von dir ab, ob du das, was Gott für dich getan hat, auch einforderst. Du musst darauf bestehen. Du musst deine Vollmacht ergreifen und für die Einhaltung dieser geistlichen Gesetze sorgen, die zu deinem Wohl gemacht wurden. Unwissenheit über die geistlichen Gesetze wird dich davon abhalten, »Anzeige zu erstatten«. Es wird dich hindern, Satan aus deinem Leben herauszuhalten. Wenn du denkst, dass du überhaupt keine Macht und Autorität hast, wird der Teufel ungehindert sein Spiel mit dir treiben.

Viele Christen wissen einfach nicht, was ihnen rechtmäßig zusteht. Sie denken, dass sie krank, arm und entmutigt bleiben müssen. Sie sagen: »So laufen die Dinge nun einmal. Da kann man nichts machen.« Sie wissen nicht, dass Jesus Christus uns von diesen Dingen erlöst hat.

Konstant und universell

In der gleichen Weise wie die natürliche Welt physikalischen Gesetzen unterliegt, hat Gott sein Reich so geschaffen, dass es von geistlichen Gesetzen bestimmt wird. Diese Gesetze sind konstant und universell, deshalb dient es zu deinem Besten, wenn du sie kennst und dich ihnen unterstellst.

Du kannst dir nicht nach Belieben etwas herauspicken und sagen: »Da ich als Gläubiger Vollmacht habe, werde ich dieses Haus oder jenes Auto bekommen. Es untersteht meiner Macht und Autorität; ich werde es befehlen und sagen, dass es so ist.« Nein, du musst dich den Gesetzen Gottes unterstellen. Ja, es gibt sogar Gesetze Gottes, dic dir ausdrücklich verbieten, das Haus, das Auto oder die Frau deines Nächsten zu begehren. Gott hat kein Gesetz, das dir verspricht, seine Kraft für eigennützige Zwecke beanspruchen zu können. Du kannst also nicht sagen: »Dieser Mann wird sterben, damit ich seine Frau heiraten kann.« Das wird nicht funktionieren, denn der Herr hat das nicht für dich vorgesehen. In Gottes Reich gibt es keine geistlichen Gesetze, die sich in selbstsüchtiger Weise gebrauchen lassen.

KAPITEL 19

Wie die Kraft fließt

Bei der Frau mit dem Blutfluss können wir ganz klar diese Wahrheit erkennen, dass Gottes Reich nach Gesetzen funktioniert.

> *Und da war eine gewisse Frau, die hatte seit zwölf Jahren den Blutfluss, und sie hatte viel erlitten von vielen Ärzten und all ihr Gut aufgewendet, ohne dass es ihr geholfen hätte – es war vielmehr noch schlimmer mit ihr geworden. Als sie nun von Jesus hörte, kam sie unter dem Volk von hinten heran und rührte sein Gewand an. Denn sie sagte sich: Wenn ich nur sein Gewand anrühre, so werde ich geheilt! Und sogleich vertrocknete der Quell ihres Blutes, und sie merkte es am Leib, dass sie von der Plage geheilt war.*
>
> *Jesus aber, der in sich selbst erkannt hatte, dass eine Kraft von ihm ausgegangen war, wandte sich sogleich inmitten der Menge um und sprach: Wer hat mein Gewand angerührt? Da sprachen seine Jünger zu ihm: Du siehst, wie das Volk dich drängt, und sprichst: Wer hat mich angerührt? Und er sah sich um nach der, die das getan hatte. Aber die Frau kam mit Furcht und Zittern, weil sie wusste, was an ihr geschehen war, und warf sich vor ihm nieder und sagte ihm die ganze Wahrheit. Er aber sprach zu ihr: Tochter, dein Glaube hat dich gerettet! Geh hin im Frieden und sei von deiner Plage gesund! — Markus 5,25–34*

Jesus war inmitten einer großen Menschenmenge. Die Leute drängten sich dicht um ihn zusammen und stießen ihn ständig an. Viele Leute streckten ihre Arme aus und berührten ihn, um geheilt zu werden. Aber diese kleine Frau mit dem Blutfluss berührte den Saum seines Gewandes und sogleich floss die Kraft Gottes durch Jesu Körper, durch sein Gewand, in diese Frau hinein. Und im selben Augenblick war sie von einer Krankheit geheilt, unter der sie zwölf lange Jahre gelitten hatte. Als dies passierte, wandte sich Jesus um und fragte: »Wer hat mich berührt?«

Jesus nahm zu an Weisheit

Manche Leute halten an dieser religiösen Vorstellung fest, dass Jesus als Mensch allwissend war. Deshalb verstehen sie seine Frage danach, wer ihn berührt habe, als reine Rhetorik und begründen dies so: »Jesus meinte das nicht wirklich. Er wusste schon alles, was geschehen würde.« Das sehe ich ganz und gar nicht so. Das Wort sagt:

> *Und Jesus nahm zu an Weisheit und Alter und Gnade bei Gott und den Menschen. — Lukas 2,52*

Jesus war ganz Gott, aber er war auch ganz Mensch. Weil er im Fleisch war – in einem menschlichen Körper –, musste er die Dinge auf die gleiche Weise lernen wie du und ich. Das Wort sagt hier, dass er an Weisheit und Alter zunahm.

In seinem Geist war Jesus der Herr, auch schon bei seiner Geburt. Genau das haben die Engel den Hirten verkündet.

Denn euch ist heute in der Stadt Davids der Retter geboren, welcher ist Christus, der Herr. — Lukas 2,11

Obwohl er also in der geistlichen Welt Gott war, kam Jesus nicht aus dem Bauch seiner Mutter heraus und sprach schon fließend Hebräisch. Er musste essen, laufen und sprechen lernen. Er musste Kenntnis darüber erlangen, wer er war. Da Jesus in einem menschlichen Körper war, musste er lernen, mit Begrenzungen umzugehen. Dabei ging es nicht um die durch Sünde verursachten Begrenzungen, sondern um die Begrenzungen des menschlichen Körpers, denn Gott hat uns so geschaffen, dass wir Dinge erst erkennen können, wenn wir sie mit unseren fünf Sinnen erfasst haben. Als Jesus nun durch die Menge lief und diese Frau ihn berührte, nahm er die Kraft Gottes zwar wahr, die aus ihm herausfloss, aber er wusste nicht, wer ihn berührt hatte.

»Wer hat mich berührt?«

Die meisten Menschen denken, wenn man zu Gott komme, um Heilung oder irgendetwas anderes zu erhalten, schaue Gott erst einmal, ob man überhaupt würdig sei. Sie glauben, dass Gott, sobald die Bitte vorgebracht ist, ihre Situation beurteile, um ihre Würdigkeit zu prüfen: ob genügend Wohlverhalten und Moral vorhanden sind, ob sie ihren Zehnten bezahlen, ob sie lange genug gefastet haben, ob sie genügend Beter hinter sich versammeln konnten und ob ihre Lage verzweifelt genug ist. Dann, je nach seiner persönlichen Beurteilung, setzt Gott entweder seine Kraft frei und sie werden geheilt oder er hält seine Kraft zurück und sagt: »Nein, du hast nicht genügend gebetet, du bist nicht heilig genug, du hast nicht ausreichend gefastet und/oder du hast noch diese

Sünde in deinem Leben, und solange du weiter sündigst, werde ich dich nicht heilen.« Die Menschen neigen dazu, Gott als jemanden zu sehen, der oben im Himmel sitzt und uns beurteilt. Und je nachdem, wie sein Urteil ausfällt, setzt er seine Kraft frei oder eben nicht.

Die Verse in Markus 5 zeigen, dass diese Vorstellung völlig falsch ist. Jesus wusste nicht, wer diese Frau war. Er sah sie nicht kommen. Sie berührte den Saum seines Gewandes. Er nahm lediglich wahr, dass Kraft aus ihm herausfloss und so fragte er: »Wer hat mich berührt?« Jesus wusste wirklich nicht, wer ihn berührt hatte. Deshalb kann er diese Frau auch unmöglich beurteilt haben, um zu sehen, ob sie würdig war oder nicht. Dies zeigt auf, dass Gottes Kraft nach gewissen Gesetzen fließt.

Wenn du diese geistlichen Gesetze anzapfst, wird Gottes Kraft ganz natürlich fließen. Der Herr mustert Menschen nicht von Kopf bis Fuß und sagt zu dem einen: »Du bist würdig. Ich werde meine Kraft für dich freisetzen«, und dann zu jemand anderem: »Nein, du bist nicht würdig.« So ist es ganz und gar nicht. Es gibt einfach Gesetze, die festlegen, wie Gottes Kraft fließt. Wenn du nach diesen Gesetzen handelst, wird die Kraft fließen. Wenn du es nicht tust, fließt die Kraft nicht. Es hat nichts damit zu tun, dass Gott manche mehr liebt als andere. Es ist einfach eine Frage von Gesetzen. Gott hat sein Reich so geschaffen, dass es nach geistlichen Gesetzen funktioniert. Als Gläubige müssen wir herausfinden, welches diese Gesetze sind, und sie dann anwenden.

Elektrizität funktioniert nach Gesetzen. Wenn du geerdet bist und ein stromführendes Kabel anfasst, wirst du getötet. Und das passiert nicht etwa, weil die Leute vom Elektrizitätswerk dich angeschaut und gesagt hätten: »Dem erteilen wir jetzt mal eine saftige Lektion!« Nein, es gibt einfach physikalische Gesetze. Du wendest diese Gesetze an und als Folge fließt der Strom.

Andererseits kann ein Vogel nur deshalb auf einer Hochspannungsleitung landen, ohne einen Stromschlag zu bekommen, weil er eben nicht geerdet ist. Es hat nichts damit zu tun, dass die Leute vom Elektrizitätswerk Vögel mehr lieben als Menschen. Es gibt einfach Gesetze, die festlegen, wie diese Kraft fließt.

Elektrizität gibt es schon, seit Gott die Erde erschaffen hat. Sie war schon immer da, in Form von Gewittern und statischer Elektrizität. Die Menschen hätten Elektrizität schon Tausende von Jahren früher nutzen können, wenn sie die Gesetze verstanden hätten, nach denen sie funktioniert. Gott »schuf« die Elektrizität nicht erst vor einigen Hundert Jahren und »erlaubte« den Menschen dann, sie zu benutzen. Nein, Elektrizität war schon immer verfügbar, um von uns nutzbar gemacht zu werden. Unsere Unkenntnis dieser Gesetze hinderte uns aber daran, davon zu profitieren.

Gott hat den Strom nicht abgeschaltet

Im Geistlichen verhält es sich nicht anders. Es war nicht Gott, der über einen Zeitraum von mehr als einem Jahrtausend dafür sorgte, dass Heilungen, die übernatürlichen Gaben des Heiligen Geistes und andere übernatürliche Aspekte unseres Glaubens einfach »aufhörten zu existieren«. So ist es nicht passiert. Gott hat sozusagen nicht einfach den Strom abgeschaltet. Die Menschen traten damals in die Zeit des finsteren Mittelalters ein, weil sie das Wissen um die Dinge Gottes nicht bewahrten.

Die frühe neutestamentliche Gemeinde handelte vollmächtig in der Kraft Gottes. Dann – aus welchen Gründen auch immer – kam ein großer Teil der Kirche zu der Überzeugung, dass Gottes Wunderwirken und übernatürliche Kraft mit den Aposteln aufgehört habe. In den Anfängen des 20. Jahrhunderts allerdings fing die Kraft des Heiligen Geistes wieder an, sich zu manifestieren – an Orten wie der Azusa Street in Los Angeles. Es gab einen Strom von Heilungen, Befreiungen, Sprachenrede und Wundern, der bis zum heutigen Tag weltweit weiter zunimmt.

Es war nicht Gott, der den Strom seiner Kraft nach den ersten 200 Jahren Christenheit abgeschaltet hat, um ihn dann 1700 Jahre später wieder einzuschalten. Es ist auch nicht so, dass er in Zyklen wirkt und wir uns nun in einer »Welle« oder »Bewegung« Gottes befinden. So ist es nicht; genauso wenig wie es Gott war, der die Menschen vor 1000 Jahren davon abhielt, Elektrizität, Flugzeuge und Autos zu benutzen. Alle Gesetze waren da, aber Unwissenheit hat die Menschheit davon abgehalten, sich diese Gesetze zunutze zu machen. Wegen ihrer Unwissenheit starben Menschen an Hitze, obwohl sie Klimaanlagen hätten haben können, wenn sie die entsprechenden Gesetze gekannt hätten. Menschen waren nicht in der Lage, lange Strecken in kurzer Zeit zu bewältigen. Sie mussten laufen oder auf einem Kamel, Esel oder Pferd reiten. Es war nicht Gott, der sie in Unwissenheit hielt. Sie wussten diese Dinge einfach nicht.

Es ist nicht Gott, der dich nicht heilt oder segnet. Es ist nicht der Herr, der »gewollt« hat, dass du leidest. Gott hat Gesetze geschaffen, aber du musst herausfinden, welche das sind. In dem Maße, in dem du sie anwendest und sie dir zunutze machst, wirst du sehen, wie das, was Gott für dich bereithält, freigesetzt wird.

Du denkst vielleicht: *Dem stimme ich nicht zu. Das legt ja die ganze Verantwortung auf mich. Willst du damit sagen, dass es von mir abhängt, all das zu bekommen, was Gott vorbereitet hat?* Ja, genau das sage ich. Es ist nicht Gott, der dich nicht geheilt, befreit oder wohlhabend gemacht hat. Es ist unsere eigene Unwissenheit, die uns in dieser Gebundenheit hält. Gott hat seinen Teil bereits getan. Das Wort offenbart uns ganz klar, dass der Herr uns schon geheilt hat, aber wir müssen nun den Nutzen daraus ziehen (1Petr 2,24).

Unglaube hindert uns am Empfangen

Kommen wir auf Markus 5 und auf die Frau zurück, die den Saum von Jesu Gewand berührte. In Vers 31 lesen wir, dass um Jesus herum dichtes Gedränge herrschte. Gut möglich, dass 300 oder 400 Leute versucht haben, Jesus durch die Straßen dieser Stadt zu folgen. Wie viele genau, spielt keine Rolle, auf jeden Fall war er von einer großen Menge umgeben. All diese Menschen wollten nicht nur in seiner Nähe sein, sie wollten ihn auch berühren, denn Kraft ging von ihm aus und heilte die Menschen. Es war also eine Vielzahl von Menschen da, von denen viele geheilt und befreit werden wollten. Doch von den vielen empfing nur eine einzige Person Heilung.

Dies war nicht das einzige Mal, dass so etwas passierte. Das Gleiche geschah in Johannes 5 am Teich Bethesda. Dort lagen viele kranke Menschen, doch nur eine Person empfing Heilung. Warum wird nur eine Person geheilt, während viele andere es ebenfalls benötigen?

Vielleicht bist du nicht geheilt worden, während du andere kennst, die geheilt wurden. Warum du nicht? Ein Grund könnte sein, dass du nicht verstehst, dass Gott seinen Teil schon getan hat. Du ergreifst deine Vollmacht nicht und sorgst nicht für die Einhaltung dieser geistlichen Gesetze. Du bist unwissend über das, was Gott schon gesagt und getan hat, und so gehst du in einer passiven Haltung zu ihm und fragst: »Gott, wenn es dein Wille ist, kannst du mich bitte heilen? Herr, wirst du mich befreien und in meinem Leben etwas tun?« Du kannst das auf viele verschiedene

Arten sagen, aber die Bibel nennt das »Unglauben«. Wenn du Gott bittest, diese Dinge zu tun, dann glaubst du nicht dem, was die Bibel sagt.

Als Gott sagte: »Durch dessen Striemen ihr *geheilt worden seid*« (1Petr 2,24), benutzte er für seine Aussage die Vergangenheitsform und bestätigte somit deine Heilung als bereits vollendete Realität. Er hat es schon längst getan. Deshalb solltest du dem Wort glauben und sagen: »Ich weiß, dass es schon geschehen ist. Er hat dieselbe Kraft in mich hineingelegt, die Jesus von den Toten auferweckt hat (Eph 1,18–20). Ich ergreife meine Vollmacht und spreche zu meinem Problem und befehle diese Dinge in Existenz.« Anstatt jedoch deine Vollmacht zu ergreifen, gehst du einfach in passiver Weise zu Gott und sagst: »Gott, wenn es dein Wille ist, würdest du mich bitte heilen?« Das ist Unglaube. Und wenn dies deine Haltung ist, dann ist das der Grund, warum du nicht empfängst. Es ist deine Unkenntnis über Gottes geistliche Gesetze.

Worte

Die Frau mit dem Blutfluss sagte:

> *Wenn ich nur sein Gewand anrühre, so werde ich geheilt!*
> *— Markus 5,28*

Obwohl es viele verschiedene geistliche Gesetze gibt, ist eines davon ausschlaggebend dafür, ob du von Gott empfängst oder nicht, und zwar das Gesetz bezüglich der Kraft oder Auswirkung deiner Worte.

An der Frucht seines Mundes sättigt sich der Mensch, am Ertrag seiner Lippen isst er sich satt. Tod und Leben steht in der Gewalt der Zunge, und wer sie liebt, der wird ihre Frucht essen. — Sprüche 18,20–21

Obwohl noch viele andere Bibelstellen die Wichtigkeit unserer Worte aufzeigen (siehe Mt 12,34–37; Jak 3; Mk 11), sind es diese Verse, die klar herausstellen, dass sowohl Tod als auch Leben in der Gewalt der Zunge liegen.

Wenn wir versuchen, eine Heilung vom Herrn zu empfangen, beachten viele von uns dieses Gesetz nicht und sagen: »Ich kenne diese Leute, die leichtfertig etwas dahinplappern und meinen, dass sie es dann bekommen. Sie meinen, dass sie alles haben können, was sie sagen. Man muss einfach nur sagen, dass man geheilt ist, auch wenn man sich gar nicht danach fühlt. Das ist doch dummes Zeug.« Wenn also jemand gefragt wird: »Wie geht es dir?« und antwortet: »Nun, ich werde sterben. Ich habe nur noch ein paar Wochen zu leben. Der Arzt meint, dass es schlimm um mich steht. Es geht mir so schlecht«, dann setzt diese Person durch ihre negativen Worte Tod frei. Gleichzeitig gehen aber viele von uns in einer solchen Situation »im Gebet« zum Herrn und sagen: »O Gott, heile mich, wenn es dein Wille ist.« Wenn sie dann nicht sehen, dass sich eine körperliche Heilung manifestiert, sind sie von Gott enttäuscht, als hätte er versagt. Es gibt Gesetze, die darüber bestimmen, wie wir Heilung empfangen. Eines davon ist, dass dir das zuteilwerden wird, was du sagst (Mk 11,23).

Du kannst nicht Tod aussprechen und erwarten, Leben zu empfangen. So läuft es nicht. Du sagst jetzt vielleicht: »Ich glaube das einfach nicht.« Das steht dir frei. Aber dann kannst du genauso gut sagen: »Ich glaube nicht, dass Kupfer den Strom besser leitet als Holz. Ich werde mein Haus mit Holz verkabeln und nicht mit

Kupfer.« Wenn du dann den Strom an das Holz anschließt, versichere ich dir, dass der Strom nicht fließen wird. Weder dein Licht noch deine elektrischen Geräte werden funktionieren. Ob es dir gefällt oder nicht, aber so hat Gott diese Gesetze festgelegt.

Holz oder Kupfer?

Glaube fließt durch Worte. Worte setzen entweder Tod oder Leben frei. Deine Unkenntnis über dieses Gesetz bedeutet nicht, dass es außer Kraft gesetzt wird. Du kannst zwar sagen: »Ich kann aussprechen, was immer ich möchte – es wird nichts bewirken«, aber deshalb entspricht das noch lange nicht der Wahrheit! Diese Behauptung wäre genauso falsch wie die, dass Holz ein besserer Leiter als Kupfer sei. Es liegt nicht in deiner Hand, die Gesetze festzulegen. Deine Aufgabe ist es nur, sie zu entdecken und dann anzuwenden. Gottes Wort sagt, dass Glaube spricht (Röm 10,6).

Die Frau in Markus 5 fing an, einige der geistlichen Gesetze Gottes umzusetzen, als sie sagte: »Wenn ich den Saum seines Gewandes berühre, werde ich gesund.« Und als sie es tat, fing die Kraft Gottes an zu fließen. Jesus wägte nicht ab, ob sie überhaupt würdig sei. Gottes Kraft fließt, wenn wir im Einklang mit den geistlichen Gesetzen seines Reiches handeln. Die Elektrizität hat es ja auch nicht auf einen Menschen persönlich abgesehen, wenn dieser durch einen Stromschlag getötet wird. Es gibt einfach Gesetze, die wirken, wenn der Strom fließt. Entweder akzeptierst du das und nutzt die Elektrizität zu deinem Vorteil oder diese gleichen Gesetze werden dich töten.

Genauso ist es im Reich Gottes. Es gibt viele Leute, die um Heilung beten, weil sie die geistlichen Gesetze diesbezüglich nicht verstehen. Wenn sie nicht sehen, dass sich die Heilung manifestiert, werden sie sauer auf Gott und sagen: »Herr, wenn du nur gewollt hättest, dann hättest du diese Person heilen können.« Nein, Gott hat sein Reich so ausgelegt, dass es nach Gesetzen funktioniert – und diese kann er nicht einfach brechen.

Der Herr möchte nicht, dass Menschen aufgrund der Schwerkraft sterben – indem sie von Brücken, Gebäuden oder Felsen hinunterstürzen. Das ist nicht Gottes Wille. Dennoch machte ein Mann aus Colorado Springs eine Klettertour in den Bergen ganz in unserer Nähe und stürzte aus einer Höhe von etwa 80 Metern ab. Er war ein Golfkrieg-Veteran, der seinen Einsatz dort überlebt hatte, aber diesen Sturz überlebte er nicht! Es war nicht Gottes Wille, dass dieser Mann starb, aber was hätte der Herr tun sollen? Hätte er das Gesetz der Schwerkraft außer Kraft setzen sollen, um das Leben dieses Mannes zu retten? Obwohl Gott derjenige ist, der die Gesetze geschaffen hat, denen diese materielle Welt unterworfen ist, hätte er nicht einfach die Schwerkraft außer Kraft setzen können – auch wenn er nicht gewollt hat, dass dieser Mann stirbt. Denn hätte er es getan, wären viele andere Menschen gestorben, die in dem Moment dringend auf das Gesetz der Schwerkraft angewiesen waren.

Gott hat diese Gesetze geschaffen und hebt sie nicht einfach wieder auf. Wenn du das Gesetz der Schwerkraft außer Acht lässt, könntest du sterben. Wenn du von einem zehnstöckigen Hochhaus herunterspringst, wird dich die Schwerkraft töten. Gott hat die Schwerkraft zu unserem Nutzen geschaffen, damit wir hier auf der Erde besser leben können. Wenn du zum Beispiel gerade auf einem Stuhl sitzt, musst du dich nicht anstrengen, den Stuhl am Boden zu halten. Die Schwerkraft macht's. Das gleiche Gesetz, das dir hilft, wenn du es dir zunutze machst, wird dich töten, wenn du es außer Acht lässt. Nicht anders funktioniert es im geistlichen Bereich.

KAPITEL 20

Mit Gott kooperieren

Manche Menschen mögen diese Wahrheiten überhaupt nicht. Für sie ist es eine beruhigende Vorstellung, dass Gott derjenige ist, der zugelassen hat, dass dieser Mensch stirbt und jener scheitert, dass diese Person einen Nervenzusammenbruch erleidet und dass jene Ehe in die Brüche geht. So zu denken behagt ihnen deshalb so sehr, weil es sie von jeglicher Verantwortung entbindet und sie sagen können: »Es kommt, wie es kommen muss.« Ich verstehe, dass diese Wahrheiten, die ich hier mitteile, einige Menschen verunsichern, aber letzten Endes ist es die Wahrheit, die sie freisetzen wird (Joh 8,32).

Bevor meine Frau und ich verheiratet waren, gab es ein Mädchen, mit dem wir beide sehr eng befreundet waren. Sie starb an Leukämie und ich war in ihren letzten Stunden bei ihr. Sie betete und sagte: »Gott wird mich heilen. Jetzt ist die Zeit. Jetzt muss es sein.« Sie glaubte an Heilung. Als sie dann starb, waren wir geschockt, weil wir wirklich damit gerechnet hatten, dass Gott sie heilen würde. Ich brauchte vier Jahre, bis ich genug aus Gottes Wort gelernt hatte, um annähernd zu verstehen, was geschehen war. Ich stellte schließlich fest, dass wir viele geistliche Gesetze gebrochen und viele Dinge falsch gemacht hatten.

Gottes Botenjunge?

Zu jener Zeit meines Lebens stand ich unter einer falschen Lehre, die besagt: »Gott lässt schlimme Dinge in deinem Leben geschehen, um dich zu vervollkommnen. Er segnet dich durch Krankheit und Leiden, denn durch Schwierigkeiten wird dein Charakter geformt.« Das ist absolut falsch, aber damals verstand ich Gottes Wort noch nicht gut genug, um es besser zu wissen. So glaubte ich diese Lüge und akzeptierte sie.

Auf einer überregionalen Konferenz, an der ich teilnahm, lehrte einer der Sprecher sogar, dass Satan Gottes Botenjunge sei. Er sagte: »Für alles, was der Teufel in deinem Leben tun will, braucht er Gottes Erlaubnis. Letztendlich ist es Gott, der beides hervorruft: das Gute und das Böse. So werden uns die bösen Dinge von Gott geschickt, um uns zu vervollkommnen.« Als ich von dieser Konferenz heimkam, gab ich meiner kranken Freundin eine Kassette dieser Predigt mit dem Titel »Satan ist Gottes Botenjunge«. Sie hörte sich die Predigt sofort an.

In dieser Predigt benutzte der Mann einen Gymnasiasten als Beispiel, der zu schüchtern war, um jemandem Zeugnis zu geben. Obwohl er nicht den Mut besaß, anderen von seinem Glauben zu erzählen, wollte er dennoch, dass der Herr ihn gebrauchte. Also sagte er: »Gott, ich werde alles tun. Erlege mir Krankheit auf, sodass die Leute sehen können, dass ich keine Angst vor dem Sterben habe.«

Gleich am nächsten Tag erkrankte dieser Junge an Leukämie und starb schließlich daran. Während er krank war und im Sterben lag, gab er Menschen Zeugnis. Da er in der Schulmannschaft American Football spielte, kam die ganze Schule zu seiner Beerdigung. Während der Beisetzungsfeier bekehrten sich vier Menschen.

Der Prediger nahm dies als Beispiel dafür, wie Gott die Bitte des Jungen, ein Zeuge zu sein, benutzte, indem er ihn mit Leukämie

»segnete«. Unsere Freundin hörte diese Predigt und betete genau das gleiche Gebet wie der Junge: »Gott, gib mir Leukämie, damit ich ein Zeuge für dich sein kann.« Am nächsten Tag verlor sie das Bewusstsein und wurde ins Krankenhaus gebracht. Sie hatte akute Leukämie und starb schließlich daran. Gott war nicht derjenige, der dieses Gebet beantwortet hatte. Er erlegt uns keine Krankheiten auf. Satan ist derjenige, der so ein »Gebet« für seine Zwecke missbraucht. Diese beiden jungen Menschen ließen sich dazu hinreißen, der Krankheit nicht mehr zu widerstehen, und öffneten sich sogar dafür, Leukämie zu bekommen, in dem Glauben, dass diese Krankheit von Gott komme.

Ein geteiltes Herz

Als dieses Mädchen starb, kamen vier Menschen bei ihrem Begräbnis zum Glauben. Ich war dort und sah es. Manche Menschen dort dachten, dass es wohl nicht Gottes Wille gewesen sein muss, sie zu heilen. Wie dumm kann ein Mensch nur sein! Ich sage das nicht, um jemanden zu kritisieren. Ich war ja persönlich in diese Situation involviert. Wir waren so dumm, dass wir Gott tatsächlich um Krebs baten!

Wenn du Gott um Krebs bittest und glaubst, dass diese Krankheit von Gott ausgeht, wirst du ihn bekommen. Nicht, dass Gott ihn gesandt hätte, aber es gibt Lügengeister, die sich als Engel des Lichts ausgeben und behaupten, Gottes Boten zu sein (2Kor 11,14). Wenn du anfängst, für das Auftreten von schlimmen Dingen in deinem Leben zu beten, wirst du reichlich davon bekommen – und du wirst dabei auch noch denken, all dies komme von Gott.

Es gibt Gesetze, die festlegen, wie Gott handelt. Wir haben für diese Krankheit gebetet, wir haben uns ihr unterworfen und behauptet, sie komme von Gott. Aus diesem Grund haben wir niemals gegen sie angekämpft. Wir haben niemals aktiv dem Teufel widerstanden, denn nach unserer verdrehten Denkweise hätte das ja bedeutet, gegen Gott zu kämpfen. Wir dachten, er sei derjenige, der diese Krankheit auferlegt habe. Wir baten Gott also einerseits um Krankheit und glaubten, er habe unsere Gebete erhört, indem er diesem Mädchen Leukämie gab – andererseits baten wir ihn aber, diese Krankheit wegzunehmen. Die Bibel nennt das ein geteiltes Herz.

> *Ein solcher Mensch [mit geteiltem Herzen] denke nicht, dass er etwas von dem Herrn empfangen wird. — Jakobus 1,7*

Das ist nichts anderes, als Gottes Gesetze zu brechen und sie außer Kraft zu setzen.

Dieses Mädchen starb durch meinen Einfluss. Ich war daran beteiligt. Manche Menschen wollen keine Verantwortung übernehmen. Vielleicht ist jemand in deinem Bekanntenkreis gestorben? Vielleicht ist deine Ehe gescheitert, weil du Gottes Gesetze nicht verstanden hast? Du wusstest nicht, wie du dagegen hättest ankämpfen können. Diese Tragödien und negativen Dinge, die du erlebt hast, waren nicht Gottes Wille – entweder war es dein Fehler oder es war der Teufel oder jemand anderes. Viele Leute wollen diese Verantwortung nicht übernehmen. Sie geben lieber Gott die Schuld. Ich weiß, wie du dich fühlst, weil ich selbst in solch einer Situation gewesen bin. Aber ich übernehme Verantwortung. Ich bin mir bewusst, dass wir sehr viele Dinge falsch gemacht haben. Wir haben Gottes Wort missbraucht und haben durch falsche Lehre und falschen Glauben dem Teufel eine Tür geöffnet.

Ich habe meine Verantwortung akzeptiert und ich habe mich verändert. Ich habe der Wahrheit geglaubt und die Wahrheit hat mich frei gemacht. Seitdem habe ich viele Menschen erlebt, die von Leukämie geheilt wurden. Ich kann nicht ungeschehen machen, was passiert ist, aber ich kann diese Situation wiedergutmachen, indem ich diese Wahrheiten an andere Menschen weitergebe und sehe, wie sie freigesetzt werden.

Konnte Jesus nicht?

In Markus 6 lesen wir von Jesus, der in seine Heimatstadt kam.

> *Und als der Sabbat kam, fing er an, in der Synagoge zu lehren; und viele, die zuhörten, erstaunten und sprachen: Woher hat dieser solches? Und was ist das für eine Weisheit, die ihm gegeben ist, dass sogar solche Wundertaten durch seine Hände geschehen? Ist dieser nicht der Zimmermann, der Sohn der Maria, der Bruder von Jakobus und Joses und Judas und Simon? Und sind nicht seine Schwestern hier bei uns? Und sie nahmen Anstoß an ihm. — Markus 6,2–3*

Die Leute kannten Jesus als den Zimmermann, den Sohn von Josef und Maria. Die Wahrheit ist aber, dass Jesus weder ein Zimmermann noch Josefs Sohn war. Jesus war der Sohn Gottes, der für eine gewisse Zeit als Zimmermann gearbeitet hatte. Diese Leute kannten ihn nur gemäß der sichtbaren, natürlichen Welt, aber sie wussten nicht, wer er wirklich war. Deshalb lehnten sie seinen Dienst ab und dachten: *Er hält sich selbst für etwas Besseres. Dabei ist er zusammen mit unseren Kindern aufgewachsen. Wir kennen ihn schon als ganz kleinen Jungen und nun steht er hier und behauptet, Gottes Sohn zu sein.* Weil sie ihm so nahe standen, nahmen sie Anstoß an ihm und lehnten ihn ab.

Jesus aber sprach zu ihnen: Ein Prophet ist nirgends verachtet außer in seiner Vaterstadt und bei seinen Verwandten und in seinem Haus! Und er konnte dort kein Wunder tun, außer dass er wenigen Kranken die Hände auflegte und sie heilte.
— Markus 6,4–5

Beachte: Jesus *konnte* kein Wunder tun. Nicht dass er sie nicht tun wollte – er konnte es nicht.

Viele Leute denken, wenn sie für etwas Bestimmtes beten und das Erbetene nicht eintritt, liege es daran, dass Gott es nicht tun wolle. Aber Gott ist nicht frei, unabhängig von uns etwas zu tun. Er braucht einen glaubenden Menschen – der die Gesetze kennt und seine Vollmacht ergreift –, durch den er fließen kann. Wir müssen mit Gott kooperieren! Wenn du betest und siehst, dass nichts passiert, dann musst du dich fragen: *Habe ich gemäß Gottes Gesetzen gehandelt? Ist das, wofür ich gebetet habe, eine Verheißung bzw. eine für heute gültige Zusage Gottes?* Wenn du für etwas betest, das nicht im Wort Gottes offenbart ist – dann hör auf damit! Es ist nicht gut für dich, denn Gott hat es nicht zur Verfügung gestellt.

Wenn etwas wie Heilung im Wort Gottes zugesagt wird, dann nimm deine Vollmacht als Gläubiger und sage: »Dies ist ein Gesetz Gottes, deshalb befehle ich meinem Körper, darauf zu reagieren. Im Namen Jesu befehle ich, dass freigesetzt wird, was Gott bereits getan hat.« Aber du musst wissen, *was* zugesagt worden ist.

Markus 6,5 besagt, dass Jesus kein Wunder tun *konnte*. Es ist nicht so, dass er es nicht tun wollte! Er konnte es nicht. Gott wird niemals unseren freien Willen missachten. Er wird dich nicht dazu zwingen, dass du empfängst. Er hat den Strom (die Kraft) generiert bzw. zur Verfügung gestellt, aber du musst nun deinen Teil tun und den Schalter betätigen. Du musst lernen, wie man das empfängt, was Gott bereits getan hat.

Dein freier Wille

Es ist nicht Gott, der Menschen sterben und in die Hölle fahren lässt. Menschen entscheiden sich dafür, in die Hölle zu gehen, denn Gott hat ihnen einen freien Willen gegeben. Dennoch tut er alles, um zu verhindern, dass dies geschieht.

Niemand wird am Tag des Gerichts – wenn er verdammt wird, in die Hölle zu gehen – Jesus den Finger ins Gesicht strecken können und sagen: »Das ist nicht fair. Du hast mir keine Chance gegeben!« Gott hat Hindernisse und Barrieren in den Weg eines jeden Menschen gestellt, der auf die Hölle zusteuert. Sie mussten sich über ihr eigenes Gewissen hinwegsetzen, das sie überführte und ihnen sagte, dass sie sich auf dem falschen Weg befänden und umkehren sollten. Gott benutzte im Laufe ihres Lebens andere Menschen, die ihnen auf irgendeine Weise von Gott erzählten. Es gab ein Hindernis nach dem anderen. Gott ist treu und kümmert sich um jeden Menschen, der jemals auf dieser Erde gelebt hat, und versucht, ihn von seinen zerstörerischen Wegen abzubringen. Aber die Menschen widersetzen sich seinem Ziehen und ignorieren ihn, deshalb wird niemand Gott anklagen können. Er ist nicht derjenige, der Menschen in die Hölle schickt. Sie werden wissen, dass es ganz allein ihre Entscheidung war.

Es ist das Gleiche mit Heilung. Es ist nicht Gott, der zulässt, dass Menschen krank werden. Er hat bereits Heilung für jede einzelne Person zur Verfügung gestellt. Das Problem ist nur, dass wir nichts davon wissen und auch nicht die Gesetze kennen, wie man Heilung empfängt.

Genauso wie Jesus in seiner eigenen Heimatstadt wegen des Unglaubens der Leute keine mächtigen Wunder tun konnte, hindert Unglaube Gott heute daran, das zu tun, was er gerne im Leben der Menschen tun würde (Mt 13,58). Jesu Kraft wurde nicht durch eigenen Unglauben oder mangelnde Bereitwilligkeit blockiert, sondern durch den Unglauben der Leute. Unser Unglaube hindert Gott daran, seinen Willen auszuführen.

Ohne deine Kooperation wird Gott nichts in deinem Leben tun. Du musst mit ihm übereinstimmen. Das ist eines seiner Gesetze. Der Herr wird deinen freien Willen nicht brechen. Du magst dir die richtigen Endresultate wünschen, aber du wirst sie nicht erhalten, wenn du jedes einzelne Gesetz auf diesem Weg missachtest. Du wünschst dir vielleicht Gesundheit, aber wenn du in sexueller Hinsicht ein unmoralisches Leben führst und mit wechselnden Partnern in wilder Ehe lebst, setzt du ein Gesetz in Kraft – nämlich das von Saat und Ernte (Gal 6,7–8); und dein Glaube, mit dem du dir gute Gesundheit erwartest, ist tot ohne die entsprechenden Werke (Jak 2,17). Du kannst nicht einfach für etwas beten und dann in gegensätzlicher Weise handeln. Auf diese Weise funktioniert das Reich Gottes nicht.

Der entscheidende Faktor

Kürzlich betete ich mit einer Frau, die im Krankenhaus lag. Sie war dem Tod sehr nahe und sah schrecklich aus. Da sie kaum noch am Leben war, konnte sie weder sprechen noch sich auf andere Weise verständlich machen. Ich dachte angestrengt darüber nach, ob ich irgendetwas für sie oder ihre Familie tun könne, aber mir fiel beim besten Willen nichts ein. So betete ich einfach für sie, so gut ich konnte, und verabschiedete mich.

Kurz bevor ich die Stadt verlassen wollte, rief mich ihre Familie an und sagte mir, dass der Zeitpunkt gekommen sei. Der Arzt gebe ihr höchstens noch ein bis zwei Stunden. Da ich gerade eine Versammlung abhielt, schickte ich einige Freunde zu ihr ins

Krankenhaus. Nachdem sie gestorben war, sprachen meine Freunde mit der Familie. Sie fanden heraus, dass diese Frau gesagt hatte: »Ich gebe auf. Ich bin bereit zu sterben.« Sie hatte aufgehört zu glauben. Ich hatte versucht, meine Vollmacht einzusetzen, damit sie geheilt würde, aber das stand dem Willen dieser Frau entgegen. Deshalb funktionierte es nicht.

Gott hat uns einen freien Willen gegeben. Auch Mediziner werden dir bestätigen, dass jemand sterben wird, wenn er seinen Lebenswillen verloren hat. Die Krankheit könnte sogar harmlos sein und mit Medikamenten behandelbar, aber ohne Lebenswillen wird ein solcher Mensch sterben. Umgekehrt gibt es aber auch Fälle, bei denen die Ärzte einen Menschen schon aufgegeben haben und ihm sagen: »Es gibt nichts mehr, was wir aus medizinischer Sicht für Sie tun können; Sie werden sterben«, und diese Menschen dann einen solch starken Lebenswillen entwickeln und solange kämpfen, bis sie es geschafft haben, zu überleben. Dein persönlicher Wille ist der entscheidende Faktor.

Eines von Gottes Gesetzen besagt, dass du nicht willentlich den einen Weg beschreiten kannst und dabei Resultate erwarten darfst, als wärst du den anderen Weg gegangen. Du kannst dich nicht einerseits dem Teufel ausliefern, ihm dienen und freien Zugang zu dir geben und andererseits die Vorzüge eines gottgefälligen Lebens ernten. Der Grund ist nicht der, dass Gott dich nicht segnen möchte oder dich als unwürdig ansieht! In diesem Sinne sind wir alle unwürdig. Gott handelt ja nicht in unserem Leben, weil wir es verdient hätten. Wenn du aber sehen willst, wie das, was er dir zur Verfügung gestellt hat – sein Wille –, in deinem Leben sichtbar wird, musst du mit Gott kooperieren.

KAPITEL 21

Wie du denkst

Du musst Gottes Gesetze kennenlernen und dich dann gemäß diesen Gesetzen verhalten. Du kannst dir keine Fernsehfilme anschauen, die getränkt sind von Melancholie und Schwermut, und dann Freude versprühen. Du kannst nicht all die negativen Nachrichten aufnehmen, ohne deinen Unglauben zu verstärken. Wenn du ein reines Herz haben willst, kannst du dir keine Filme anschauen, die voller Ehebruch und Unzucht sind. Du solltest an Dinge denken, die wahr, ehrbar, gerecht, rein, liebenswert, tugendhaft, lobenswert und wohllautend sind (Phil 4,8). Dennoch werden diese Gesetze missverstanden.

Dein Leben wird sich in die Richtung bewegen, in die deine Gedanken gehen.

Denn wie er in seinem Herzen denkt, so ist er.
— Sprüche 23,7 KJV

Du wirst die Emotionen ernten, denen du dich vorher ausgesetzt hast, je nachdem auf welche Dinge du deinen Blick gerichtet hast.

Denn das Trachten des Fleisches ist Tod, das Trachten des Geistes aber Leben und Frieden. — Römer 8,6

Das ist ein Gesetz Gottes. Tatsache ist, dass du Gottes Frieden nicht erfahren kannst, wenn du dich gedanklich ständig mit

Dingen beschäftigst, die dem Frieden entgegengesetzt sind – wie Hass, Streit und Gottlosigkeit. Du kannst nicht einfach beten und um Frieden bitten. Du musst lernen, deine Gedanken auf Gott und sein Wort gerichtet zu halten.

> *Bewährten Sinn bewahrst du in Frieden, in Frieden, weil er auf dich vertraut. — Jesaja 26,3* ELB

Die Erkenntnis Gottes

Deine Gefühle werden deinen Gedanken folgen. Das ist ein Gesetz Gottes. Wenn du also um Frieden betest, aber deine Gedanken nicht auf Gott gerichtet hast, dann ist es so, als würdest du gegen den Wind spucken. Das wird nicht funktionieren. Sich die Dinge Gottes wünschen ist Teil des Prozesses, aber es ist nicht alles.

> *Gnade und Friede werde euch mehr und mehr zuteil in der Erkenntnis Gottes und unseres Herrn Jesus! — 2. Petrus 1,2*

Du wirst durch die Erkenntnis Gottes und unseres Herrn Jesus Christus immer mehr mit Gnade und Frieden erfüllt – nicht durch Gebet. Es geht nicht darum, Gott einfach um Dinge zu bitten. Die Gesetze Gottes besagen, dass du an die richtigen Dinge denken musst, um die richtigen Resultate zu erzielen.

> *Freut euch im Herrn allezeit; abermals sage ich: Freut euch! Eure Sanftmut lasst alle Menschen erfahren! Der Herr ist nahe! Sorgt euch um nichts; sondern in allem lasst durch Gebet und Flehen mit Danksagung eure Anliegen vor Gott kundwerden. Und der Friede Gottes, der allen Verstand*

übersteigt, wird eure Herzen und eure Gedanken bewahren in Christus Jesus! — Philipper 4,4-7

Wenn du deine Gedanken auf den Herrn gerichtet hältst, wird der Friede Gottes dein Herz und deine Gedanken bewahren. Im nächsten Vers geht es noch weiter um unsere Gedanken:

Im Übrigen, ihr Brüder, alles, was wahrhaftig, was ehrbar, was gerecht, was rein, was liebenswert, was wohllautend, was irgend eine Tugend oder etwas Lobenswertes ist, darauf seid bedacht. — Philipper 4,8

Mit anderen Worten, es ist ein Gebot, deine Gedanken auf den Herrn und sein Wort gerichtet zu halten (Jes 26,3).

Dies sind Gottes Gesetze. Auf diese Weise funktioniert Gottes Reich.

Gottes Wort als Medizin

Gott hat dich so geschaffen, dass deine körperliche und emotionale Gesundheit ganz eng mit deiner Denkweise verknüpft ist. Wenn du schwermütige Gedanken hegst, wirst du deprimiert sein. Wenn du an den Herrn und sein Wort denkst, wirst du voll von Leben, Freude und Frieden sein.

[Gottes Worte sind] das Leben denen, die sie finden, und heilsam ihrem ganzen Leib. — Sprüche 4,22

Das Wort Gottes bringt Gesundheit.

Er sandte sein Wort und machte sie gesund und ließ sie aus ihren Gräbern entkommen. — Psalm 107,20

Gottes Rezept für Gesundheit ist sein Wort. Nimm es wie Medizin in täglichen Dosen. Viele Menschen beten für Gesundheit, aber sie folgen nicht den Anweisungen des großen Arztes. Sie nehmen ihre Medizin einfach nicht ein.

Stell dir vor, du konsultierst wegen eines gesundheitlichen Problems einen Arzt, der dir als Behandlungsmethode ein Medikament verschreibt. Du sollst jeden Tag eine Tablette einnehmen – aber du nimmst sie nicht. Es wäre doch unsinnig, sich dann über den Arzt und seine Behandlungsmethode zu ärgern und zu sagen: »Das war nichts. Es hat nicht geholfen.« Da du die Tabletten gar nicht genommen hast, steht es dir auch nicht zu, den Arzt zu kritisieren. Du hast nicht gemäß seinen Anweisungen gehandelt. Der Arzt hat dir eine Behandlung verordnet, aber du hast seinen Rat nicht befolgt.

Gott hat uns sein Wort als Medizin verschrieben! Er sandte sein Wort, um uns zu heilen und vor dem Untergang zu bewahren (Ps 107,20). Gottes Worte sind Heilung für unseren ganzen Leib und Leben denen, die sie finden (Spr 4,22). Dies ist die Medizin, die uns der große Arzt verschrieben hat.

Weit über die Maßen mehr

In Gottes Reich werden Glaube und Heilung von Gesetzen bestimmt. Wir jedoch verstoßen laufend gegen diese Gesetze. Dann beten wir für Heilung und wundern uns, dass wir sie nicht empfangen. Das sind die Früchte unserer Unwissenheit!

Sieh das jetzt bitte nicht als Verurteilung an. Ich möchte niemanden verurteilen. Ich möchte nur, dass die Menschen aufhören, Gott zu verurteilen. Sie sagen: »Es ist Gottes Wille, dass diese Person gestorben ist … dass die Firma pleite gegangen ist … die Ehe in die Brüche ging … die Kinder so rebellisch sind …« – es ist immer die gleiche Leier! Warum nur gibt man Gott die Schuld an all diesen Dingen? »Weil ich Gott darum gebeten habe, es aber nicht geschehen ist.« Es wird vollkommen die Tatsache ignoriert, dass Gott nicht einfach tun kann, was er will. Es gibt Gesetze, die festlegen, wie sein Reich funktioniert. Wenn wir gegen diese Gesetze verstoßen, ebnen wir dem Teufel damit regelrecht den Weg, auf dem er dann kommt, um zu stehlen, zu töten und zu verderben. Wenn wir Gottes überfließendes Leben empfangen wollen, müssen wir uns an seine Gesetze halten.

Die meisten Menschen denken, dass Gott über die Maßen mehr zu tun vermag, als wir erbitten oder verstehen können, aber das ist nicht wahr. Du musst den Vers weiterlesen, um zu verstehen, wie er gemeint ist.

> *Dem aber, der weit über die Maßen mehr zu tun vermag, als wir bitten oder verstehen,* ***gemäß der Kraft, die in uns wirkt*** *… — Epheser 3,20*

Dieser zweite Teil begrenzt den ersten Teil des Satzes. Gott ist nicht frei, in deinem Leben unabhängig von deiner Person zu handeln. Er hat festgelegt, dass seine Kraft durch Menschen fließen muss. Er hat ohne dein Einverständnis keine Autorität über dein Leben. Es muss Kraft in deinem Innern wirken, insbesondere die Kraft des Glaubens. Du musst diesen Glauben in dir entfachen, damit er lebendig wird.

Viele Leute kommen nicht aus ihrem Fernsehsessel heraus. Sie werden mutlos und depressiv, wenn sie all die schlechten Nachrichten hören. Sie verbringen so gut wie keine Zeit mit Gott oder seinem Wort. Haben sie ein Problem, sprechen sie ein schnelles Gebet, und wenn dann nichts passiert, denken sie, Gott habe versagt.

Es ist vollkommen falsch von uns, Gott zu verurteilen. Es ist nicht Gott, der versagt hat. Er hat nicht aufgehört, gut zu sein oder Gebete zu beantworten. Wir sind diejenigen, die versagt haben. Wir verstehen nicht, wie wir empfangen können. Wir haben keine Ahnung davon, dass es sogar Gesetze gibt, die festlegen, wie Gott handelt. Er wird nicht an deiner Stelle dem Teufel widerstehen. Er wird nicht das tun, was er dir aufgetragen hat (Jak 4,7). Er hat dir aufgetragen, die Kranken zu heilen (Mt 10,8). Er generierte die Kraft und legte sie in dich hinein – es ist dieselbe Kraft, die Christus von den Toten auferweckt hat (Eph 1,18–20). Er hat dich ausgerüstet und dir aufgetragen, den Kranken die Hände aufzulegen, damit es ihnen wieder besser geht (Mk 16,18).

Viele von uns missachten laufend Gottes Anweisungen und Ermahnungen in seinem Wort und sprechen dann bei Bedarf bloß ein schnelles Gebet. Wenn es nicht funktioniert, hat Gott eben versagt. Das ist nicht wahr. Gott ist treu, treu, treu!

Ich bin das Problem - nicht Gott

Mir sind schon schlimme Dinge in meinem Leben passiert. Menschen, die mir nahestanden, sind gestorben – selbst nachdem ich für ihre Heilung gebetet hatte. In den meisten dieser Fälle kann ich aber sehen, dass ich derjenige war, der versagt hat. In manchen Fällen verstehe ich bis heute nicht, warum die Dinge so und nicht anders gelaufen sind, dennoch bin ich zu der festen Überzeugung gelangt, dass Gott immer treu ist. Er versagt niemals. Wenn dennoch Schlimmes geschieht, dann habe ich etwas nicht verstanden und nicht gemäß Gottes Gesetzen gehandelt.

Es tröstet mich zu wissen, dass ich das Problem bin – nicht Gott. Es ist von großem Nutzen, wenn man die Vollmacht des Gläubigen verstanden hat. Die meisten Menschen sehen es aber genau umgekehrt. Sie können es nicht ertragen, für das Versagen in ihrem Leben verantwortlich gemacht zu werden. Ja, es ist wahr, diese Sichtweise legt die Verantwortung auf uns, aber sie erklärt auch, warum die Dinge nicht immer so kommen, wie wir es uns wünschen. Gott findet nicht immer Menschen, die mit ihm kooperieren und gemäß seinen Gesetzen handeln.

Gottes Kraft wird in deinem Leben proportional zu deinem Glauben freigesetzt – sie ist abhängig von deinem Glauben, nicht von deiner Heiligkeit. Wir alle versagen immer wieder und haben nichts vorzuweisen. Es ist eine Frage des Glaubens. Du bekommst das, was du glaubst. Wenn du glaubst, dass Gott dich bereits geheilt hat, und anfängst, deine Vollmacht zu ergreifen, wirst du deine Heilung erleben. Aber wenn du glaubst, dass Gott heilen kann, es aber noch nicht getan hat, dann wird die Heilung nicht zustande kommen. Auch wenn es dir nicht gefällt, wie Gottes Reich funktioniert, so werden sich seine Gesetze deshalb nicht ändern. Gott ist, wie er ist.

KAPITEL 22

Gib Gott die Ehre

Wenn du Gottes geistliche Gesetze anwendest, fließt seine Kraft. Befolgst du sie nicht, kann Gottes Kraft nicht wirken. Wir sehen das ganz klar in Markus 5 bei der Frau mit dem Blutfluss.

> *Und da war eine gewisse Frau, die hatte seit zwölf Jahren den Blutfluss, und sie hatte viel erlitten von vielen Ärzten und all ihr Gut aufgewendet, ohne dass es ihr geholfen hätte — es war vielmehr noch schlimmer mit ihr geworden.*
> *— Markus 5,25–26*

Diese Frau ist zwölf Jahre lang zu Ärzten gegangen. Obwohl die Arztbehandlungen sie den letzten Cent gekostet hatten, haben sie ihr kein bisschen geholfen.

Ärzte sind nicht unfehlbar

Wenn solch eine Frau in der Hoffnung zu mir käme, geheilt zu werden, und mir bis zum letzten Cent ihr ganzes Geld gäbe, was würde geschehen, wenn sie nicht geheilt würde? Man würde mich in den Medien als Betrüger und Scharlatan anprangern.

Da wir erwarten, dass Gottes Kraft immer sofort sichtbare Ergebnisse bringen muss, würden die Leute dem Prediger die Schuld geben. Andererseits denken wir uns gar nichts dabei, all unser

Geld – Hunderte und Tausende von Euros – für Ärzte auszugeben, von denen wir wissen, dass auch sie Fehler begehen, und durch deren Hand sogar schon Menschen gestorben sind. Ich habe nichts gegen Ärzte. Ich sage nur, dass sie nicht unfehlbar sind. Dennoch wird diese Tatsache von kaum jemandem berücksichtigt.

Im Natürlichen verstehen die Menschen, dass es Gesetze gibt und manchmal Probleme auftauchen können und dass nicht immer alles so läuft, wie wir es erwarten. Wenn es aber um Dinge geht, die mit Gott zu tun haben, denken die Leute, dass alles ganz leicht und problemlos funktionieren müsse. Sie erkennen nicht, dass es geistliche Gesetze gibt, nach denen Gottes Reich funktioniert. Es ist nicht so, dass es Gott schwerfallen würde, Dinge zu tun – *uns* fällt es schwer. Wir haben damit zu kämpfen. Es könnte sein, dass du Schwierigkeiten hast, durch mich zu empfangen, wenn ich für dich bete –, aber nicht, weil Gott das Problem wäre, sondern weil ich nicht alles weiß und du genauso wenig.

Wenn ich für eine Person bete und sehe, dass die Heilung zu 50 Prozent eingetroffen ist, dann bete ich weiter. Manche Leute haben mich schon gefragt: »Wenn es wirklich Gottes Wille ist, warum musst du dann immer wieder für diese Person beten und im Glauben festhalten? Wenn Gott es wollte, wäre sie doch ganz einfach geheilt.« So spricht jemand, der nicht weiß, dass es geistliche Gesetze gibt. Wir fangen gerade erst an, an der Oberfläche zu kratzen, um zu verstehen, wie die Dinge funktionieren. Das kann seine Zeit dauern, aber nicht etwa, weil Gott Probleme hätte, sondern weil ich ein Problem habe oder die Person, die etwas empfangen möchte. Keiner von uns versteht bereits alle Zusammenhänge.

Die Frau mit dem Blutfluss hatte viele Jahre unter Ärzten und deren Behandlungsmethoden gelitten, doch niemand dachte sich etwas dabei. Ich bin sicher, ihre Freunde waren der Überzeugung, sie täte das Richtige. Auch wenn die Ärzte ihr den letzten Cent aus der Tasche holten, ohne ihr zu helfen, haben ihre Freunde sie bestimmt weiterhin ermutigt, sie zu konsultieren. Diese gleichen Freunde hätten sie zweifellos als »fanatisch« und »extrem« bezeichnet, wenn sie ihnen gesagt hätte, dass sie von Jesus gehört und sich entschieden hatte, ihre Heilung auf übernatürliche Weise durch ihn zu bekommen.

Glaube kommt durch das Hören

Diese Frau war fest entschlossen. »Sie hatte von Jesus gehört« (Mk 5,27) und von dem, was er für andere getan hatte. Dies führt uns zu einem weiteren Gesetz Gottes. Du kannst nicht glauben und von Gott empfangen, ohne vorher irgendwie von Jesus und seinem Wort gehört zu haben.

> *Wie sollen sie aber den anrufen, an den sie nicht geglaubt haben? Wie sollen sie aber an den glauben, von dem sie nichts gehört haben? ... Demnach kommt der Glaube aus der Verkündigung [od. dem Hören], die Verkündigung aber durch Gottes Wort. — Römer 10,14.17*

Viele Leute versuchen, zu glauben und von Gott zu empfangen, aber sie beschäftigen sich nicht mit seinem Wort. Glaube kommt durch Gottes Wort. Wenn du deinen Glauben vergrößern und freisetzen willst, benötigst du mehr Offenbarungserkenntnis aus Gottes Wort. So einfach ist das, dennoch gibt es Leute, die dieses Gesetz ständig missachten. Sie hoffen, dass sie bekommen, wofür sie gebetet haben, weil sie sich schließlich in einer verzweifelten Situation befinden. Sie kennen nicht einmal die grundlegendsten Dinge, die den Glauben an Gott betreffen. Sie studieren Gottes Wort nicht. Sie sitzen einfach vor dem Fernseher, schauen sich jeden Mist an und wundern sich, warum sie im Glauben nicht wachsen.

Sowohl Glaube als auch Unglaube kommen aus dem Hören. Wenn du auf all das Negative aus Fernsehen und Radio hörst, anstatt Gott zu suchen, wirst du voll Unglauben sein, und du wirst nicht empfangen. Das ist ein Gesetz Gottes (siehe Mt 6,33). Manche Menschen mögen das nicht und sagen: »Das verträgt sich nicht mit meinem Lebensstil.« Vielleicht solltest du deinen Lebensstil ändern, damit er sich mit dem Wort Gottes verträgt?

Ich wundere mich über manche Leute, die zu mir kommen und wollen, dass Gott in ihr Leben eingreift. Wenn ich mich mit ihnen unterhalte, wird klar, dass sie sich nicht einmal eine Stunde im Jahr mit Gottes Wort beschäftigen. Weder beten sie noch suchen sie Gott. Sie gehen in keine Gemeinde, studieren das Wort nicht und hören sich keine Predigten an. Sie leben einfach ihr eigenes Leben. Sie sind gefangen in Entmutigung und Hoffnungslosigkeit, weil sie ihre Gedanken auf böse Dinge gerichtet halten. Dennoch wollen sie all die Vorteile eines auf Gott ausgerichteten Lebens. Es ärgert mich, wenn Gott von Menschen kritisiert und in Verruf gebracht wird, als ob er derjenige wäre, der versagt hat. Der Herr versagt nicht. Wir sind diejenigen, die darin versagt haben, seine Gesetze zu verstehen und entsprechend zu handeln.

Sprich und handle

Die Frau in Markus 5 war überzeugt davon, dass sie etwas von Gott empfangen würde.

Denn sie sagte sich: Wenn ich nur sein Gewand anrühre, so werde ich geheilt! — Markus 5,28

Sie sprach im Glauben und handelte danach. Das ist eines von Gottes Gesetzen. Wenn sie am Rande der Menge stehen geblieben wäre und gesagt hätte: »Ich glaube, dass ich empfange; ich glaube, dass ich empfange«, aber nicht nach diesem Glauben gehandelt hätte, hätte sie nicht empfangen.

Um nach ihrem Glauben handeln zu können, musste es ihr egal sein, was andere Menschen von ihr dachten. Das ist ein weiteres geistliches Gesetz. Jesus sagte:

> *Wie könnt ihr glauben, die ihr Ehre voneinander nehmt und die Ehre von dem alleinigen Gott nicht sucht?*
> *— Johannes 5,44*

Mit anderen Worten, Menschen gefallen zu wollen, wird deinen Glauben beeinträchtigen. Es wird dich sogar vom Glauben abhalten. Jesus sagte: »Du kannst nicht glauben, wenn du Ehre oder Anerkennung bei anderen Menschen suchst, anstatt bei Gott.« Wenn du dir Sorgen darüber machst, was andere sagen könnten, wird es dich davon abhalten, zu empfangen.

Konzentriere dich auf den Herrn

Nach dem Gesetz des Alten Testaments betrachteten die Juden jede Frau als unrein, die an Blutfluss litt bzw. ihre Regelblutung hatte (3Mo 15,19–33). Wenn jemand etwas berührte, was zuvor von einer unreinen Person berührt worden war, beispielsweise einen Sattel, eine Tasse, einen Behälter oder Kleidung, wurde diese Person ebenfalls unrein. Wer also eine unreine Person berührte, wurde unrein. Deshalb forderten die Juden unreine Personen auf, am Rande der Menge stehen zu bleiben und mit lauter Stimme auszurufen: »Unrein, unrein!«, damit die anderen Leute sich von ihnen fernhalten konnten.

Als sich diese Frau nun durch die Menge quetschte und den Saum von Jesu Gewand berührte, kam sie dabei auch mit vielen anderen Menschen in Berührung. Sie riskierte den Zorn der Menge und somit die Verurteilung zum Tode durch Steinigung. Als Jesus sie inmitten all der Menschen herausrief, musste es sie eine Menge Mut gekostet haben, hervorzutreten.

Diese Frau war an einem Punkt angelangt, an dem es ihr nichts mehr ausmachte, was andere sagten. Sie ließ ihr persönliches Risiko außer Acht, als sie auf Jesus zuging. Sie konzentrierte sich mehr auf den Herrn und das, was er zu sagen hatte, als auf das, was die anderen vielleicht zu sagen hatten. Viele empfangen nicht von Gott, weil sie Menschen gefallen wollen.

Menschenfurcht ist ein Fallstrick. — Sprüche 29,25

Das ist ein Gesetz Gottes. Wenn du Angst vor anderen Menschen hast und vor dem, was sie sagen, wird es deinen Glauben beeinträchtigen. Es wird dich davon abhalten, das zu bekommen, was du im Glauben erwartest. Du musst in deinem Herzen zu dem Punkt kommen, an dem du sagst:

Vielmehr erweist sich Gott als wahrhaftig,
jeder Mensch aber als Lügner. — Römer 3,4

Du musst dahin gelangen, dass du ehrlich sagen kannst: »Gott, du bist mir der einzig Wichtige. Ich werde das tun, was du mir sagst, auch wenn ich Spott dafür ernte.« Du musst mit deinem ganzen Herzen glauben und solltest alle Ängste und Vorbehalte loslassen.

Nur Gott gefallen wollen

Ich diente einmal einer Frau, die von den Ärzten zum Sterben nach Hause geschickt worden war. Sie hatte drei große offene Krebsgeschwüre, aus denen das Blut floss. Nachdem wir gebetet hatten, schrumpften sie auf die Größe eines Centstücks und konnten vom Arzt ganz leicht ambulant entfernt werden.

Obwohl der Krebs durch ein Wunder von Gott geheilt worden war, ohne Zutun der Ärzte, wollten diese angesichts der Ergebnisse dieser Frau noch zusätzlich Bestrahlungen verordnen, nur für den Fall, dass doch noch Krebszellen vorhanden wären. Ich riet ihr davon ab. Gott hatte sie geheilt und nicht die Ärzte. Sie hatte es nicht nötig, sich all den negativen Begleiterscheinungen einer Bestrahlung auszusetzen. Aber sie entschied sich, dem Rat der Ärzte zu folgen, und wäre beinahe an den Komplikationen gestorben.

Danach ermutigte ich sie erneut, indem ich ihr sagte, dass gesunde Menschen keine Bestrahlung bräuchten. Aber sie machte sich Sorgen darüber, was ihre Mutter, ihr Mann, ihre Kinder und die Leute in ihrer Gemeinde sagen würden. Sie wusste, dass der Herr sie vollkommen geheilt hatte und dass sie keine zusätzliche medizinische Behandlung mehr brauchte, aber sie schaffte es einfach nicht, sich gegen die Meinung der anderen durchzusetzen. Also setzte sie die Therapie fort und starb an den unmittelbaren Folgen der Bestrahlung.

Angst vor dem, was andere Menschen denken, ist ein Fallstrick (Spr 29,25). Dies ist ein Gesetz Gottes. Du kannst nicht wirklich glauben, wenn du dich darum sorgst, was andere Menschen denken (Joh 5,44). Du darfst nur Gott gefallen wollen.

Dies sind nur einige der Gesetze, nach denen das Reich Gottes funktioniert. Als Gläubige, die ihre Vollmacht ausüben, können wir uns nicht nach Belieben Dinge aussuchen und Gott dann dazu bringen, sie für uns zu tun. Wir können lediglich die Gesetze anwenden, die er bereits in Kraft gesetzt hat. Wir müssen herausfinden, was Gott uns bereits zur Verfügung gestellt hat und auch, wie diese Dinge gemäß seinem Wort funktionieren. Dann handeln wir im Einklang mit diesen Gesetzen und wenden sie an.

KAPITEL 23

So lehrt es das Neue Testament nicht

Satan benutzt keine übermenschliche Engelskraft oder Vollmacht. Er benutzt die Kraft und Vollmacht, die Gott den Menschen gegeben hat, die wir aber Satan übergeben, wenn wir ihm gehorchen und Gott gegenüber ungehorsam sind. Somit wird nichts anderes als menschliche Kraft und Vollmacht gegen uns eingesetzt. Und genau aus diesem Grund kann der Teufel ohne unsere Zustimmung und unser Mitwirken nichts gegen uns ausrichten.

Wenn wir diese Wahrheiten verstanden haben, ändert sich unsere Sichtweise in Bezug auf geistliche Kriegsführung grundlegend. Wir erkennen dann, dass der Teufel ein besiegter Feind ist. Jesus hat ihm durch das Kreuz alle Macht und Autorität entrissen. Bei dem Kampf, in dem wir heute stehen, geht es somit nur noch darum, den Sieg des Herrn durchzusetzen. Es ist ein Kampf gegen die Listen des Teufels – gegen Täuschung, Lüge und Betrügerei (Eph 6,11).

Alle Stellen im Neuen Testament, die sich mit geistlicher Kriegsführung befassen, zeigen deutlich, dass die Schlacht in unserem Kopf stattfindet.

> *Denn obgleich wir im Fleisch wandeln, so kämpfen wir doch nicht nach Art des Fleisches; denn die Waffen unseres Kampfes sind nicht fleischlich, sondern mächtig durch Gott zur Zerstörung von Festungen, so dass wir Vernunftschlüsse*

zerstören und jede Höhe, die sich gegen die Erkenntnis Gottes erhebt, und jeden Gedanken gefangen nehmen zum Gehorsam gegen Christus. — 2. Korinther 10,3-5

Achte darauf, was diese Waffen ausrichten: Sie zerstören Festungen, sogenannte Vernunftschlüsse, jede Höhe, die sich gegen die Erkenntnis Gottes erhebt, und sie nehmen jeden Gedanken gefangen. All das hat mit deinem Denken zu tun. Das Schlachtfeld sind deine Gedanken! Satan bekämpft uns mit Gedanken und wir treten ihm mit den Gedanken entgegen, die Gott uns eingibt.

»Geistliche Kriegsführung«

Das entspricht nicht dem, was im Allgemeinen über »geistliche Kriegsführung« gelehrt wird. Viele sagen: »Über jeder Stadt schwebt ein Netzwerk von dämonischen Mächten. Diese Mächte können unsere Gebete blockieren und verhindern, dass sie zu Gott durchdringen. Weil der Herr irgendwo im Kosmos weilt und die dämonischen Mächte in der physischen Atmosphäre sind, müssen unsere Gebete durch diesen Bereich hindurchgebracht werden.« Das kommt dir vielleicht verrückt vor, aber das ist heutzutage tatsächlich eine weitverbreitete Lehre im Leib Christi. Die Leute glauben wirklich, dass du die Luft über deinem Haus bzw. deiner Stadt freibeten musst, damit deine Gebete bis zu Gott durchdringen können. Das entspricht aber nicht dem, was Gottes Wort lehrt.

Gottes Wort lehrt, dass der Herr mit all seiner Kraft und Herrlichkeit im Inneren eines jeden Gläubigen wohnt. Du musst deine Gebete nicht durch die Atmosphäre hindurchbringen oder durch deine Zimmerdecke, ja noch nicht einmal über deine Nasenspitze hinaus. Der Grund, warum du beim Beten den Kopf neigst, ist der, dass du Gott anschauen kannst – er lebt nämlich genau dort, in dir drin!

Diese weitverbreitete, aber falsche Denkweise bezüglich »geistlicher Kriegsführung« berücksichtigt nicht, dass Gott im Inneren des neutestamentlichen Gläubigen wohnt. Deshalb müssen wir uns auch nicht mit Gewalten und Mächten herumschlagen, die unsere Gebete daran hindern, zu Gott zu gelangen. Wenn uns diese Dämonen bekämpfen, geschieht es durch unsere Gedanken. Die geistlichen Schlachten im Leben eines Christen spielen sich in seinem Kopf ab.

Dort, wo ich lebe, gibt es sogar eine Gruppe von Leuten, die behaupten, dass der Himmel hart wie Stahl gewesen sei, bevor sie hierher zogen, was heißen soll, dass die Gebete der Leute aufgehalten wurden und nicht durchkamen. Ihre »geistliche Kriegsführung« und »Fürbitte« hätten bewirkt, dass der Himmel sich öffnete, und nun sei ein »Durchbruch« da. Dadurch sei ihre Gemeinde gewachsen und große Dinge seien in unserer Stadt geschehen. Auch behaupten sie, dass dadurch die Kriminalitätsrate während der letzten zwei Jahre zurückgegangen sei. Sie sind davon überzeugt, dass ihre Fürbitte und Gebete dies alles bewirkt haben.

Was geschah aber das darauffolgende Jahr, als die Kriminalitätsrate wieder in die Höhe schoss und es mehr Morde gab als jemals zuvor? Hatte sich der Himmel wieder verschlossen? Waren ihre Gebete nicht mehr so effektiv? Was war geschehen? Natürlich spielen viele Faktoren eine Rolle, wenn es um das Wohlergehen einer Stadt geht, und Christen haben tatsächlich Einfluss auf die Welt um sie herum. Aber ich glaube nicht, dass all die Dämonen, die über unserer Stadt schweben, dafür verantwortlich sind, dass so viele Verbrechen und Morde begangen werden.

Kampf um die Gedanken

Warum gibt es an bestimmten Orten so viele Morde? Aufgrund der dämonischen Aktivitäten in den *Gedanken* der Menschen – nicht wegen dämonischer Aktivitäten in den himmlischen Sphären. Die Menschen haben den Kampf in ihren Köpfen verloren und sich Satan ausgeliefert. Sie nehmen mit ihren Augen und Ohren alle Arten von Hass, Gewalt und Mord durch Fernsehen, Kino und Videospiele auf. Da unsere Gesellschaft als Ganzes gottgefällige moralische Werte nicht länger fördert und unterstützt, lassen wir es zu, dass diese Dinge geschehen.

Ja, es gibt dämonische Mächte in der Luft. Die Bibel offenbart uns das ganz klar. Aber die Art und Weise, wie wir damit umgehen, ist Folgende: Wir konfrontieren die unerneuerten Gedanken der Menschen mit der Wahrheit von Gottes Wort, das wir predigen. Du kannst nicht einfach durch deine Gebete den dämonischen Mächten in den himmlischen Sphären gebieten und dadurch indirekt Einfluss auf andere Menschen ausüben, sodass sie beispielsweise nicht mehr böse sind, weil du eine bestimmte dämonische Macht gebunden hast. So lehrt es die Bibel nicht! Den biblischen Weg befolgen wir, indem wir zu den Leuten hingehen und ihnen die Wahrheit erzählen. Wenn sie glauben und der Wahrheit folgen, werden sie freigesetzt und nicht mehr von den dämonischen Einflüssen um sie herum kontrolliert.

Es gibt keine einzige Stelle im Neuen Testament, die diese Arten von »geistlicher Kriegsführung« und »Fürbittekampf« rechtfertigt, wie sie heute unter Christen praktiziert werden. Jesus sandte seine Jünger nie aus, um »geistliche Kriegsführung« zu betreiben, bevor er an einen Ort kam. Er sandte sie aber gelegentlich aus, um sein Kommen anzukündigen. Dabei ging es aber hauptsächlich darum, die Leute auf ihn aufmerksam zu machen.

Paulus hat die Gläubigen nie zu »geistlicher Kriegsführung« aufgerufen oder ermutigt, so wie es heute üblich ist. Er ist derjenige, durch den der Heilige Geist 2. Korinther 10,3–5 und Epheser 6,11 geschrieben hat. In 2. Korinther 10,5 wird uns aufgezeigt, dass unsere Waffen dazu dienen, jeden Gedanken gefangen zu nehmen und unter den Gehorsam Jesu Christi zu stellen. Epheser 6,11 fordert uns auf, den Listen des Teufels zu widerstehen. Der im nächsten Vers genannte Kampf findet in unseren Gedanken statt (Eph 6,12).

Durch Gedanken beeinflusst

In den letzten Jahrzehnten hat es in unserem Land einen drastischen Verfall moralischer Wertmaßstäbe gegeben. Noch vor 30 Jahren wäre die sexuelle Freizügigkeit, die heute als völlig normal gilt, unvorstellbar gewesen. Einer der Hauptgründe für diesen Niedergang hängt damit zusammen, dass unsere Kultur so süchtig nach Radio, Fernsehen, Computern und dem Kino geworden ist. Durch diese Medien sind unsere moralischen Werte kontinuierlich verunreinigt und verwässert worden.

Satan wirkt durch einzelne Menschen, die die Medienwelt kontrollieren. Sowohl Christen als auch Nichtchristen schauen sich gleichermaßen dieselben gottlosen Programme an. So kann der Teufel Einfluss ausüben, und zwar durch die Gedanken, die er uns einpflanzt. Satan kann nur durch solche äußeren Dinge, wie zum Beispiel die Medien, Einfluss auf unser Denken ausüben (Röm 8,6; Spr 23,7; Jes 26,3).

In Römer 12,2 heißt es: »Seid nicht gleichförmig dieser Welt, sondern werdet verwandelt.« Wie? – Durch »geistliche Kriegsführung« und das Binden von Dämonen? Nein, sondern »durch die

Erneuerung eures Sinnes, dass ihr prüfen könnt, was der gute und wohlgefällige und vollkommene Wille Gottes ist«.

Dämonen beeinflussen uns durch Gedanken, aber sie können uns diese Gedanken nicht einfach direkt eingeben. Sie bedienen sich eines Menschen, den sie dazu bringen müssen, sich an Satan auszuliefern. Satan fängt dann an, diesen Menschen »zu erziehen«, indem er seine Lügen und Täuschungen in ihn hineinpflanzt. Dieser Mensch geht dann hin und beeinflusst wieder andere Menschen. Der Grund, warum es heute so viel Gottlosigkeit gibt, hängt damit zusammen, dass die Nachrichtenmedien als Ganzes – Fernsehen, Radio und Filmindustrie – von Menschen kontrolliert werden, die unter dem Einfluss Satans stehen. Ihre Handlungen und Gedanken sind dämonischen Ursprungs.

Ich habe mal einen Artikel gelesen, in dem ein prominenter Filmproduzent zugab, dass es eines seiner Ziele sei, die Moral der Vereinigten Staaten zu verändern. Dabei setzt er gezielt seine Macht und seinen Einfluss ein, um die jüdisch-christliche Ethik und Moral unserer Kultur zu verändern. Satan gewinnt Kontrolle und übt seinen Einfluss aus, um die Gedanken der Menschen zu erobern, während sich die Gemeinde in ihren Gebetskämmerchen aufhält und versucht, irgendwelche Dämonen zu binden. Dafür gibt es jedoch kein einziges biblisches Vorbild. So geht die Bibel nicht an diese Dinge heran.

»Herr, gib uns Freimütigkeit«

Der Apostel Paulus ging an Orte, die stark dämonisch belastet waren, wie Korinth und Athen. Dort begegneten ihm die verschiedensten heidnischen Götter und Götzenbilder. Er bekämpfte diesen ganzen Götzendienst nicht, indem er »geistliche Kriegsführung«

betrieb. Auch rief er nicht eine Gruppe von Christen zusammen, um irgendetwas zu binden. In Athen ging er einfach nur auf den Marktplatz und sprach zu den Menschen, die dort herumsaßen und nur darauf warteten, etwas Neues zu hören. Als es ihm gelang, ihre Aufmerksamkeit zu bekommen, predigte er das Evangelium und erzählte ihnen vom unbekannten Gott, dem Einen, den sie nicht wirklich verstanden. Paulus bezeugte: »Er ist der einzige und wahre Gott.«

Paulus ging nach Ephesus und verkündigte Gottes Wort. Wie schon in Kapitel 14 erwähnt, war Ephesus der Schauplatz der berühmten Göttin Diana von Ephesus. Im Tempel war eine Statue, von der man glaubte, sie sei vom Himmel gefallen. Paulus trat diesen Lügen und Täuschungen entgegen, indem er den Menschen einfach die Wahrheit sagte. Daraufhin glaubten so viele Menschen an die Wahrheit, dass der Götzendienst um diese Göttin buchstäblich zum Erliegen kam. Der Tempel wurde geschlossen und niemals wieder gab es eine dämonische Macht, die durch die Diana von Ephesus gewirkt hätte – bis Ende des 19. Jahrhunderts, als die »Fürbitter« sie wieder auferstehen ließen und sie zu der dämonischen Kraft hinter dem Islam machten.

Vor einigen Jahren reisten über 20.000 Menschen nach Ephesus, um »geistliche Kriegsführung« zu betreiben und diese dämonischen Mächte zu »binden«. Weder Jesus noch Petrus noch Paulus haben so etwas getan oder andere je dazu ermutigt. Sie versammelten niemals Leute, um all die dämonischen Mächte einer bestimmten Gegend zu binden. Sie konzentrierten sich ganz auf die Verkündigung des Evangeliums und das Predigen von Gottes Wort. Sie beteten wie die ersten Gläubigen in Apostelgeschichte 4.

Und jetzt, Herr, sieh ihre Drohungen an und verleihe deinen Knechten, dein Wort mit aller Freimütigkeit zu reden, indem du deine Hand ausstreckst zur Heilung, und dass Zeichen und Wunder geschehen durch den Namen deines heiligen Knechtes Jesus! — Apostelgeschichte 4,29–30

Danach erbebte der Ort durch die Kraft des Heiligen Geistes und sie gingen hinaus und verkündeten das Evangelium mit Freimütigkeit (Vers 31). Petrus' Schatten fiel auf die Menschen, während er durch die Straßen lief, und sie wurden geheilt (Apg 5,15–16). Zeichen und Wunder bekräftigten ihre Wortverkündigung (Apg 5,12; Mk 16,20). Sie erlebten, wie sich ihre Welt veränderte – nicht durch »geistliche Kriegsführung« und »Fürbitte«, sondern durch die Verkündigung des Evangeliums.

Nimm Satan die Krallen

Es gibt heute einige Christen, die behaupten, zum »Fürbittedienst« berufen worden zu sein. Das ist ihr ganzer Lebensinhalt. Sie tun nichts anderes. Sie verkünden weder die Wahrheit noch evangelisieren sie. Sie sprechen nicht mit anderen Menschen. Sie engagieren sich nicht in sozialen Bereichen. Sie tun nichts weiter, als sich in ihrem Gebetskämmerchen einzuschließen und zu beten.

Gewiss sollte jeder Gläubige beten. Dies ist ein wichtiger Bestandteil unserer innigen Beziehung mit Gott. Ich bin nicht gegen Gebet, aber ich bin gegen diesen sogenannten Fürbittedienst, den es in Wirklichkeit gar nicht gibt! Wir sollten alle beten, aber wir sollten auch alle hinausgehen und etwas tun. Manche Leute benutzen »Fürbitte« als Ausrede, um nicht evangelisieren zu müssen.

Menschen werden wiedergeboren, indem der Same des Wortes Gottes in ihr Inneres gepflanzt wird (1Petr 1,23). Wenn Satan uns täuschen und vom Evangelisieren abhalten kann, ist das zu seinem Vorteil. Die Strategie des Feindes ist es, uns in unserem Gebetskämmerchen zu halten, wo wir den Herrn anflehen, das zu tun, was er uns aufgetragen hat. Anstatt mit Freimütigkeit – also mutig – anderen Zeugnis zu geben und das Evangelium zu verkündigen, haben wir Angst, anderen die Wahrheit zu bezeugen, um bloß keinen Anstoß zu erregen.

Dem Teufel macht es nichts aus, wenn du betest, solange du dich mit Dingen wie »geistlicher Kriegsführung« und »Fürbitte« beschäftigst. Vieles davon ist von ihm selbst inspiriert. Auf diese Weise bringt er dich dazu, gegen ein Phantom zu kämpfen! Der Teufel projiziert gewissermaßen ein Hologramm und lässt dich einen Feind sehen, der vermeintlich in ein bestimmtes Gebiet einfällt. So ziehst du all deine Streitkräfte zusammen, um gegen einen Feind zu kämpfen, der noch nicht einmal existiert. Du vergeudest eine Menge Kraft und Ressourcen, um dieses Phantom zu bekämpfen, gleichzeitig macht dich das in Bereichen verletzbar, in denen die echte Gefahr lauert. Satan hält den Leib Christi mit Kämpfen und dem Zerstören von Dingen beschäftigt, die nicht einmal existieren. Natürlich existiert Satan und auch seine Kraft ist real, aber er ist nicht dieses »allmächtige« Wesen, zu dem die Fürbitter ihn hochstilisiert haben.

Euer Widersacher, der Teufel, geht umher wie ein brüllender Löwe und sucht, wen er verschlingen kann. — 1. Petrus 5,8

Satan hat nicht die Macht, Menschen zu beherrschen. Er benutzt nichts anderes als die gleiche menschliche Macht und Autorität, die uns Menschen gegeben wurde. Deshalb kann er nichts ohne deine Zustimmung oder dein Mitwirken tun. Ja, wir haben einen Feind, der am liebsten die Menschheit als Ganzes und jeden Einzelnen von uns zerstören würde. Wie gehen wir damit um? Gehen wir direkt zum Teufel und binden ihn? Nein. Wir kümmern uns um unsere Gedanken. Satan kann uns nur durch unsere Gedanken beeinflussen und dadurch unsere Zustimmung und Kooperation bekommen. Deshalb sagte Jesus auch:

> *Ihr werdet die Wahrheit erkennen, und die Wahrheit wird euch frei machen! — Johannes 8,32*

Die einzige Macht, die Satan hat, sind seine Lügen und Täuschungen. Das ist der Grund, warum uns die Wahrheit frei macht. Wenn du einmal die Wahrheit erkannt hast, verliert die Täuschung ihre Macht. Die Krallen sind ihr genommen. Die Stärke der Gemeinde ist die Verkündigung des Evangeliums und das Predigen von Gottes Wort.

Dämonen waren anwesend

Ja, es ist wichtig zu beten, aus verschiedenen Gründen: um sensibel für Gott zu werden, um uns ihm hinzugeben, um ihn deutlich hören zu können und mit Freimütigkeit zu sprechen. Aber wir müssen keine 15 oder 20 Stunden »geistliche Kriegsführung« betreiben, um »das Terrain« vorzubereiten. Geh einfach hin und verkündige das Evangelium! Das Wort Gottes wird die Atmosphäre verändern. Während du die Wahrheit verkündigst, wird die Wahrheit Dämonen in die Flucht schlagen. Wenn Jesus irgendwo hinkam, fingen die Dämonen buchstäblich an zu schreien; sie kamen aus den Leuten heraus und suchten das Weite. Hätte Jesus »geistliche

Kriegsführung« betrieben, so wie sie heute praktiziert wird, dann wären ja keine Dämonen mehr übrig gewesen, die hätten schreien oder herauskommen können. Er hätte sie im Gebet schon vorher besiegt und sie wären alle geflohen. Aber die Wahrheit ist, dass Dämonen anwesend waren.

Sogar beim letzten Abendmahl waren Dämonen anwesend. Wie hätte Satan sonst in Judas Iskariot hineinfahren können, wenn er nicht schon zugegen gewesen wäre?

Und nach dem Bissen [des Brotstückes, das Jesus Judas gab], da fuhr der Satan in ihn. — Johannes 13,27

Genau das sagt die Bibel. Jesus betrieb keine »geistliche Kriegsführung«, so wie es heute praktiziert wird. Dieser Lehre wurde ein Status und Stellenwert zugemessen, die sie nie hätte haben dürfen. Im Namen der »geistlichen Kriegsführung« werden heutzutage eine Menge verrückter Dinge im Leib Christi getan.

Wenn nicht einmal Jesus selbst Satan aus seinem letzten Abendmahl mit seinen Jüngern fernhalten konnte, dann kannst du ihn erst recht nicht aus deiner Gemeinde oder deiner Stadt fernhalten, indem du »geistliche Kriegsführung« betreibst.

Wenn der Herr vielleicht erst in 100 Jahren wiederkommt und die Menschen auf das zurückblicken, was heute als »geistliche Kriegsführung« und »Fürbitte« gelehrt wird, werden sie denken: *Das war mit Sicherheit einer der größten Irrtümer, der sich in die Gemeindewelt eingeschlichen hat.* Da diese Dinge zurzeit aber überall so gelehrt werden und sich in der Kirche größter Beliebtheit erfreuen, erkennen viele Leute nicht, dass es sich um einen Trugschluss handelt.

Was derzeit im Bereich »geistlicher Kriegsführung« und »Fürbitte« geglaubt und praktiziert wird, wird so nicht im Neuen

Testament gelehrt! Manches davon wird aus der Bibel gelehrt, aber dazu werden Textstellen aus dem Alten Testament herangezogen. Dabei gibt es einen gewaltigen Unterschied zwischen dem, wie die Dinge im Alten Testament gehandhabt wurden, und dem, wie sie im Neuen Testament gehandhabt werden!

KAPITEL 24

Ein einziger Mittler

Wenn über »geistliche Kriegsführung« und »Fürbitte« gelehrt wird, ist 2. Mose 32 eine oft zitierte alttestamentliche Bibelstelle. Mose war auf dem Berg gewesen und hatte die Zehn Gebote in Empfang genommen. Er hatte dort oben 40 Tage und 40 Nächte fastend in der Gegenwart Gottes verbracht. Nachdem er die zwei Tafeln erhalten hatte, die buchstäblich vom Finger Gottes geschrieben worden waren, heißt es:

> *Da sprach der Herr zu Mose: Geh, steige hinab; denn dein Volk, das du aus dem Land Ägypten heraufgeführt hast, hat Verderben angerichtet. — 2. Mose 32,7*

Interessant ist hier die Wortwahl. Bei der Mitteilung an den Pharao durch Mose sagte der Herr: »Lass *mein* Volk ziehen.« Als die Israeliten nach ihrem Auszug jedoch anfingen, das von ihnen angefertigte Goldene Kalb anzubeten (2Mo 32,1–6), sagte der Herr zu Mose: »Dies ist *dein* Volk.« Wenn ein Kind etwas Gutes geleistet hat und eine Auszeichnung dafür erhält, sagen beide Elternteile: »Das ist *mein* Kind.« Aber wenn das Kind etwas angestellt hat, dann wird ein Elternteil zum anderen sagen: »Sieh mal, was *dein* Kind getan hat!« Gott sagte zu Mose »dein Volk«. Gott hatte die Nase voll von ihnen, weil sie sich selbst verdorben hatten. Er war sogar bereit, sie aufzugeben.

Sie sind schnell abgewichen von dem Weg, den ich ihnen geboten habe; sie haben sich ein gegossenes Kalb gemacht und haben es angebetet und ihm geopfert und gesagt: Das sind eure Götter, Israel, die dich aus dem Land Ägypten heraufgeführt haben! Und der Herr sprach zu Mose: Ich habe dieses Volk beobachtet, und siehe, es ist ein halsstarriges Volk. So lass mich nun, damit mein Zorn gegen sie entbrennt und ich sie verzehre; dich aber will ich zu einem großen Volk machen! — 2. Mose 32,8–10

Macht und Einfluss auf Gott

Gott war zornig auf dieses Volk. Er war bereit, es zu zerstören und mit Mose neu anzufangen. Aus ihm wollte er ein vollkommen neues Volk entstehen lassen. Beachte, wie Gott das ausdrückt:

So lass mich nun, damit mein Zorn gegen sie entbrennt und ich sie verzehre. — 2. Mose 32,10

Der Herr sagte mit anderen Worten: »Versuch nicht, mich daran zu hindern, Mose. Versuch nicht, mir das auszureden. Bitte nicht um Gnade, denn ich will meinem Zorn freien Lauf lassen und dieses Volk vernichten.« Gott meinte damit: »Mose, du hast so viel Macht und Einfluss auf mich. Wenn du mich bittest, wirst du mich davon abhalten, meinen Zorn gegen dieses Volk zu richten.«

Es ist schon erstaunlich, dass der allmächtige Gott von irgendeinem menschlichen Wesen beeinflusst werden kann. Nicht deshalb, weil wir mehr Macht oder Autorität hätten! Nein, es liegt an seiner großen Liebe zu uns. Mose war nicht perfekt. Er hatte einen Mann getötet, weil er dachte, er führe damit Gottes Willen aus. Er war gescheitert. Doch Gott liebt uns so sehr, dass er einem Menschen, dessen Herz für ihn schlägt, Respekt entgegenbringt und ihm dadurch Macht und Autorität in seinem (Gottes) Leben einräumt. Das ist unglaublich!

> *Mose aber besänftigte das Angesicht des Herrn, seines Gottes, und sprach: Ach Herr, warum will dein Zorn gegen dein Volk entbrennen, das du mit so großer Kraft und starker Hand aus dem Land Ägypten geführt hast? — 2. Mose 32,11*

»Es ist dein Volk«

Mose gab den Ball an Gott zurück und sagte: »Herr, es ist dein Volk. Es ist nicht mein Volk. Erinnere dich! Du bist derjenige, der es freigekauft hat. Es ist dein Volk.«

> *Warum sollen die Ägypter sagen: Zum Unheil hat er sie herausgeführt, um sie im Gebirge umzubringen und von der Erde zu vertilgen? Wende dich ab von der Glut deines Zorns und lass dich des Unheils gereuen, das du über dein Volk [bringen willst]! Gedenke an deine Knechte, Abraham, Isaak und Israel, denen du bei dir selbst geschworen und zu denen du gesagt hast: Ich will euren Samen mehren wie die Sterne am Himmel, und dieses ganze Land, das ich versprochen habe, eurem Samen zu geben, sollen sie ewiglich besitzen! — 2. Mose 32,12–13*

Mose versuchte, Gott zu überzeugen, indem er argumentierte: »Herr, die Ägypter werden davon hören. Sie werden sagen, dass dieses Volk umkam, weil du zu schwach warst, es ins Gelobte Land zu führen.« Wie schon erwähnt, hatte Mose die Dreistigkeit besessen, zu Gott zu sagen:

> *Wende dich ab von der Glut deines Zorns und lass dich des Unheils gereuen, das du über dein Volk [bringen willst]!*
> *— 2. Mose 32,12*

Wie erstaunlich, dass ein Mensch Gott sagen würde, er möge Buße tun und sich seines Vorhabens gereuen lassen. Was aber noch viel mehr erstaunt, ist Gottes Reaktion:

> *Da reute den Herrn das Unheil, das er seinem Volk anzutun gedroht hatte. — 2. Mose 32,14*

Ein klassisches Beispiel

Dies ist ein klassisches Beispiel alttestamentlicher Fürbitte. Mose konfrontierte Gott und sagte ihm, er solle sich von der Glut seines Zornes abwenden, und Gott tat es. Mose stand zwischen dem Volk, das kurz davor stand, vernichtet zu werden, und einem zornigen Gott, den er bat, Buße zu tun bzw. umzukehren.

Menschen benutzen dies als Beispiel, wenn sie über »geistliche Kriegsführung« und »Fürbitte« lehren. Sie denken, wir müssten auch heute noch auf diese Weise zu Gott beten. Sie sagen: »O Herr, bitte vernichte unser Land nicht. Wir bitten dich um Gnade für unsere Stadt. Kehre um und wende dich ab von der Glut deines Zornes!« Für Mose war es angemessen, so zu beten, weil Christus noch nicht gekommen war und die Strafe für unsere Sünden noch nicht erlitten hatte. Doch jetzt, unter dem neuen Bund, hat sich alles geändert. Jesus wurde unser Fürsprecher und somit ist dieser Art von Fürbitte ein Ende gesetzt.

> *Denn es ist ein Gott und ein Mittler zwischen Gott und den Menschen, der Mensch Christus Jesus. — 1. Timotheus 2,5*

Im Neuen Testament ist Jesus der Mittler, der zwischen uns und Gott steht.

Ein Antichrist

Gott ist heilig und der Mensch nicht. Wir verdienten den Zorn Gottes. Es musste einen Mittler zwischen Gott und den Menschen geben. Bevor also Jesus kam, war Mose ein Mittler. Im Galaterbrief lesen wir im Hinblick auf Mose Folgendes über das alttestamentliche Gesetz:

> *Es ist durch Engel übermittelt worden in die Hand eines Mittlers. — Galater 3,19*

Mose diente als Mittler zwischen Gott und den Menschen. Ein *Mittler* ist jemand, der zwischen zwei Konfliktparteien steht und versucht, sie miteinander in Harmonie und Einklang zu bringen. Gott stand den Menschen aufgrund ihrer Sünde entgegen, deshalb diente Mose unter dem alten Bund als Mittler. Er sagte: »Gott, tue Buße. Wende dich ab von der Glut deines Zorns«, und Gott tat es. Wenn Mose jedoch heute, nachdem, was Jesus am Kreuz vollbracht hat, noch genauso beten würde, wäre er ein Antichrist.

Antichrist bedeutet: gegen oder anstelle von Christus. Würde Mose Gott heute anflehen, sich von der Glut seines Zorns abzuwenden, dann würde er sich damit gegen den Mittlerdienst Jesu stellen. Würde er denken: *Das, was Christus getan hat, ist nicht genug; ich muss dem noch etwas hinzufügen,* käme das dem Versuch gleich, Jesu Platz einzunehmen. Für Mose war es angemessen, unter dem alten Bund so zu beten, weil Jesus noch nicht gekommen war. Aber nun, da Jesus gekommen ist und wir unter dem neuen Bund stehen, gibt es nur *einen* Mittler zwischen Gott und den Menschen – den Herrn Jesus Christus (1Tim 2,5).

Das ist der Grund, warum es heute falsch ist, wenn du »Fürbitte« tust, indem du Gott um seine Gnade anflehst. Gottes Gnade und Erbarmen sind doch schon durch den Herrn Jesus Christus auf uns ausgegossen worden. Er ist nicht mehr zornig auf uns wegen der Sünde.

Zur Vertiefung dieses Themas möchte ich dich auf mein Buch *Der Krieg ist zu Ende* hinweisen. Das Neue Testament ist eindeutig. Jesus nahm den Zorn Gottes über unsere Sünden auf sich. Darum ist Gott nicht mehr zornig auf dich – er ist noch nicht einmal schlechter Laune!

Ein großer Unterschied

Ich weiß, dass die Wahrheiten, die ich hier mitteile, im Widerspruch zu dem stehen, was die meisten Christen heute glauben. Aber ich ermutige dich, Gottes Wort selbst zu studieren und dir eine eigene Meinung zu bilden. Viele Menschen glauben, Gott sei zornig über ein bestimmtes Land und stehe kurz davor, sein Gericht über eine bestimmte Stadt zu verhängen. Also beten sie: »O Herr, hab Erbarmen und zerstöre diese Stadt nicht!« Wenn du auf diese Weise betest, versuchst du, den Platz des Herrn Jesus Christus einzunehmen. Jesus hat dem Zorn Gottes Genüge getan und Gottes Erbarmen für diese Menschen und Orte gesichert.

Da Gottes Zorn über die Sünde dank des Opfers Christi gestillt ist, bedeutet dies nun, dass wir keine Probleme mehr haben? Natürlich nicht! Wir Menschen stehen im Begriff, uns durch Sünde und Unglauben selbst zu zerstören. Wir haben dem Teufel Türen geöffnet und er nutzt das voll aus. Es ist daher absolut angemessen, folgendermaßen zu beten: »Vater, ich danke dir, dass Jesus deine Gnade und Barmherzigkeit bereits für uns sichergestellt hat. Danke, dass du nicht darauf aus bist, unsere Stadt und unser Land zu zerstören. Allerdings geben wir dem Teufel Raum. Wir sind dabei, uns selbst zu zerstören. Deshalb bitte ich dich, Vater, dass du mir Weisheit und Kühnheit gibst, dein Wort zu verkündigen und anderen deine Macht zu demonstrieren.«

Dies ist der Grund, warum ich im Radio, Fernsehen und Internet zu hören und zu sehen bin. Deshalb gebe ich so viele Bücher und CDs raus. Ich belasse es nicht bei einem Gebet: »O Gott, tu etwas. Verändere diesen Ort und sei uns gnädig.« Gott ist uns schon gnädig gewesen! Wir sind uns dessen, was er getan hat, nur nicht bewusst, weil wir belogen wurden. Die meisten Menschen lassen sich durch Fernsehen, Nachrichtensendungen und Spielfilme mehr beeinflussen als durch Gottes Wort. Sie kennen die Wahrheit nicht, deshalb nutze ich alle mir zur Verfügung stehenden Mittel und Medien, um Menschen zu erreichen und ihnen das Wort Gottes zu verkündigen. Diese Wahrheiten verändern das Leben der Menschen und machen Erweckung möglich. Erweckung kommt durch Menschen, wenn das Evangelium verkündigt und das Wort gelehrt wird und der Heilige Geist es dann bestätigt.

Es gibt einen großen Unterschied zwischen dem alten und dem neuen Bund. Im Alten Testament flehten Menschen wie Mose Gott an: »Herr, wende dich ab von der Glut deines Zornes.« Im Neuen Testament hingegen gibt es nur noch einen Mittler zwischen Gott und den Menschen – Jesus Christus. Er hat für alle Zeit den Forderungen und dem Zorn Gottes Genüge getan. Wenn wir Gott aber nicht suchen, wird es eine Menge Probleme geben. Denn dann liefern wir uns Satan aus und er wird kommen, um zu stehlen, zu töten und zu verderben – und zwar wen, wann und wo immer er kann (Joh 10,10). Ja, unsere Städte brauchen Veränderung! Ja, unser Land muss Buße tun und zu Gott umkehren! Aber nicht, um dem Gericht zu entgehen! Gott hat doch schon seinen Sohn wegen unserer Sünden gerichtet. Obwohl wir es sind, die das Gericht verdient hätten, müssen wir nicht mehr gerichtet werden.

Sich bei wem entschuldigen?

In der Anfangszeit meines Dienstes verstand ich diese Wahrheiten nicht. Ich sagte oft und gerne: »Wenn Gott unser Land nicht richtet, dann muss er sich bei Sodom und Gomorra entschuldigen.« Aus meiner Sichtweise verdiente es Amerika, aufgrund von Sünde gerichtet zu werden, und zwar mindestens genauso, wenn nicht noch mehr, als diese beiden Städte, die in Schutt und Asche gelegt wurden. Seit damals jedoch haben sich mir Gott und sein Wort in einer solchen Weise offenbart, dass ich nun sage: »Wenn Gott unser Land richten würde, dann müsste er sich bei Jesus entschuldigen.« Warum? Nun, weil Jesus unsere Strafe, unser Gericht und unsere Trennung von Gott auf sich genommen hat, sodass wir diese Dinge nicht mehr erleiden müssen. Gott hat seinen Zorn bereits auf seinen eigenen Sohn am Kreuz gelegt, deshalb ist es nicht seine Absicht, uns zu richten.

Unser Land steht dennoch kurz davor, zerstört zu werden, aber nicht, weil Gott es richtet, sondern weil wir dem Satan Tür und Tor öffnen. Wenn du dich dem Teufel durch Sünde auslieferst, wirst du sein schutzloser Diener. Erinnere dich: Er kommt, um zu stehlen, zu töten und zu verderben. Es ist einfach dumm, sich Satan auszuliefern. Wir müssen uns Gott unterordnen.

»Wirst du die Stadt verschonen?«

Nehmen wir das Gericht Gottes an den Städten Sodom und Gomorra einmal genauer unter die Lupe. Zuerst erschien der Herr Abraham und teilte ihm mit, dass er zwei Engel nach Sodom und Gomorra schicken werde, um die Lage dort zu überprüfen. Gott wollte sehen, ob sie so böse waren, wie er gehört hatte, denn er plante, sie zu richten. Nachdem Abraham dies vernommen hatte, geschah Folgendes:

> *Und Abraham trat näher und sprach: Willst du auch den Gerechten mit dem Gottlosen wegraffen? Vielleicht gibt es fünfzig Gerechte in der Stadt; willst du die wegraffen und den Ort nicht verschonen um der fünfzig Gerechten willen, die darin sind? Das sei ferne von dir, dass du eine solche Sache tust und den Gerechten tötest mit dem Gottlosen, dass der Gerechte sei wie der Gottlose. Das sei ferne von dir! Sollte der Richter der ganzen Erde nicht gerecht richten? Der Herr sprach: Wenn ich fünfzig Gerechte in Sodom finde, in der Stadt, so will ich um ihretwillen den ganzen Ort verschonen!*
> *— 1. Mose 18,23–26*

Hier steht Abraham und fleht zu Gott: »Herr, du wirst doch nicht auch die Gerechten dieser Stadt töten, oder? So würde ein gerechter Gott nicht handeln. Falls es dort 50 Gerechte geben sollte, wirst du die Stadt doch verschonen?«

Und Gott antwortet: »Wenn es dort 50 Gerechte gibt, so will ich die Stadt verschonen.«

Daraufhin Abraham: »Was, wenn es dort 45 Gerechte gibt? Wirst du die Stadt dann auch verschonen?«

Gottes Antwort: »Wenn es 45 gibt, will ich die Stadt verschonen.«

Abraham verhandelte mit Gott so lange, bis er bei zehn angelangt war. Wenn es dort zehn Gerechte gäbe, würde Gott die Stadt verschonen. Abraham hätte Gott bis auf einen Gerechten herunterhandeln können, und der wäre Lot gewesen (2Petr 2,7–8).

Wenn wir bei unserer Überlegung das Sühneopfer Jesu jetzt einmal nicht berücksichtigen und auch den neuen Bund außer Acht lassen – wozu die meisten Christen sowieso neigen –, dann zeigt uns diese Bibelstelle, dass Gott eine Stadt oder ein Land auch ohne diese beiden Faktoren nicht zerstören würde, wenn es dort Gerechte gäbe. Es spielt keine Rolle, in welchem Land du lebst; es werden dort immer Dinge geschehen, die in völligem Widerspruch zum Reich Gottes stehen. In keinem Land leben die Menschen genau so, wie Gott es von uns möchte. Dennoch leben in diesem Moment in jedem Land dieser Erde Gerechte. Das allein schon sollte ausreichen, um diese »Gott wird dieses Land richten«-Lehre zu entkräften, die den Leib Christi heute in großen Teilen unterwandert hat. Allein in Amerika gibt es Hunderttausende von Gerechten, wiedergeborene Menschen, die Gott lieben und suchen. Wir mögen noch nicht alle Bereiche der Gesellschaft durchdrungen haben, aber wir sind da. Deshalb wird Gott uns nicht vernichten.

Die Realität des Neuen Testaments

Bei unseren Überlegungen sollten wir auch die Wahrheit aus 1. Timotheus 2,5 berücksichtigen. Jesus ist nun der einzige Mittler zwischen Gott und den Menschen. Er hat Gottes Zorn für immer gestillt. Im Licht dieser Wahrheiten passt dieses gesamte alttestamentliche Fürbitte-Modell – Gott um Gnade anzuflehen, damit er seinen Zorn nicht ausgießen möge – nicht mit der Realität des Neuen Testaments zusammen.

Die meisten Ideen bezüglich »geistlicher Kriegsführung« und »Fürbitte«, die heutzutage Verbreitung finden, kommen aus dem alten Bund. Diejenigen, die sie lehren, nehmen Stellen aus dem Alten Testament und reden darüber so, als sei Jesus niemals gekommen. Im Grunde sagen sie: »Sei ein Mittler! Stell dich zwischen Gott und die Menschen! Bitte ihn, von seinem Zorn abzulassen! Erlaube ihm nicht, dieses Land zu richten!« Nun, die Wahrheit ist, dass Jesus diese Dinge schon längst getan hat. Er ist der *einzige* Mittler im Neuen Testament.

Wenn du so zu beten versuchst, wie Abraham es in 1. Mose 18 getan hat, widersetzt du dich dem, was Jesus bereits getan hat. Wenn du so betest wie Mose in 2. Mose 32, versuchst du, Jesu Platz einzunehmen. Damit handelst du so, als sei Jesus nicht gekommen oder als hätte sein Sühneopfer nicht genügt. Du glaubst, dass seine Fürbitte nicht ausreichend war und du noch etwas hinzufügen musst. Das ist antichristlich.

KAPITEL 25

Der Kampf findet in deinem Kopf statt

Was die Vollmacht des Gläubigen betrifft, müssen wir erkennen, dass Satan von Gott bereits besiegt wurde. Da Jesus am Kreuz Gottes Zorn auf sich genommen hat, werden wir diesen heute nicht mehr abbekommen. Unsere Aufgabe besteht darin, im Glauben fest zu stehen und das, was der Herr durch seinen Tod, seine Grablegung und Auferstehung bereits vollbracht hat, geltend zu machen. Dies können wir beispielsweise tun, indem wir Menschen die Wahrheit verkündigen.

Der Kampf findet in deinem Kopf statt. Satan kontrolliert die Menschen nicht durch irgendwelche dämonischen Kräfte. Er kontrolliert sie vielmehr durch Lügen und Täuschungen. Indem wir die Wahrheit verkündigen, werden die Lügen entlarvt und die Menschen befreit. So vieles von dieser Lehre über »geistliche Kriegsführung« und »Fürbitte« lässt das, was Jesus für uns bereits getan hat, außer Acht. Das ist nicht besonders klug.

Jesus ist der Fürsprecher und Mittler im Neuen Testament, der jede Fürbitte des alten Bundes überflüssig gemacht hat. Es gibt überhaupt keinen Grund mehr, Gott um Gnade oder Umbesinnung anzuflehen. Gläubige des Neuen Testaments loben Gott für das, was er bereits getan hat, und geben sich selbst als Gefäß hin, durch das der Herr wirken kann.

Unser eigentlicher Fokus sollte auf unsere Denkweise gerichtet sein. Bete nicht einfach nur für jemanden in der Erwartung, dass

Gott diese Person auch ohne menschliches Eingreifen berühren wird! Gott fließt durch Menschen. Er benutzt *uns*. Wir sind diejenigen, die das Evangelium verkündigen müssen.

> *Wie sollen sie aber den anrufen, an den sie nicht geglaubt haben? Wie sollen sie aber an den glauben, von dem sie nichts gehört haben? Wie sollen sie aber hören ohne einen Verkündiger? Wie sollen sie aber verkündigen, wenn sie nicht ausgesandt werden? … Demnach kommt der Glaube aus der Verkündigung, die Verkündigung aber durch Gottes Wort.*
> *— Römer 10,14–15.17*

Durch Gebet allein kannst du nicht erreichen, dass eine Person errettet, geheilt oder sonst etwas wird. Du musst Gottes Wort aussprechen. Der nötige Glaube für die Errettung, für Heilung und alles andere kommt aus der Verkündigung von Gottes Wort.

»Stoppt die Plage!«

Ein anderes Beispiel aus dem Alten Testament, das oft herangezogen wird, um »geistliche Kriegsführung« und »Fürbitte« zu lehren, findet sich in 4. Mose 16. Leute sagen: »Du musst in den Riss treten, mit Bitten und Flehen für deine Lieben bei Gott einstehen, damit sie errettet, geheilt oder was auch immer werden.« Diese Bibelstelle zeigt auf, was unmittelbar nach dem Aufstand von Korah, Dathan und Abiram gegen Mose geschah. Die Erde öffnete sich und verschluckte alle drei Männer und all ihren Besitz (4Mo 16,32–33). Natürlich schrien die Leute entsetzt auf und flohen aus Angst.

Am folgenden Morgen aber murrte die ganze Gemeinde der Kinder Israels gegen Mose und gegen Aaron und sprach: Ihr habt das Volk des Herrn getötet! Und es geschah, als sich die Gemeinde gegen Mose und gegen Aaron versammelt hatte, wandten sie sich der Stiftshütte zu, und siehe, da bedeckte sie die Wolke, und die Herrlichkeit des Herrn erschien. Und Mose und Aaron gingen vor die Stiftshütte. Und der Herr redete zu Mose und sprach: Entfernt euch aus der Mitte dieser Gemeinde, so will ich sie in einem Augenblick vertilgen! Sie aber fielen auf ihr Angesicht. — 4. Mose 17,6–10

Gott war erbost, weil sich die Leute gegen Mose und Aaron stellten.

Und Mose sprach zu Aaron: Nimm die Räucherpfanne und tue Feuer vom Altar hinein und lege Räucherwerk darauf; und geh schnell zu der Gemeinde und erwirke Sühnung für sie! Denn der Zorn ist vom Herrn ausgegangen; die Plage hat begonnen! Da nahm Aaron [die Räucherpfanne], wie Mose gesagt hatte, und lief mitten unter die Gemeinde. Und siehe, die Plage hatte unter dem Volk angefangen; und er legte das Räucherwerk darauf und erwirkte Sühnung für das Volk; und er stand zwischen den Toten und den Lebendigen: da wurde der Plage gewehrt. Und die Zahl der an der Plage Gestorbenen belief sich auf 14.700, außer denen, die wegen der Sache Korahs umgekommen waren. — 4. Mose 17,11–14

Dies ist ein weiteres Beispiel für eine Situation, in der Gott auf die Kinder Israels zornig wurde. Mose erkannte die Lage und trug Aaron auf, eine Räucherpfanne zu nehmen und Kohlen vom Altar hineinzulegen (ein Symbol für Gebet). Er nahm die Räucherpfanne (das Gebet) und stand, Fürbitte tuend, zwischen denen, die schon wegen der Plage gestorben waren und denen, die noch lebten. Als die Plage dort ankam, wo er stand, betend und Fürbitte tuend, stoppte sie. Dennoch waren 14.700 Menschen gestorben, bevor Aaron mit der Räucherpfanne mitten unter das Volk eilen und die Plage stoppen konnte.

Ich habe Leute über den »Fürbittedienst« buchstäblich Folgendes lehren hören: »Genauso ist es heute noch. Gott ist heilig und der Mensch nicht. Er ist dermaßen zornig auf die Menschen, dass er im Begriff steht, sie zu vernichten. Gott schickt Hurrikans, Tornados, Tsunamis, Aids und alle Arten von Katastrophen. Gottes Zorn ist entbrannt und wir als Fürbitter müssen beten und zwischen Gott und diesen Leuten stehen, die seinen Zorn verdienen. Wir müssen ihn um Gnade anflehen, ihn besänftigen und ihn bitten, sich wieder zurück auf seinen Thron zu setzen, damit er die Menschheit nicht vernichtet.« Solch ein Unsinn wird tatsächlich gepredigt.

Ein viel besseres Werk

Jesus ist nun der einzige Mittler zwischen Gott und den Menschen (1Tim 2,5). Es gibt keinen anderen Mittler und Gott muss auch nicht mehr beschwichtigt werden. Als Jesus starb, hat er den Zorn Gottes für immer gestillt. Der Herr steht nicht in Begriff, diese Nation oder irgendein anderes Land zu zerstören. Ich sage nicht, dass wir es nicht verdient hätten! Ich sage, dass Gott die Strafe für unsere Rebellion und Sünden auf Jesus gelegt hat. Er gibt uns nicht das, was wir verdienen. Nicht Gott ist derjenige, der dabei ist, diese oder jene Nation oder Stadt zu zerstören.

Vielleicht fühlst du dich persönlich so, als hättest du Gottes Zorn verdient. Du zweifelst nicht daran, dass Gott existiert. Aber du kannst dir einfach nicht vorstellen, dass er bereit sein könnte, irgendetwas für dich zu tun, denn du weißt, dass du dein Leben nicht so lebst, wie du es solltest. Gott spricht gerade jetzt zu dir und sagt: »Jesus hat deine Strafe schon längst auf sich genommen. Er hat deine Schmerzen erlitten. Ich bin nicht derjenige, der schlimme Dinge in dein Leben bringt.« Vielleicht denkst du jetzt: *Aber mir steht das Wasser doch bis zum Hals. Bestimmt deshalb, weil Gottes Gericht auf mir ist.* Nein, du hast dich Satan ausgeliefert und er kommt, um zu stehlen, zu töten und zu verderben (Joh 10,10). Aus diesem Grund mag es sein, dass dein Leben ein Desaster ist – aber nicht, weil Gottes Zorn und Gericht auf dir lägen.

Gott legte seinen Zorn über deine Sünden auf Jesus, und du musst nichts weiter tun, als dich zu demütigen und seine Vergebung als Geschenk anzunehmen. Du musst den Herrn nicht anflehen, dich zu erretten. Er hat es schon getan. Dein Sündenproblem hat er längst erledigt – durch das Sühneopfer seines Sohnes.

Du musst nicht auf individueller oder kollektiver Ebene (für eine Stadt oder ein Land) bitten und betteln. Gottes Zorn ist gestillt. Wenn du versuchst, Gott zur Umkehr zu bewegen und um Gnade zu bitten, dann versuchst du nur, dem *vollendeten* Erlösungswerk unseres Herrn Jesus Christus noch etwas hinzuzufügen. Ich garantiere dir, dass Jesus ein viel besseres Werk getan hat, als du es jemals tun könntest.

Machtvolle Beweise

Du musst Gott nicht darum bitten, dass er uns sein Herz zuwenden möge. Sein Herz ist uns immer zugewandt, denn er liebt uns.

Dieses Land steht im Begriff, aufgrund der eigenen Bosheit der Menschen und ihrer Hingabe an Satan vernichtet zu werden. Gott möchte dieses Land jedoch erlösen und sehen, dass wir von ganzem Herzen wieder zu ihm umkehren. Er braucht Christen, die ihre Gebetskämmerchen verlassen und aufhören, das zu erflehen, was uns Jesus bereits zur Verfügung gestellt hat. Er braucht Gläubige, die im Glauben aufstehen und diese gute Nachricht zu anderen tragen: »Gott ist nicht zornig. Er hat noch nicht einmal schlechte Laune und ist auch nicht genervt. Er liebt dich und möchte, dass du frei wirst.« Sag Leuten die Wahrheit, denn es ist die Wahrheit, die sie freisetzen wird (Joh 8,32).

Es hängt nicht von Gott ab, ob die Verlorenen errettet werden oder nicht. Er hat schon Sühne geleistet und für ihre Sünden bezahlt. Er hat schon Vergebung und überfließendes Leben ausgesprochen, aber sie empfangen es nicht. Er hat den Heiligen Geist gesandt, um sie von Sünde und von Gerechtigkeit zu überführen, aber sie widerstehen ihm. Einer der Hauptgründe, warum Menschen nicht die richtige Wahl treffen, ist der, dass sie nicht die gute Nachricht des Evangeliums hören. Sie werden vom Teufel angelogen.

Auch wenn Satan derjenige ist, der sie dazu inspiriert, so sind es doch die Menschen, die sagen: »Alles ist relativ. Sexuelle Freizügigkeit ist nichts Falsches. Es gibt viele Wege in den Himmel« und anderes mehr. Durch diese Lügen haben Menschen ihre Maßstäbe herabgesetzt und aufgehört, dem Teufel zu widerstehen. Sie haben sich bereitwillig der Sünde hingegeben und Satan in ihrem Leben willkommen geheißen. Er hat ihre Sinne verblendet und sie können das Licht Christi nicht erkennen (2Kor 4,4). Das Gegenmittel besteht jedoch nicht darin, »geistliche Kriegsführung« zu betreiben, Dämonen zu binden und Gott anzuflehen. Nein, wir müssen aufstehen, das Evangelium verkündigen und Menschen die Wahrheit erzählen.

Gott bekräftigt seine Wahrheit immer mit Macht (Mk 16,20). Wir müssen dem Wort glauben und dem Heiligen Geist vertrauen, dass er es durch die entsprechenden Zeichen bekräftigt. Jesus musste Wunder tun, damit das, was er sagte, bestätigt wurde. Er sagte den religiösen Juden, wenn sie ihm schon nicht um seiner Worte willen glauben konnten, dann sollten sie es doch wenigstens wegen seiner Wunder tun (Joh 10,38). Wenn sogar Jesus eine Bestätigung brauchte, damit die Menschen glaubten, dass er von Gott gesandt war und die Wahrheit verkündigte, dann brauchen wir diese ebenfalls. Wir müssen einfach anfangen, Gottes Wort zu verkündigen und seine übernatürliche Kraft zu demonstrieren. Dann werden sich die Menschen dem Herrn zuwenden.

Verkünde die Wahrheit

Bei einer Konferenz in Birmingham traf ich eine Frau, die kurz zuvor noch im Krankenhaus gelegen hatte. Von ihrem Bett aus hatte sie mich im Fernsehen gesehen und verfolgt, wie ich diese Dinge sagte. Die Ärzte hatten sie schon aufgegeben. Gerade ein Jahr zuvor war ihre Mutter an der gleichen Krankheit gestorben – Krebs. Diese Frau war nicht einfach nur körperlich krank, sondern auch in ihrem Herzen und ihrer Seele. Sie war ohne Hoffnung und voller Angst, denn sie hatte andere Menschen an der gleichen Krankheit sterben sehen. Und die Ärzte hatten ihr gesagt, dass sie nichts mehr für sie tun könnten. Als sie da im Krankenhausbett lag, sah sie, dass ich nach Birmingham kommen würde. Also zog sie sich selbst die Schläuche aus ihrem Körper, meldete sich im Krankenhaus ab und kam zu meiner Konferenz, um Gebet zu empfangen.

Ich betete mit ihr und sie wurde augenblicklich geheilt. Jeder Schmerz und alle Krebssymptome waren verschwunden. Am

Ende des Gottesdienstes machte ich einen Aufruf für die Leute, die noch nicht von neuem geboren waren. Da sie den Herrn noch nie empfangen hatte, kam sie nach vorne, gab ihr Leben Jesus und wurde von neuem geboren. Sie wurde geheilt, vom Krebs befreit, von neuem geboren, im Heiligen Geist getauft und empfing das Sprachengebet – alles an einem Abend. Sie nahm sich in einem nahe gelegenen Hotel ein Zimmer und kam die nächsten drei Tage zu allen Treffen, um in ihrem Glauben aufgebaut zu werden. All dies ist geschehen, weil sie die Wahrheit gehört hatte und Gottes Kraft in Aktion sah.

Einige der Lehren, die den Christen heute am meisten am Herzen liegen, sind vom Teufel eingeschleust worden (1Tim 4,1). Diese Lügen haben uns ineffektiv werden lassen. Die Frau aus Birmingham wurde nicht etwa geheilt, weil jemand in einem Gebetskämmerchen für sie eingetreten wäre. Sie hörte einen Gläubigen, der die Wahrheit aussprach und Zeugnis von dem gab, was Gott getan hatte. Der Heilige Geist benutzte diese Dinge, um ihren Glauben zu beleben. Eine Frau, die noch nicht einmal wiedergeboren war, entfernte sich selbst die Schläuche, spazierte aus dem Krankenhaus hinaus und kam zu dem Ort, an dem die Gläubigen sich trafen.

Glaube kommt durch die Verkündigung, die Verkündigung aber durch Gottes Wort (Röm 10,17). Wenn die Wahrheit zu den Menschen kommt, dann werden die Lügen, Täuschungen und Festungen des Teufels niedergerissen. Glaube kann nur dann im Herzen eines Menschen wachsen, wenn du ihm die Wahrheit verkündest.

Gott sagte Jeremia:

> *Siehe, so will ich meine Worte in deinem Mund zu einem Feuer machen und dieses Volk zu Holz, so dass es sie verzehren wird. ... Ist mein Wort nicht wie ein Feuer, spricht*

der Herr, und wie ein Hammer, der Felsen zerschmettert?
— Jeremia 5,14; 23,29

Aus diesem Grund müssen wir das Wort sprechen. Auf die eine oder andere Weise haben wir uns hiervon entfernt. Wir haben uns ablenken lassen und sind vom Weg abgekommen. Wir haben einen Großteil unserer Energie dafür verschwendet, Gott um Dinge zu bitten, die er schon längst getan hat. Das ist nicht effektiv. Wir haben in Gebetskammern Satan gebunden und ihm befohlen, Leute loszulassen, in dem Glauben, dass Menschen wiedergeboren würden, wenn wir nur ausdauernd genug beteten. Das ist einfach nicht wahr! Das Wort sagt, dass Menschen nur durch den unvergänglichen Samen des Wortes Gottes wiedergeboren werden können (1Petr 1,23).

KAPITEL 26

Kämpfe, um zu gewinnen!

Es hat mir großen Gewinn gebracht, die Vollmacht des Gläubigen zu verstehen. Mir ist bewusst geworden, dass Satan nicht die Macht hat, mich zu irgendetwas zu zwingen. Es ist vollkommen falsch zu sagen: »Der Teufel hat mich gezwungen, dies zu tun.« Satan kann dich zu gar nichts zwingen. Er kann nichts weiter tun, als dich anzulügen. Und wenn du seiner Lüge Glauben schenkst, ermächtigst du ihn damit, seinen Willen auszuführen. Aber ohne deine Zustimmung und Kooperation kann er dich zu gar nichts zwingen. Deshalb richtet sich unser Kampf nicht direkt gegen dämonische Mächte. Satan ist entwaffnet worden. Täuschung ist die einzige Macht, die ihm geblieben ist.

Auf diese Weise machte er sich an Adam und Eva heran. Satan näherte sich ihnen nicht als furchterregendes Tier, zum Beispiel als Tiger, Bär oder Mammut. Er wählte das raffinierteste, durchtriebenste und listigste Tier und griff sie mit Worten an – Worten der Täuschung. Satan wählte die Schlange, weil er wusste, dass er keinerlei Macht besaß, Eva zu irgendetwas zu zwingen. Er benutzte Worte, um sie zu täuschen.

Hätte Eva sich Gedanken darüber gemacht, was diese Worte eigentlich bedeuteten, und sich geweigert, sich von diesen gottlosen Gedanken beeinflussen zu lassen, wäre sie nicht in Versuchung geraten. Hätte sie sich geweigert, auf etwas zu hören oder etwas zu denken, das im Widerspruch zu Gottes Worten stand, hätte sie diese Sünde nicht begangen – und somit wäre auch nicht die gesamte Menschheit unter die Autorität und Herrschaft Satans geraten. All dies geschah durch Worte, und so geschieht es bis auf den heutigen Tag. Satan bekämpft uns mit Worten und Gedanken.

Wähle weise!

Der Kampf findet genau zwischen deinen Ohren statt, nicht irgendwo an himmlischen Orten. Er findet in deinem Kopf statt. Jedes Wort, das du hörst, setzt entweder Leben oder Tod frei. Worte, die auf dem Wort Gottes gründen und damit übereinstimmen, setzen Leben frei. Worte, die nicht im Einklang mit Gottes Wort sind, bringen Tod.

> *Tod und Leben sind in der Gewalt der Zunge.*
> *— Sprüche 18,21 ELB*

Entweder Leben oder Tod – eines von beidem wird freigesetzt. Was hörst du dir an? Über welche Dinge sprichst du?

> *Ich sage euch aber, dass die Menschen am Tag des Gerichts Rechenschaft geben müssen von jedem unnützen Wort, das sie geredet haben. Denn nach deinen Worten wirst du gerechtfertigt, und nach deinen Worten wirst du verurteilt werden! — Matthäus 12,36–37*

Jedes Wort, das du redest, und jedes Wort, das du hörst, bringt entweder Leben oder Tod hervor. Alles, was du dir im Radio, Fernsehen oder im Kino anhörst, dient zum Leben oder zum Tod. Wenn du diesen Wahrheiten aus Gottes Wort nicht zustimmst, bist du bereits getäuscht.

Lasst euch nicht irreführen: Schlechter Umgang verdirbt gute Sitten! — 1. Korinther 15,33

Ich schlage hier nicht vor, du sollest in ein Kloster gehen und ein Schweigegelübde ablegen. Ich will dich vielmehr dazu ermutigen, besser zu erkennen, was Leben und was Tod bringt, und bei deinen Entscheidungen mehr Selbstkontrolle auszuüben. Jeder Fernseher und jedes Radio, das ich bisher gesehen habe, besaß einen Ein-/Ausschaltknopf und konnte viele Kanäle zur freien Auswahl empfangen. Du musst nicht passiv dasitzen und dir einfach alles »reinziehen«, was gerade läuft. Wähle weise!

Ich muss mich damit genauso auseinandersetzen, wie jeder andere auch. Es gab schon mal Momente, da hatte ich nichts Bestimmtes zu tun. Ich wollte mich einfach nur zurücklehnen und ein wenig entspannen, also machte ich den Fernseher an. Ich schaltete zwischen den verschiedenen Kanälen hin und her, doch es gab nichts Interessantes – das Programm ist ja mehr oder weniger immer das Gleiche. Schließlich sah ich mir irgendeine Sendung an, nur um überhaupt etwas zu sehen, ohne mir dabei bewusst zu machen, was für einen Müll ich mir da gerade »reinzog«.

Du musst erkennen, dass Satan dich mit negativen Worten bekämpft. Du kannst die Tatsache nicht ändern, dass jedes Wort, das du hörst, Leben oder Tod freisetzt. Aber es liegt an dir, ob du diesen Worten zuhörst oder nicht. Du musst sie nicht schlucken und ihnen Glauben schenken. Du kannst an einen Punkt kommen, dass du nur noch Worten zuhörst, die dir Leben bringen – aber die Entscheidung liegt bei dir!

Erneuere deinen Sinn

Gnade und Friede werde euch mehr und mehr zuteil in der Erkenntnis Gottes und unseres Herrn Jesus! — 2. Petrus 1,2

Es ist die Erkenntnis Gottes, durch die uns Gnade und Friede immer mehr zuteilwird. Satan weiß das, deshalb bekämpft er uns in unseren Gedanken.

Und passt euch nicht diesem Weltlauf an, sondern lasst euch [in eurem Wesen] verwandeln durch die Erneuerung eures Sinnes. — Römer 12,2

Metamorphoo ist das griechische Wort für »verwandeln«. Daher kommt das Wort »Metamorphose«. Wenn du dich – wie ein Schmetterling – von etwas, das eklig, kriechend und erdgebunden ist, in etwas Schönes verwandeln willst, das fliegen kann, dann musst du deinen Sinn, deinen Verstand, erneuern.

Viele Menschen versuchen, eine Abkürzung zu nehmen. Sie haben ihren Verstand in der Abflussrinne liegen, indem sie all den Dingen der Welt zuhören. Sie erlauben dem »Abwasser« dieser Welt durch sie hindurchzufließen, wollen aber dennoch die Resultate sehen, die von einem gottgefälligen Leben kommen. Sie denken: *Wenn ich einfach bete und bitte, kann ich es bekommen.* Aber es gehört mehr dazu, als nur zu beten und zu glauben. Du musst auch gemäß Gottes geistlichen Gesetzen handeln. Gott wirkt durch uns, wenn wir unser Herz und unseren Sinn auf ihn gerichtet halten. Sind unsere Gedanken jedoch auf weltliche Dinge gerichtet, hindert Satan Gott daran, durch uns zu wirken.

Wortgesinnt

Aber fleischlich gesinnt sein ist der Tod, und geistlich gesinnt sein ist Leben und Friede. — Römer 8,6 LUT

Wenn du Leben und Frieden erfahren möchtest, musst du danach streben, geistlich gesinnt zu sein. Jesus sagte:

Die Worte, die ich zu euch rede, sind Geist und sind Leben. — Johannes 6,63

Geistlich gesinnt zu sein bedeutet, wortgesinnt zu sein. Es bedeutet, darüber nachzudenken, was Gott über deine Situation zu sagen hat, und nicht, was die Welt zu sagen hat. Wenn du wortgesinnt bist, wirst du Leben und Frieden haben. Gnade und Frieden werden dir mehr und mehr zuteil, wenn du kontinuierlich über die Erkenntnis Gottes nachdenkst. Du kannst aber nicht negativ denken – womit du die Denkweise der Welt übernimmst – und dennoch Gottes Leben, Gnade und Frieden erfahren. So funktioniert es nicht!

Die Drei-Minuten-Nachrichten im Radio reichen mir, um mich über das aktuelle Geschehen zu informieren. Ich sehe kaum fern. Wenn wirklich wichtige Dinge passieren, werden sie es auch in die Kurznachrichten im Radio schaffen. Ich bin so weit gekommen, dass ich drei Minuten all des Negativen, das die Welt zu sagen hat, ganz gut ertragen kann. Aber selbst in diesen drei kurzen Minuten ist so vieles von dem, was gesagt wird, auf Angst, Zweifel und Unglauben gegründet. Wenn man das alles schluckt, kann einem angst und bange werden. Wenn du dagegen auf das Wort Gottes hörst und danach handelst, wirst du Leben, Gnade und Frieden haben.

Dank dem Wort Gottes weiß ich, dass ich geschützt bin.

Keiner Waffe, die gegen dich geschmiedet wird, soll es gelingen; und alle Zungen, die sich gegen dich vor Gericht erheben, sollst du schuldig sprechen. Das ist das Erbteil der Knechte des Herrn und ihre Gerechtigkeit, die ihnen von mir zuteilwird, spricht der Herr. — Jesaja 54,17

Beachte, dass du nicht automatisch geschützt bist. Dieser Vers sagt, dass du die Worte, die sich gegen dich erheben, schuldig sprechen sollst. Wenn du einfach nur passiv dasitzt und es hinnimmst, dass gottlose Dinge ausgesprochen werden, dann werden diese bei dir auch ihre Wirkung erzielen (1Kor 15,33). Doch wenn du das Gehörte, sobald es im Widerspruch zu Gottes Wort steht, schuldig sprichst – wenn du es als falsch erkennst und mit der Wahrheit von Gottes Wort konterst –, dann wird es machtlos.

Meine Frau kann bezeugen, wie oft ich dem Fernsehen und Radio Widerworte gebe. Wir hören uns die Nachrichten an und dort wird beispielsweise gesagt: »Es ist jetzt Grippezeit.« Dann entgegne ich: »Es gibt keine Jahreszeit, in der das Wort Gottes nicht funktioniert! Durch seine Striemen bin ich geheilt worden. Ich werde keine Grippe bekommen!« Dies bedeutet ganz praktisch, die Worte schuldig zu sprechen, die sich gegen uns erheben. Selbst wenn sich viele Menschen um mich herum anstecken, werde ich gesund und munter bleiben!

Ob tausend fallen zu deiner Seite und zehntausend zu deiner Rechten, so wird es doch dich nicht treffen; ja, mit eigenen Augen wirst du es sehen, und zuschauen, wie den Gottlosen vergolten wird. — Psalm 91,7–8

Zusätzlich zum Schutz verheißt uns Gottes Wort Wohlstand, Heilung und Befreiung. Wenn du deine Gedanken auf Gott ausgerichtet hältst, werden sich diese Verheißungen bei dir erfüllen. Erinnere dich daran, wie Gott andere Menschen in seinem Wort beschützt, zu Wohlstand verholfen, geheilt und befreit hat. Behalte diese Gedanken bewusst im Gedächtnis und der Friede wird dich regieren. Wenn du deinen Gedanken jedoch erlaubst, die gleiche Richtung einzuschlagen, in die auch das Denken der Welt geht– das voller Angst, Zweifel und Unglaube ist –, werden dich stattdessen diese Dinge beherrschen. Es ist wirklich so einfach.

Das Gegenmittel zu jedem Problem

Gnade und Frieden kommen durch unsere Denkweise. Denke wahrheitsgemäß und du wirst Gnade, Freude, Leben und Frieden haben. Dies erreichst du nicht durch Gebet, sondern durch die Erkenntnis Gottes.

> *Da seine göttliche Kraft uns alles geschenkt hat, was zum Leben und [zum Wandel in] Gottesfurcht dient, durch die Erkenntnis dessen, der uns berufen hat durch [seine] Herrlichkeit und Tugend. — 2. Petrus 1,3*

Alles, was zum Leben und zur Gottesfurcht dient, kommt durch die Erkenntnis Gottes. Es geht hierbei nicht um »etwas« oder »einiges«, sondern um »alles«. Wenn du also krank bist, hast du ein Erkenntnis-Problem. Wenn du arm bist, hast du ein Erkenntnis-Problem. Wenn du Depressionen hast, hast du ein Erkenntnis-Problem. Das Gegenmittel zu jedem Problem ist die Erkenntnis Gottes.

Die meisten Menschen glauben das nicht. Sie denken, man müsse bei emotionalen Problemen Medikamente nehmen. »Dieses Problem hat nichts mit mir und meinen Entscheidungen zu tun. Ich bin nicht dafür verantwortlich. Es sind meine Hormone, meine Biochemie. Jemand anderes ist schuld daran.« Doch im Licht von Gottes Wort sind alle diese Ausreden falsch. Du musst Verantwortung übernehmen, die Bibel lesen und gemäß der Bibel denken (Jes 26,3). Deine Denkweise ist der Schlüssel.

> *Durch welche er uns die überaus großen und kostbaren Verheißungen gegeben hat, damit ihr durch dieselben göttlicher Natur teilhaftig werdet, nachdem ihr dem Verderben entflohen seid, das durch die Begierde in der Welt herrscht. — 2. Petrus 1,4*

Durch die Erkenntnis Gottes sind uns die überaus großen und kostbaren Verheißungen Gottes gegeben worden. Das Wort Gottes *ist* die Erkenntnis Gottes. Es sind die Gedanken Gottes. Diese Verheißungen sind die Erkenntnis Gottes. Wir werden zu Teilhabern der göttlichen Natur und entfliehen dem Verderben, das durch die Begierde in der Welt herrscht. Und dies geschieht durch die Erkenntnis Gottes und nicht, indem wir Gott inständig im Gebet anflehen oder ihn um sein Handeln bitten. Du musst deine Gedankenwelt in Ordnung bringen (Spr 23,7).

Womit beschäftigt sich dein Verstand?

Du kannst nicht mit etwas versucht werden, an das du gar nicht denkst.

Und hätten sie dabei jenes im Sinn gehabt, von dem sie ausgegangen waren, so hätten sie ja Gelegenheit gehabt, zurückzukehren. — Hebräer 11,15

In diesem Vers geht es um Abraham und Sarah. Sie lebten in Ur in Chaldäa, das sich auf babylonischem Gebiet befand. Gott trug ihnen auf, dieses Gebiet zu verlassen und in das Land zu ziehen, das wir heute Israel nennen (1Mo 12,1). Er gab ihnen die Verheißung, dass sie eines Tages dieses Land erben würden. Abraham war etwa 75 Jahre alt, als er ins Gelobte Land kam. Er wurde letztendlich 175 Jahre alt (1Mo 25,7), konnte aber das Erbe dieser Verheißung zu seinen Lebzeiten nie antreten. Er kaufte dort zwar ein Stück Land, um seine Frau zu begraben (1Mo 23,15–19), aber erst Generationen später nahmen die Israeliten dieses Land in Besitz.

Wie schaffte es Abraham, über all die Jahre hinweg treu zu Gottes Verheißung, zu Gottes Wort an ihn zu stehen? Hebräer 11,15 sagt uns: Wenn die beiden das Land, aus dem sie gekommen waren, im Sinn gehabt hätten, wenn sie also daran gedacht hätten, dann hätte sich ihnen auch die Gelegenheit zur Rückkehr geboten. Diese Gelegenheit wäre für sie wie eine Versuchung zur Sünde gewesen. In ihr Heimatland zurückzukehren, wäre Rebellion gegen Gott gewesen. Ihre Gelegenheit zur Sünde (Versuchung) war eng damit verknüpft, an was sie dachten.

Wenn du an Dinge denkst, die für dich eine Versuchung darstellen, dann wird sich auch eine Gelegenheit zur Sünde ergeben. Wenn du dich jedoch weigerst, an Dinge zu denken, die Versuchung erzeugen, wirst du auch nicht versucht. Das sind gute Nachrichten! Anders ausgedrückt: Du kannst nicht durch etwas in Versuchung geraten, an das du gar nicht denkst!

Unsere Kultur hat uns davon überzeugt, dass wir uns über all den Müll, die Verdorbenheit und Perversion in dieser Welt auf dem Laufenden halten müssen. Gottes Wort lehrt etwas anderes.

Ich will aber, dass ihr weise seid zum Guten, doch einfältig zum Bösen. — Römer 16,19 ELB

Wir sollen einfältig – unwissend – sein über das Böse. Der Herr möchte nicht, dass wir Experten auf diesem Gebiet werden. Die ursprüngliche Versuchung, der Adam und Eva zum Opfer fielen, war der Wunsch nach mehr Wissen – danach, das Gute und das Böse zu kennen. Gott hatte ihnen schon alles Wissen gegeben, das sie brauchten. Alles, was er ihnen sagte, war gut. Gott möchte nicht, dass wir das Böse kennen.

Heutzutage meinen wir aber, dass wir über alle bösen Dinge und das, was die anderen machen, Bescheid wissen müssen. Dadurch öffnen wir jedoch der Versuchung eine Tür. Du kannst nicht mit dem versucht werden, an das du nicht denkst. Wir müssen den Kampf in unseren Gedanken gewinnen. Wir müssen aufhören, uns all dem Müll auszusetzen, den Satan uns durch diese Welt anbietet. Es ist wichtig, an den Punkt zu kommen, an dem wir nur noch eines tun: an Gottes Wort denken! Wenn das Wort Gottes alles ist, worüber wir nachdenken, dann werden wir auch nur mit dem Wort Gottes »versucht« werden können. So funktioniert es!

Naiv in New York

Ich bin ein lebendes Beispiel für diese Wahrheit. Ich bin in einem christlichen Elternhaus groß geworden und glaubte, was man mir sagte. Ich erinnere mich nicht, viel über Ehebruch, Unzucht oder sexuelle Unmoral gehört zu haben, außer dass diese Dinge falsch sind. So dachte ich eigentlich nie darüber nach.

Als ich 18 Jahre alt war, reiste meine Mutter mit mir zu einer Jugendveranstaltung mit Billy Graham nach Bern in die Schweiz. Da wir als Gruppe reisten, war ich mit einigen Freunden zusammen, während meine Mutter bei den anderen Frauen saß. In New York machten wir Zwischenstation. Ich wurde aus meiner behüteten Umgebung herausgerissen und war plötzlich mitten im Zentrum einer sehr gottlosen Stadt. Ich sah auf einmal Dinge, denen ich nie zuvor begegnet war. Ich wusste nicht einmal, dass sie existierten. Und weil ich so naiv war, geriet ich nicht in Versuchung.

Ich erinnere mich, dass ich in der Gegend um die 42. Straße und Broadway entlangspazierte. Dort war auch der Rotlichtbezirk und es waren wohl um die 100 Frauen, die in dieser Nacht in einer Reihe entlang einer Mauer standen. Ich hatte nicht die geringste Ahnung, was sie dort taten. Mir dämmerte es noch nicht einmal. Ich dachte nur: *Was für eine großartige Gelegenheit, Zeugnis zu geben!* Also nahm ich ein paar Traktate in die Hand, verteilte sie und sprach mit jeder dieser Prostituierten über Gott. Da ich nicht wusste, was sie waren und wozu sie dort standen, kam ich gar nicht erst in Versuchung. Da war ich nun, im Zentrum von New York City um zwei Uhr morgens, und evangelisierte. Ich hatte noch niemals zuvor in meinem Leben so viele Menschen auf einmal gesehen. Ein ziemlicher Kulturschock für einen texanischen Jungen vom Lande!

Während ich dort war, versuchte ein Zuhälter, mir eines seiner Mädchen anzubieten. Er kam auf mich zu und fing an, mit mir im Straßenjargon zu sprechen. Ich hatte nicht den blassesten Schimmer, wovon er redete. Niemand, den ich kannte, sprach auf diese Weise. Dieser Typ versuchte zehn Minuten lang, mir etwas zu verkaufen, aber ich verstand einfach nicht, was er wollte. Schließlich schaute er mich nur an, drehte sich um, hob die Hände und ging kopfschüttelnd weg. Vermutlich dachte er: *Von welchem Planeten kommt der denn?*

Als ich wieder im Hotel war, erzählte ich meinen Zimmergenossen einiges von dem, was dieser Typ mir gesagt hatte. Sie mussten mir erklären, dass er ein Zuhälter war und versucht hatte, mir eine seiner Prostituierten anzubieten. Ich war so naiv gewesen, dass ich noch nicht einmal wusste, wovon er sprach. Ich hatte über diese Dinge niemals zuvor nachgedacht. Dieser Wortschatz war mir völlig fremd. Deshalb geriet ich nicht in Versuchung.

Du kannst gewinnen

Bist du jemand, der sich mit Händen und Füßen gegen die Versuchung wehren muss? Du bemühst dich, mit aller Kraft zu widerstehen, und kannst dir einfach nicht erklären, warum es so schwer ist, mit Gott zu leben? Wenn ja, dann liegt es vermutlich daran, dass du so viel Müll in dich aufnimmst. Du versuchst, Begierde, sexuelle Neigungen und Pornografie durch »geistliche Kriegsführung« zu bekämpfen, indem du diesen Dämonen gebietest. Gleichzeitig schaust du dir jeden Tag diesen Müll im Fernsehen an und lässt dich dadurch zu diesen Dingen ermutigen.

Der heutige Fernsehzuschauer wird in nur einer Stunde mit mehr Sex konfrontiert als unsere Großeltern in ihrem ganzen Leben. Selbst wenn du eine anständige Sendung finden solltest, werden dir die eingeblendeten Werbespots den Rest geben. Die meisten Zeitschriften und Boulevardblätter sind nicht viel besser. Dort findest du freizügige Bilder und Berichte in Hülle und Fülle. Die Medien bombardieren uns damit von allen Seiten.

Das Traurige daran ist, dass selbst die meisten Christen zulassen, dass diese Dinge Einzug in ihr Haus finden. Sie setzen ihre Kinder diesen Dingen aus (durch Fernsehen und andere Medien) und wundern sich dann, warum Probleme auftreten. Sie betreiben »geistliche Kriegsführung« und »Fürbitte«, damit ihre Kinder als gottesfürchtige Menschen aufwachsen, aber dann erlauben sie Satan einfach, seine Perversion und seinen Unglauben bei ihnen abzuladen. Der Teufel liebt es, wenn Eltern den Fernseher als Babysitter benutzen, um ihren Kindern keine Aufmerksamkeit widmen zu müssen.

Wir haben erlaubt, dass bestimmte Dinge sich in unser Leben einnisten, und wundern uns dann: *Warum werde ich nur so versucht? Warum ist das Leben als Christ so schwer?* Es ist schwer, weil Satan durch unsere Gedanken Zugang zu uns bekommt. Ohne deine Zustimmung und Kooperation kann er dir gar nichts tun. Wir sollten anfangen, wählerischer zu sein in Bezug darauf, was wir mit unseren Augen, Ohren und Herzen aufnehmen.

Dein Leben wird in die Richtung der Gedanken gehen, mit denen du dich am meisten beschäftigst. Lass nicht zu, dass der Müll dieser Welt dein Denken ausfüllt. Richte dein Herz auf den Herrn aus und vertiefe dich in sein Wort. Der eigentliche Kampf findet in deinen Gedanken statt. Du kannst diesen Kampf gewinnen – aber du musst kämpfen, um zu gewinnen!

SCHLUSSWORT

Jetzt, da dir die geistliche Dynamik bewusst wird, die sich hinter der physischen Realität verbirgt, erkennst du sicherlich, dass wir uns in einem geistlichen Kampf befinden. Du wirst die geistliche Bedeutung deiner Entscheidungen, Worte und Handlungen besser verstehen. Und du erkennst, dass sich das eigentliche Schlachtfeld in deinen Gedanken befindet. Wem du dich hingibst – Gott oder Satan –, der ist es, dem du Macht gibst, in deinem und durch dein Leben zu wirken (Röm 6,16). Deshalb ordne dich Gott unter, widersteh dem Teufel – und er wird von dir fliehen (Jak 4,7)!

Ich bete, dass dieses neue Verständnis dich dazu motivieren wird, täglich über die Wahrheiten aus Gottes Wort nachzusinnen. Lass sie dein Herz durchdringen und dein Denken erneuern. Das wird dich an einen Punkt bringen, an dem du feststellst, dass du Gottes Gedanken denkst, seine Worte sprichst und im Glauben handelst. Du wirst mehr über die Gesetze herausfinden, die Gottes Reich regeln, und darüber, wie man sie anwendet. Und in dem Maß, wie du deine gottgegebene Vollmacht in verantwortungsvoller Weise gebrauchst, wirst du zunehmend in den Genuss des überfließenden Lebens kommen, das Jesus dir durch seinen Tod und seine Auferstehung zur Verfügung gestellt hat.

EMPFANGE JESUS ALS DEINEN RETTER

Jesus Christus als deinen Herrn und Retter anzunehmen, ist die wichtigste Entscheidung, die du jemals treffen wirst! Gottes Wort verspricht:

Denn wenn du mit deinem Mund Jesus als den Herrn bekennst und in deinem Herzen glaubst, dass Gott ihn aus den Toten auferweckt hat, so wirst du gerettet. Denn mit dem Herzen glaubt man, um gerecht zu werden, und mit dem Mund bekennt man, um gerettet zu werden. — Römer 10,9–10
*Denn: »**Jeder, der den Namen des Herrn anruft, wird gerettet werden**«. — Römer 10,13*

In seiner Gnade hat Gott bereits alles getan, um dir Errettung anbieten zu können. Dein Teil besteht einfach nur darin, zu glauben und zu empfangen. Bete laut:

Jesus, ich bekenne, dass du mein Herr und Retter bist. Ich glaube in meinem Herzen, dass Gott dich von den Toten auferweckt hat. Im Glauben an dein Wort empfange ich jetzt die Errettung. Danke, dass du mich erlöst hast!

Im selben Moment, in dem du dein Leben Jesus Christus übergibst, erfüllt sich augenblicklich die Wahrheit seines Wortes in deinem Geist. Weil du von neuem geboren bist, besitzt du jetzt ein völlig neues Ich!

EMPFANGE DEN HEILIGEN GEIST

Dein dich liebender himmlischer Vater möchte dir als seinem Kind die übernatürliche Kraft geben, die du brauchst, um dieses neue Leben auch auszuleben.

> *Denn jeder, der bittet, empfängt; und wer sucht, der findet; und wer anklopft, dem wird aufgetan. ... wie viel mehr wird der Vater im Himmel [den] Heiligen Geist denen geben, die ihn bitten! — Lukas 11,10.13b*

Alles, was du tun musst, ist bitten, glauben und empfangen! Bete:

> *Vater, ich erkenne, dass ich deine Kraft brauche, um dieses neue Leben auszuleben. Bitte erfülle mich mit deinem Heiligen Geist. Im Glauben empfange ich ihn genau jetzt! Danke, dass du mich getauft hast. Heiliger Geist, du bist in meinem Leben willkommen!*

Gratuliere – du bist jetzt mit Gottes übernatürlicher Kraft erfüllt!

Einige Silben einer dir unbekannten Sprache werden nun aus deinem Herzen zu deinem Mund aufsteigen. Wenn du sie im Glauben laut aussprichst, setzt du Gottes Kraft in deinem Inneren frei und erbaust dich selbst im Geist (1Kor 14,4.14). Du kannst dies tun, wann und wo immer du möchtest!

Es spielt eigentlich keine Rolle, ob du etwas gespürt hast oder nicht, als du gebetet hast, um den Herrn und seinen Geist zu empfangen. Wenn du in deinem Herzen geglaubt hast, dass du empfangen hast, dann ist es auch so, denn Gottes Wort verspricht: »Darum sage ich euch: Alles, was ihr auch immer im Gebet erbittet, glaubt, dass ihr es empfangt, so wird es euch zuteilwerden!« (Mk 11,24). Gott ist seinem Wort immer treu. Glaub es!

Bitte nimm Kontakt zu uns auf und lass es uns wissen, wenn du eines oder beide dieser Gebete gebetet hast. Wir würden uns gern mit dir freuen und dir ein Geschenk zusenden, das dir hilft, deine neue Beziehung zum Herrn zu verstehen und darin zu wachsen.

Damit wollen wir dir einfach sagen: *Willkommen in deinem neuen Leben!*

ÜBER DEN AUTOR

Als **Andrew Wommack** am 23. März 1968 der übernatürlichen Liebe Gottes begegnete, wurde sein Leben für immer verändert. Seit vielen Jahrzehnten bereist Andrew Amerika und die Welt und lehrt die Wahrheit des Evangeliums. Seine tiefe Offenbarung von Gottes Wort vermittelt er mit Klarheit und Schlichtheit. Dabei legt er seinen Schwerpunkt auf Gottes bedingungslose Liebe und das Gleichgewicht zwischen Gnade und Glauben. Mit seiner Sendung *GospelTruth* erreicht er fast die Hälfte der Weltbevölkerung. 1994 gründete er das *Charis Bible College* (Charis) und hat seither Charis-Standorte in verschiedenen Großstädten Amerikas und weltweit eröffnet. Andrew hat eine Fülle an Lehrmaterial in gedruckter Form und im Audio- und Videoformat veröffentlicht, von dem das meiste kostenlos von seiner Website abgerufen werden kann.

Du kannst das AWM-Team per Brief, Mail
oder Telefon kontaktieren:

Andrew Wommack Ministries gGmbH
Postfach 56 03 02, 60407 Frankfurt am Main, Deutschland
info@andrewwommack.de | 0049 69 64357850
Gebets-Hotline: +49 69 643578578
www.andrewwommack.de

CHARIS
BIBLE COLLEGE
Verändere dein Leben.
Verändere die Welt.
Erfahre mehr über das Charis Bible College unter www.EntdeckeCharis.jetzt oder schreib uns eine E-Mail an info@CharisBibleCollege.de oder ruf uns an unter 0049 69 643 578 540.
Das Charis Bible College hat Standorte in den Vereinigten Staaten und rund um den Globus. Um den Campus in deiner Nähe zu finden, besuche
www.CharisBibleCollege.org/campus-locations

Die Macht deiner Vorstellungskraft

Oft beten Gläubige ohne sichtbaren Erfolg. Das liegt daran, dass ihnen die Macht ihrer Vorstellungskraft nicht bewusst ist! Lass dir von Gott ein Bild deiner Zukunft vor dein geistiges Auge malen. Dann kann dich nichts aus der Bahn werfen und du siehst dich immer auf der Gewinnerseite!

159 Seiten, Paperback, ISBN 978-3-95933-216-3
Auch als E-Book erhältlich.

Wie man auf dem Wasser geht

Warum erleben manche Leute Wunder und andere nicht? Um wie Petrus auf dem Wasser zu gehen und Wunder zu erleben, musst du zuerst aus dem Boot steigen. Erfahre, was Andrew aus Gottes Wort über das Leben im Übernatürlichen gelernt hat, und werde auch du ein Mensch, der auf dem »Wasser« geht!

120 Seiten, Paperback, ISBN 978-3-95933-210-1
Auch als E-Book erhältlich.

www.gracetoday.de

Heilung: Gottes Wille für dich

Jesus hat den Preis für unsere Heilung ebenso bezahlt wie für die Vergebung unserer Sünden. Heilung ist zentraler Teil seines Erlösungswerks. Erfahre, was Gott uns in seiner bedingungslosen Liebe und Gnade alles schon zur Verfügung gestellt hat, und erhalte Antworten auf häufige Fragen.

211 Seiten, Paperback, ISBN 978-3-95933-218-7
Auch als E-Book erhältlich.

Du hast schon alles, was du brauchst!

Wie so viele andere hast du bestimmt schon einmal gedacht: Ich tue doch alles, was ich kann, um den Sieg zu erleben – warum nur klappt es nicht? Doch Gottes Antwort basiert nicht auf dem, was du tust, sondern auf dem, was Jesus getan hat! Erkenne diese Wahrheit – und werde frei!

264 Seiten, Paperback, ISBN 978-3-95933-220-0
Auch als E-Book erhältlich.

www.gracetoday.de

Exzellenz

Erfolg, Einfluss und Wohlstand – wer wünscht sich das nicht? Gott will, dass du in allem erfolgreich bist! Doch ob du vorankommst, liegt an dir. Andrew Wommack zeigt dir, wie du eine Haltung der Exzellenz entwickelst – mit fester Identität in Christus, Demut, Gehorsam und Ausdauer.

136 Seiten, Paperback, ISBN 978-3-95933-410-5
Auch als E-Book erhältlich.

Gnade – Die Kraft des Evangeliums

Die meisten Christen glauben, dass ihr Verhalten bestimmt, ob sie in Gottes Augen »gut genug« sind. Doch wenn du verstehst, was Apostel Paulus im Römerbrief über das offenbart, was Jesus getan hat, wirst du dich nie wieder fragen, ob du irgendwelchen Anforderungen genügst.

224 Seiten, Paperback, ISBN 978-3-95933-268-2
Auch als E-Book erhältlich.

www.gracetoday.de

Lerne von Joseph

Lass dich von Josephs Leben inspirieren. Sein großartiges Beispiel zeigt, wie man mit Charakter und Beharrlichkeit zur eigenen Bestimmung gelangt. Erfahre etwas über unerschütterlichen Glauben, den richtigen Umgang mit großen Träumen und Visionen sowie die Schlüssel zur göttlichen Gunst.

192 Seiten, Paperback, ISBN 978-3-95933-272-9
Auch als E-Book erhältlich.

Lerne von Elia

Eigene Erfahrungen sind lehrreich, aber wäre es nicht besser, aus den Erfolgen und Fehlern anderer zu lernen? Elia zeigt uns, was es heißt, auf Gott zu vertrauen, mit Selbstmitleid konfrontiert zu sein und Gott richtig zu dienen. Lass dich von seinen Lebenslektionen inspirieren!

136 Seiten, Paperback, ISBN 978-3-95933-276-7
Auch als E-Book erhältlich.

Weitere Bücher von
Andrew Wommack:

Dein neues Ich & der Heilige Geist

Ein sicheres Fundament

10 Gründe für ein Leben mit dem Heiligen Geist

Erfahre, wie man von Gott erfüllt bleibt

Wer hat dir gesagt, dass du nackt bist?

Ichbezogenheit: Die Wurzel allen Kummers

Schärfer als ein zweischneidiges Schwert

Leben in Gottes Fülle

Ein besserer Weg zu beten

Begrenze Gott nicht

Ein verhärtetes Herz

Mehr Gnade, größere Gunst